中共山东省委党校（山东行政学院）重大项目攻关创新科研支撑项目《公众参与社会治理法治化研究》（2023CX069）

山东省习近平新时代中国特色社会主义思想研究中心 2024 年重点选题《社会情绪引导与社会治理研究》

RESEARCH ON PUBLIC PARTICIPATION IN SOCIAL GOVERNANCE

公众参与社会治理研究

马玉丽　著

人民出版社

目　　录

导　言

社会治理，简而言之，是指通过一系列的制度、机制和实践活动，管理、协调和引导社会各领域的发展和变革。在这个过程中，政府、市场和社会三者相互协作，共同实现社会的和谐、稳定和繁荣。社会治理的重要性不言而喻，它关系到国家的长治久安、人民的福祉和社会的可持续发展。党的二十大报告指出："健全共建共治共享的社会治理制度，提升社会治理效能""建设人人有责、人人尽责、人人享有的社会治理共同体"。① 社会治理作为一种独立于政府和市场的治理方式，既是国家和社会发展的必然要求，也是社会转型的重要目标。②

社会治理的理论演进，承载着时代变迁的烙印，不断适应社会发展需求。20世纪八九十年代，社会治理理念主要围绕政府主导的管理模式展开，其特点是政府机关运用司法、行政等手段进行社会管理，以期实现社会稳定与秩序。然而，随着社会发展的多元化与复杂性的增加，这一模式逐渐暴露出无法有效应对新挑战、难以充分动员社会力量等弊端。进入21世纪，非政府组织和民间参与者在社会治理中的作用日益显现，推动社会治理从单纯的政府行为转变为政府行为与社会力量的共同作用。社会治理现代化要求突破政府与

---

① 习近平：《高举中国特色社会主义伟大旗帜　为全面建设社会主义现代化国家而团结奋斗——在中国共产党第二十次全国代表大会上的报告》，人民出版社2022年版，第54页。

② 参见田闻笛：《城市规划中的公众参与：逻辑、经验与路径优化——以社会治理为视角》，《社会主义研究》2019年第1期。

市场的二元对立或单一主导，重视政府与市场之外的第三部门即社会领域的作用，强调国家力量与社会力量、公共部门与私人部门以及公民个人等多元主体共同参与社会治理。① 这种转变的理论依据得到学者的广泛认同，并在一系列研究中得到阐释与推广。在此背景下，"治理"一词取代了"管理"一词，更加强调政府与社会间的互动与协商。与此同时，公众参与社会治理的理论亦经历了由边缘到中心的转变，公众角色从政治参与的旁观者转化为社会治理的合作伙伴，这种变化对推动治理方式的创新具有重要意义。

随着社会的快速发展和转型，公众参与社会治理的重要性逐渐凸显。中国作为一个拥有悠久历史和庞大人口的国家，其社会治理中的公众参与问题具有独特的背景和挑战。近年来，随着公民意识的觉醒和法治建设的推进，公众参与社会治理的方式和途径日益多样化。随着信息化技术和网络平台的广泛应用，"互联网+"成为公众参与新的路径，能够实现快速反馈、广泛动员和高效协调。在这一演进的历程中，公众参与的机制和实践也得到了丰富与深化，如协商民主的提升、公众参与决策的信息平台构建以及服务型政府的实效性探索等。总体来看，社会治理的理论演变是与时俱进的产物，它不仅反映了治理实践的动态变迁，还预示着治理结构与功能的进一步优化。未来社会治理的理论与方法仍将继续深化，尤其是在公众参与的维度上，将会有更多创新的理论和方法投入到实践中，为构建更为开放、协同、高效的治理模式提供有力支撑。在当前快速转型的社会治理背景下，公众参与作为一种重要的民主实践，对于深化社会治理体系和治理能力现代化具有重大意义。公众参与可以畅通政府与民众的沟通渠道，提高政策的透明度与可行性，并通过集体智慧协助应对复杂社会问题，从而推进社会治理的民主化和科学化进程。

随着全球化、信息化和多元化时代的到来，人类社会正经历着前所未有的变革。社会问题变得更加多元和复杂。然而，现有研究表明，公众参与社会治

① 参见黄家亮、郑杭生：《国外社会治理的四个基本经验》，《西部大开发》2014 年第 5 期。

理仍存在一定的问题与挑战，这些挑战限制了公众参与社会治理能力和潜力的发挥。从环境问题到网络安全，从经济危机到文化冲突等，这些问题不再局限于国界之内，其解决也不可能仅依靠单一主体——政府。因此，传统的政府主导模式需要转变为一个更加开放和包容的治理体系，这一体系应当鼓励并依赖公众参与。这些变革带来了诸多机遇，同时也给传统的社会治理模式提出了严峻挑战。在这一背景下，一个由政府主导的单一社会治理模式已经难以应对现代社会日益增长的复杂多变需求。因此，引入公众参与，发挥社会力量，已经成为提高社会治理效能的关键所在。公众参与已成为现代公共行政发展的世界性趋势①，其深度和广度体现一国公共行政民主化和有效性的程度。公众参与的核心在于民主化和权力下放。这意味着政府不再是唯一的决策者，而是变成一个协调者、促进者和监管者。公众，包括个人、社区、非政府组织、企业和其他利益相关者，都应该在政策制定和执行过程中发挥作用。这样的参与不仅能够提高政策的透明度和公信力，还能够确保政策更加贴近民众的实际需求。此外，公众参与也是衡量一国公共行政民主化和有效性的重要标准。深度和广度足够的公众参与能够反映出一个国家政治体制的成熟度和公民社会的活跃程度。这不仅有助于提升政府的决策质量，还能够增强政府行政的权威性。

随着社会治理模式由传统的政府主导逐渐转型为多元主体参与的模式，公众参与成为推动社会治理现代化的关键环节。正如习近平总书记所强调，加强和创新社会治理，关键在体制创新，核心是人，只有人与人和谐相处，社会才会安定有序。② 公众参与不仅体现了政治民主化的要求，更是实现社会稳定、制度创新和公共资源优化配置的重要途径。现代社会治理不断强调公众

---

① 参见江必新、李春燕：《公众参与趋势对行政法和行政法学的挑战》，《中国法学》2005 年第 6 期。

② 参见《推进中国上海自由贸易试验区建设加强和创新特大城市社会治理》，中国共产党新闻网，http://cpc.people.com.cn/n/2014/0306/c87228-24542311.html。

参与，试图通过融合政府权威与社会智慧，建立一个更加开放、透明、高效的治理体系。研究表明，随着经济发展和市场影响的拓展，公众参与的程度亦随之增强。然而，在推动公众深入参与社会治理的过程中，依然存在一些不足，如公众参与机制不够成熟、公众参与意识的不够充足以及相关政策与法规存在一定的缺失等问题不断凸显。公众参与机制不够成熟是我国社会治理现代化进程中的一大障碍。目前，我国的公众参与多依赖于政府引导和非政府组织的推动，缺乏一个系统化、规范化的平台。这种状况导致了公众参与的渠道不畅、形式单一，难以满足多元化的参与需求。因此，构建一个多层次、宽领域的公众参与机制势在必行。这就要求政府在制定相关政策时，充分考虑公众的意见和需求，同时鼓励社会组织和民间力量发挥桥梁和纽带作用，为公众提供更加广泛的参与途径。公众参与意识的不够充足也是制约社会治理创新的关键因素。在一些民众心目中，社会治理似乎是政府和专家的责任，与自己关系不大。这种观念的存在，无疑削弱了公众参与社会治理的积极性。为此，必须通过教育、媒体宣传等途径加强公众参与意识的培养，让更多的公众认识到自己是社会治理的主体，每个人的行动都对社会的发展产生影响。只有当公众意识到自己的权利和责任，才能更加积极地参与到社会治理中来。相关政策与法律法规的缺失也是一个不容忽视的问题。在当前的法治环境下，没有明确的法律规定和政策支持，公众参与往往缺乏必要的法制保障。这不仅影响了公众参与的效果，也限制了其发展空间。因此，制定和完善相关的法律法规，为公众参与提供法律依据和政策支持，是推动社会治理现代化的重要举措。事实上，尽管公众参与理论在西方已有较为深入的研究，且已经涵盖了政治、法律、机制、政策、指标和实践等多个角度，但我们必须清醒地认识到，由于文化背景、政治体制和社会结构的差异，不能简单地照搬西方的模式。在我国这样一个政治、经济和社会快速变革的国家背景下，我们更需要根据自身的实际情况，探索出一条符合我国国情的公众参与道路。这条道路应该是将非制度化参与转变为制度化、组织化的参与。这意味着我们需要建立一个规范的公众参与体系，通过立法明确公众参与的权利和义务，通过制度建设确保公众参与的有效性和合法性。同时，还要加强对公众参与活动的组织和管理，提高公众参与的专业性和针对性，从而提升参与质量。为此，本书旨在探讨并建构出一套能够实现社会治理现代化要求的系统完善的公众参与模式，促进公众参与从量的积累到质的转变。

本书将系统地探讨公众参与社会治理的理论价值和实践重要性，旨在展现其在构建中国特色社会主义社会治理体系中的核心作用。理论层面的探讨始于对“公众参与”这一概念的深挖。公众参与不仅是政治术语中的华丽辞藻，它既是民主政治的体现，也是社会治理现代化的重要指标。从理论层面讲，公众参与社会治理是对传统治理模式的一次革命性挑战，它要求政府转变职能，以更加开放的心态倾听民众的声音，整合社会资源，逐渐形成共建共治共享的新格局。这种理论的深化不仅能够丰富社会治理的内涵，还能为构建适应新时代要求的社会治理体系提供理论支撑。社会治理体系的建设是一项复杂而艰巨的任务，需要理论上的精准导航。公众参与作为该体系的重要组成部分，其理论基础的深化研究有助于我们更好地认识到公众在社会治理中的主体地位，理解公众参与的多元形式和渠道，从而为社会治理体系的创新和完善提供坚实的理论基础。

在实践层面，公众参与社会治理的制度化、规范化和法治化是我国社会治理发展的必然趋势。通过法律的形式确立公众参与的权利和义务，不仅可以保障公众的合法权益，还可以引导公众以更加积极、有序的方式参与到社会治理中来。例如，环境保护领域的公众参与机制有效地促进了政策的透明度和执行效率，增强了社会的可持续发展能力。此外，提高公众参与度是促进社会治理民主化、科学化和法治化的重要途径。只有当公众真正成为社会治理的主体，才能确保政策制定和执行过程中的民主性和科学性。这需要政府不断优化公众参与的平台，比如利用网络技术打造在线议政平台，让信息流通更加畅通无阻，让每个公民都能有机会发声、参与决策。

本书分为五章内容。第一章对公众参与社会治理进行了理论分析，界定了社会治理与公众参与的有关概念及功能价值，梳理了公众参与社会治理的有关理论。重点阐述了治理理论、参与式民主理论、志愿服务理论、新公共服务理论。第二章系统研究了我国公众参与社会治理的现状。重点梳理了我国公众参与社会治理的总体情况及主要成效、我国公众参与社会治理面临的问题与挑战及背后的制约因素。第三章总结了目前我国公众参与社会治理的实践模式。总结了政府主导下的公众参与模式、社会组织参与模式、公众参与模式三种实践模式，并且探索了新时代背景下"枫桥经验"的实践与创新。第四章探讨了公众参与社会治理的评估机制。重点论述了公众参与社会治理评估机制的功能、评估机制的原则与方法、评估标准、评估指标体系和公众参与度的评价指标。第五章探讨了推动公众参与社会治理的路径和策略。分别从提升公众参与社会治理的能力和素质、创新公众参与社会治理的方式和方法、建立公众参与社会治理的法治保障、构建公众参与社会治理的组织保障、推动公众参与社会治理的数字技术创新、完善公众参与社会治理的跨文化交流与国际合作、优化公众参与社会治理的社会情绪引导机制七个方面来予以阐述。

本书所倡导的是一种全新的社会治理理念，即通过公众的广泛参与，形成横向到边、纵向到底的治理网络，实现国家治理和社会调节、公民自治的良性互动。期望这种理念的推广实施，能为我国社会治理体系构建带来新的活力，为我国公众参与社会治理实践提供理论支撑和实践指导，为实现更加民主、科学、有效的社会治理贡献智慧和力量。

第一章　公众参与社会治理的理论分析

在当今社会，公众参与已经成为民主政治发展的重要推动力。共建共治共享的新型社会治理格局高度依赖多元主体的共同参与。① 随着社会力量不断成长壮大，由政府、社会组织和其他社会自治力量构成的多元主体共治的社会治理格局正在形成，我国经历了从全能政府的一元治理，到政府与市场二元治理，到政府、市场和社会组织的三元治理，再到21世纪复杂主义范式下的多元治理。② 社会治理的关键是体制，核心是人。③ 随着全球化和信息化的加速推进，公众对于社会事务的关注度和参与热情日益高涨。同时，政府也面临着越来越复杂的社会问题和日益多元化的公众需求，如何有效回应和吸纳公众意见，成为政府治理的重要挑战。

① 参见沈永东、陈天慧：《多元主体参与基层社会治理的共治模式——以宁波市鄞州区为例》，《治理研究》2021年第4期。

② 参见张康之：《论主体多元化条件下的社会治理》，《中国人民大学学报》2014年第2期。

③ 参见曹都国、吴新叶：《党建引领社会治理：制度逻辑与效能改进》，《江淮论坛》2020年第6期。

第一节　公众参与社会治理的概念界定

一、社会治理

(一)治理的概念

"治理"最早出现在古希腊和拉丁语中,初始的意思是引导、操纵、控制,主要运用于和公共管理、公共服务相联系的社会管理以及政治活动当中。[①]"治理"真正获得现代意义上的内涵是在20世纪以来,特别是企业经济学和政治决策分析两个领域的发展,为"治理"注入了新的生命。[②] 20世纪90年代开始,"治理"的概念开始在公共管理领域兴起。作为现代意义上的世界领域的公共行政改革潮流与理论实践,治理研究源于西方国家治理现象全球化,全球治理理念方兴未艾。[③] "治理"概念最早可追溯至拉丁语"gubernare",目前其英文动词为"govern",名词为"governance",意为统治、掌舵。在很长时间内,"治理"与政府"统治"(government)区别不大,经常交替使用,主要指管理国家公共事务等。[④]

20世纪90年代以来,随着全球政治、经济、社会、文化等的不断发展,西方政治学家与经济学家对"治理"的含义进行了拓展。例如,著名的治理理论创始人詹姆斯·罗西瑙认为,治理是"一系列活动领域的管理机制,它们虽未得到正式授权,却能发挥作用。治理,不等同于统治,指一种由共同目标支持的活动,这些活动的主体不一定是政府,也并不完全靠国家的强制力来实现治

---

① 参见刘震:《社会组织参与社会治理的路径研究》,南昌大学硕士学位论文2014年,第10页。

② 参见马海韵:《市域社会治理中的公众参与:理论框架与实践路径》,《行政论坛》2021年第4期。

③ 参见许玉镇:《公众参与政府治理的法治保障》,社会科学文献出版社2015年版,第39页。

④ See Stoker G., *The Management of British Local Governance*, Macmilan, 1998, p.17.

理的目标"①。至此,"governance"所涵盖的范围已超出了传统意义上的范围,它突破了政治学领域,逐渐被应用到社会经济领域,此时的"governance"与"government"含义有了明显的区别。有学者认为"governance"在很长一段时间内,"在许多语境中大行其道,以至成为一个可以指涉任何事物或毫无意义的'时髦词语'。它得以复活的重要因素或许在于有必要区分'governance'与'government'。以 governance 指治理的方式、方法,以 government 指负有治理之责的机构,而 governing 则用来指治理行为本身"②。可见,在统治模式时期,社会控制的核心在于"治民",管理时代的核心在于"管民",治理时代政府与民众的关系则是政民互动、公私协作的正和博弈阶段。③ 这是一个十分重大的变化,"统治"包含着"命令""法律"的内在含义,而"治理"则包含着更复杂的内涵。④ 1995 年,联合国"全球治理委员会"发表了题为《我们的全球伙伴关系》的研究报告,其中对"治理"作出了如下界定:"各种公共的或私人的机构管理其共同事务的诸多方式的综合。它是使相互冲突的或不同的利益得以调和并且采取联合行动的持续的过程。它既包括有权迫使人们服从的正式制度和规则,也包括各种人们同意或以为符合其利益的非正式的制度安排。它有四个特征:治理不是一整套规则,也不是一种活动,而是一个过程;治理过程的基础不是控制,而是协调;治理既涉及公共部门,也包括私人部门;治理不是一种正式的制度,而是持续的互动。"⑤这一定义成为"治理"的一个具有代表性和权威性的定义。

---

① ［美］詹姆斯·N.罗西瑙主编:《没有政府的治理》,张胜军、刘小林等译,江西人民出版社 2001 年版,第 4、5 页。

② ［英］鲍勃·杰索普:《治理的兴起及其失败的风险:以经济发展为例的论述》,《国际社会科学杂志》(中文版)1999 年第 1 期。

③ 参见江必新:《推进国家治理体系和治理能力现代化》,《光明日报》2013 年 11 月 15 日,第 1 版。

④ 参见［法］米歇尔·福柯:《安全、领土与人口》,钱翰、陈晓径译,上海人民出版社 2010 年版,第 100 页。

⑤ 全球治理委员会:《我们的全球伙伴关系》(*Our Global Neighborhood*),牛津大学出版社 1995 年版,第 23 页。

围绕"治理"的概念界定问题,国内外学术界展开了一系列研究,产生了诸多有关治理的理论学说,使得治理理论成为当今国际学术界最热门的前沿理论问题之一。从治理维度来看,有地方治理、大学治理、公司治理、国家治理、全球治理等。① 从名称上就可以看出,其涉及诸多具体的领域,体现了治理已在实践中广泛应用。"治理"一词尚未形成统一的概念界定。俞可平认为:"治理的基本含义是指官方的或民间的公共管理组织在一个既定的范围内运用公共权威维持秩序,满足公众的需要。"②

(二)治理的特征

治理涉及的领域众多,且具有广泛的适用性。治理的特征主要体现在以下几方面:

第一,治理的主体不一定是政府,还可以是政府之外的其他私人机构等。相比"统治"概念中强调的统治主体的一元性,治理强调治理主体的多元性。治理与统治既有区别又有联系。二者的共同之处在于,治理的最终目标也是维护社会的正常秩序,因此治理也需要权威,需要人们遵守社会秩序,维持社会的和谐稳定,这与统治一致。治理与统治也有明显的区别,总体而言,统治的主体一定是公共机构,权威必定是政府,而治理指的是一种由共同的目标支持的活动,尽管一定程度上也需要权威,但与统治的权威是政府不同,治理的权威可以是公共机构,可以是私人机构,也可以是公私合作的机构,治理主体的多元化意味着治理的权威也是多元的。治理是政府与非政府的合作、公共机构与私人机构的合作、强制与自愿的合作,这些管理活动虽未得到正式授权,却能有效发挥作用。③

第二,治理强调的是国家与社会之间的合作,更强调国家对社会的依赖关

---

① 参见贾霄锋:《社会转型加速时期社会组织介入社会问题治理》,西南交通大学出版社 2016 年版,第 7 页。

② 俞可平主编:《治理与善治》,社会科学文献出版社 2000 年版,第 24 页。

③ 参见李凤华:《治理理论:渊源、精神及其适用性》,《湖南师范大学社会科学学报》2003 年第 5 期。

系，一定程度上模糊了公共领域与私人领域的明确界限。如果说社会管理主体的多元化是对政府社会管理的补充，那么社会治理即是对社会管理主体多元化的进一步延伸。[①] 现代国家的趋势之一就是将政府独自承担的责任逐渐向社会转移。其他主体诸如市场、社会组织等正在承担很多原先政府的部分责任，国家与社会、公共部门与私人部门之间的界限不再分明，治理理论应运而生。

第三，治理的方式和手段是多元化的。在治理过程中，解决问题的途径不再局限于政府层面。在公共事务的管理过程中，政府逐渐探讨其他的管理方式、方法、手段、工具、技术等，采取多样化的方法来实现治理的最佳效果。[②] 治理在依靠政府权威的同时，也可以依赖于市场化的手段，考虑新技术及工具的应用，治理手段应由以强制性为主向以平等对话、合作为主的多元化手段转变，是多元主体间对社会公共事务的协同治理。

第四，治理更强调管理对象的参与性，整个过程呈现上下互动的模式。这一点与统治是不同的。在统治过程中，主要运用政府的政治权威来管理社会公共事务，权力是自上而下运行的。在治理过程中，它主要通过不同部门、不同主体间的合作、协商、伙伴关系进行，因此是一个上下互动的过程。

第五，治理目标多元化，即一改传统的“善政”治理目标，转变为“善治”治理，具体来说，治理目标应由单纯追求效率向公共利益最大化的实现转变，以最终达成国家与公民社会间的互动与合作的关系。

（三）社会治理的概念

在对社会治理的基本概念进行深度解析时，不可避免地需与公众参与的理论价值和操作实质进行交叉考察。

社会治理作为一个多维且动态的过程，其核心在于政治、社会各种能动体间的相互作用和权力运行机制。从广义角度讲，社会治理包含了政府治理、市

① 参见童星：《中国社会治理》，中国人民大学出版社 2018 年版，第 11 页。

② 参见唐兴霖：《国家与社会之间》，社会科学文献出版社 2013 年版，第 47 页。

场调节、社区自律及公民参与等多种社会协调机制。此外,社会治理还涵盖了法律规范、道德准则、行政命令等多重规范体系的运用和实施。这些复杂的互动和规则体系构成了社会治理的实质内容,其最终目标旨在实现社会秩序的稳定、社会问题的有效解决以及公平正义的社会环境构建。

从狩猎采集社会发展到农耕游牧社会、非工业文明社会、工业化社会已历经四种社会形态。西方社会学认为与传统农业社会不同:现代社会日益分化为三个既相互联系又彼此独立的领域:政治领域、经济领域、社会领域。① 三大领域既有其独立性但又无法分割,在社会领域中引入其他领域的主体参与社会管理是人类社会发展的一种趋势。② 在现代化治理理念中,依法治国和社会自治并重,公众参与亦被视作提升社会治理现代化能力的重要途径。然而,在公众参与社会治理的过程中,一个不可忽视的现象是,公众易被视作治理的对象而非主体,这种主体—客体间的传统界定亟须改观。公众的主体地位应被充分确认,其在治理中的积极性和创造性能力也应得到发挥和承认。同时,治理过程的科学性、有效性需依赖于第三方和第四方社会组织的参与和监督,以保证公众参与实践的正当性和权威性。在统一法治保障下,确保所有利害相关方在社会治理的决策过程中公平表达、民主协商,是实现社会治理目标的基本路径。通过这一路径,不仅能有效地促进社会公正和资源均衡分配,还能增进政府的透明度和信任度,进而构建起稳健的社会治理体系。公众参与能促使政府主动公开公共服务供给决策和信息,对地方官员腐败行为起到一定的抑制作用。随着政府行为信息的公开透明化,公众对政府的信任度也随之提高。③

长期以来,我们使用更多的是"管理"或"社会管理"的概念。党的十八届三中全会首次从国家战略的高度,对治理思想作出了重要的具有中国特色的

---

① 参见梁树发:《社会与社会建设》,人民出版社 2007 年版,第 67、68 页。

② 参见陈蔚涛:《改进社会治理方式:充分发挥公众参与的基础性作用》,《中共济南市委党校学报》2014 年第 1 期。

③ 参见于文轩、林挺进、吴伟:《提升政府治理水平,打造服务型政府——2011 连氏中国服务型政府指数及中国城市服务型政府调查报告》,《华东经济管理》2012 年第 7 期。

解释,在十八届三中全会通过的《中共中央关于全面深化改革若干重大问题的决定》中,“治理”概念被明确直接提及 24 次之多,①在“创新社会治理体制”的小标题下,用了 1000 字左右的篇幅,阐述了一个新的执政理念——“社会治理”。自此,“社会管理”的概念被“社会治理”所取代。“从‘社会管理’到‘社会治理’,虽然是一字之差,却是党的执政理念和政策思路在社会领域的一次全面提升,体现的是系统治理、依法治理、源头治理、综合施策,反映的是党对社会运行规律和治理规律认识的深化。② 社会治理是社会管理的升级版,是社会管理理论更深层次的加强。③ 社会治理取代社会管理正式成为我国社会建设的关键词与方法论,并且把创新社会治理体制置于国家发展战略的高度。④ 习近平总书记强调:“人民是历史的创造者,群众是真正的英雄。人民群众是我们力量的源泉。”⑤只有确认并调动广大人民群众的主人翁意识和主体地位,调动全体人民共同参与、共同创造、共同建设的积极性和内在动力,才会让全体人民共享经济发展成果。

党的十八届三中全会之后,新的“社会治理”概念的提出,引出了一系列问题:什么是社会管理? 什么是社会治理? 社会管理与社会治理是什么关系,两者之间有什么区别? 为什么要用社会治理取代社会管理? 关于社会治理的研究逐渐成为学界研究的热点。但由于受西方思想的影响,国内学界对社会治理的概念尚未达成统一的共识与概念。因此,批判吸收西方治理的核心内涵,结合中国文化和国情来界定社会治理的基本概念,是创新社会治理的基础和前提。⑥

---

① 参见王浦劬:《国家治理、政府治理和社会治理的基本含义及其相互关系辨析》,《社会学评论》2014 年第 3 期。

② 参见中共中央党校(国家行政学院)编:《习近平新时代中国特色社会主义思想基本问题》,人民出版社、中央党校出版社 2020 年版,第 295 页。

③ 参见俞可平:《社会自治与社会治理现代化》,《社会政策研究》2016 年第 1 期。

④ 参见江必新:《以党的十九大精神为指导　加强和创新社会治理》,《国家行政学院学报》2018 年第 1 期。

⑤ 《习近平著作选读》第一卷,人民出版社 2023 年版,第 61 页。

⑥ 参见陶希东等:《共建共享:论社会治理》,上海人民出版社 2017 年版,第 8 页。

"如果说19世纪至20世纪之交的改革家们倡导建立最大限度的中央控制和高效率的组织结构的话,那么21世纪的改革家们则将今天的创新视为是一个创建以公民为中心的治理结构(citizen-centered governance structure)的复兴实验过程。"①"Governance"即"治理"的概念,在20世纪后半期随着新公共管理理论的风行而得到学界和政界的青睐。关于"社会治理"的概念界定,学者从不同的视角进行了阐述。有的学者从执政党与多元治理主体的关系来界定,认为"在我国,社会治理是指在执政党领导下,由政府组织主导,吸纳社会组织等多方面治理主体参与,对社会公共事务进行的治理活动"②。有的学者从多元主体发挥作用的过程来分析,认为社会治理是"以实现和维护群众权利为核心,发挥多元治理主体的作用,针对国家治理中的社会问题,完善社会福利,保障改善民生,化解社会矛盾,促进社会公平,推动社会有序和谐发展的过程"③。"社会治理就是政府、社会组织、企事业单位、社区以及个人等诸行为者通过平等的合作型伙伴关系,依法对社会事务、社会组织和社会生活进行规范和管理,最终实现公共利益最大化的过程。"④有学者从社会治理的本质上进行界定,认为"社会治理本质上就是组织权利的转移和重新在不同主体间进行分配,在地位平等的主体和其自愿的基础上的一种有效合作,从而形成一种良性和有效率的互动"⑤。也有学者从共建共治共享下的社会秩序构建视角进行阐述,认为"社会治理就是在中国共产党的统筹和领导下,充分发挥政府、市场、社会三个领域的各自优势,通过共商共议、共建共享、共治自治

① [美]理查德·C.博克斯:《公民治理:引领21世纪的美国社区》,孙柏英译,中国人民大学出版社2005年版,第10页。

② 王浦劬:《国家治理、政府治理和社会治理的基本含义及其相互关系辨析》,《社会学评论》2014年第3期。

③ 姜晓萍:《国家治理现代化进程中的社会治理体制创新》,《中国行政管理》2014年第2期。

④ 陈家刚:《从社会管理走向社会治理》,《学习时报》2012年10月22日,第6版。

⑤ 俞可平等:《中国公民社会的兴起与治理的变迁》,社会科学文献出版社2002年版,第31页。

等方式，有效化解制约社会的诸多社会问题和矛盾，从而构建富有活力、包容、公平、和谐的社会秩序的动态过程”①。

本书认为，社会治理是指一个国家或社区通过一系列机制、制度和方法来管理和协调社会事务，以实现社会的稳定、公正和可持续发展。这一概念涵盖了政府、社会组织、企业和个人等多个主体，以及法律、道德、文化和经济等多种手段。

在现代社会，社会治理的重要性愈发凸显。随着社会的复杂化和多元化，传统的管理方式已经难以应对各种新的挑战和问题。因此，需要建立一个更加开放、包容和灵活的治理体系，以适应社会的快速发展和变化。

具体来说，社会治理的含义包括以下几个方面：

首先，社会治理是一个多元主体的过程。政府不再是唯一的管理者，而是需要与社会组织、企业和个人等多元主体共同参与和协作。这种多元主体的参与有助于提高治理的效率和效果，同时也能更好地反映和满足社会的多元化需求。

其次，社会治理需要运用多种手段和方法。除了传统的法律和行政手段外，还需要运用道德、文化和经济等多种手段来引导和规范社会行为。这种多元化的治理手段可以更好地应对复杂多变的社会问题。

最后，社会治理的目标是实现社会的稳定、公正和可持续发展。这不仅要求治理过程要公正、透明和民主，还要求治理结果能够促进社会的长期稳定发展。

综上所述，社会治理是一个多元主体、多种手段、多维目标的过程。这一概念为本研究提供了理论基础和分析框架，有助于更好地理解和研究公众参与社会治理的问题。

① 陶希东等：《共建共享：论社会治理》，上海人民出版社2017年版，第8页。

（四）社会治理的特征

党的十九大报告提出“打造共建共治共享的社会治理格局”①，将其列为加强和创新社会治理的七大战略施策之一，突出强调了新时期社会治理的基本格局。“共建”意味着多方合力合资，“共治”突出各方合智合作，“共享”则关注共益共赢，三者的重心集中于一个“共”字。“公共治理体系包括治理的主体如政府、公共组织、非营利组织、私人组织、社会个人等，……治理的方式如强调各种机构、团体之间的自愿、平等合作。”②因此，“共建共治共享”体现了社会治理的公共性、多元性、跨界协商性和共生性。③ 通过对社会治理概念的界定，可以看出社会治理具有以下几方面的显著特征。

第一，主体的多元。当前，我国相对单一的社会结构正向相对多元的社会结构演进，利益主体出现多元化。经历改革开放40多年的发展，我国的经济、社会、阶层结构等都发生了深刻的变化，分化出了一些新的社会阶层和群体，社会的利益主体出现多元化趋势。社会整体由各种各样的阶层和群体组成，不同阶层、群体的利益和诉求均不相同。随着改革的持续深化，社会的结构性矛盾突出，社会各阶层的利益整合更加复杂和困难。因此，社会治理必须非常重视治理主体的多元化，社会治理的主体既包括公共部门，也包括私人部门，政府不再对所有的公共服务事项大包大揽，不同主体共同参与社会治理，共同分享发展成果。

第二，方式的多元。与以往传统的社会管理不同，社会治理不再仅靠政府的行政审批、行政命令等方式，而是更加强调治理手段和治理方法的多元化，更多采用经济手段、行业自律、道德教育、科技等手段，采取一系列的协商、对

---

① 《习近平著作选读》第二卷，人民出版社2023年版，第40页。

② Stoker, Gerry, “Governance as Theory: Five Propositions”, *International Social Science Journal*, Vol.68(2018), pp.15–24.

③ 参见王名、董俊林：《关于新时代社会治理的系统观点及其理论思考》，《行政管理改革》2018年第3期。

话、协作、谈判、妥协等方式，促进不同主体的沟通协调，从而更好地配置社会资源，协调解决社会矛盾。

第三，各方的互动。社会治理更加注重引导全社会达成利益共识，特别是针对长期目标的利益共识，因此是一个适合多元主体参与的治理框架和社会机制。在社会治理下，多元主体都可以提出自身的利益诉求，采取合理的表达利益诉求的方式，并在沟通交流、相互妥协、协商一致的基础上达成社会共识。

也有学者将社会治理的特点归纳为四个方面：第一是多元主体；第二是民主协商；第三是依法办事；第四是以人为本。进一步讲，就是要还政于民，实现公共权力向社会回归。①

（五）社会治理的历史演变

在传统社会治理模式下，权力主要集中在政府手中，政府通过行政手段对社会进行直接管理。这种治理方式的主要特点可以概括为以下几个方面。

第一，政府主导。在传统社会治理中，政府是唯一的权力中心，掌握着大量的资源和决策权。政府通过制定和执行政策，对社会各个领域进行直接干预和管理。这种模式下，政府往往扮演着“全能政府”的角色，试图通过行政手段解决所有社会问题。

第二，层级管理。传统社会治理通常采用层级管理的方式，权力从中央到地方呈现出一种金字塔式的结构。这种管理方式使得决策权高度集中，信息传递缓慢，容易导致决策失误和社会问题的滞后解决。

第三，官僚主义。由于权力高度集中和层级管理的特点，传统社会治理往往容易出现官僚主义现象。官僚主义表现为官员们过分追求个人利益，忽视公众需求，导致政府效率低下，服务质量差。

第四，社会参与度低。在传统社会治理模式下，社会组织和公民个体的参与度往往较低。政府主导决策过程，缺乏有效的社会参与和监督机制，导致社

① 参见龚维斌主编：《中国社会治理研究》，社会科学文献出版社 2014 年版，第 5 页。

会问题的解决往往缺乏广泛的社会基础和支持。

现代社会治理的转变主要源于对传统治理模式的反思和改革。这种转变的原因可以归结为以下几个方面。

第一，经济全球化的推动。随着经济全球化的发展，国家之间的联系和互动越来越紧密。传统的政府主导型治理已经无法满足复杂多变的国际环境和社会需求。因此，现代治理强调多元主体参与，提高治理的灵活性和效率。

第二，社会多元化的需求。随着社会的发展和进步，公众对治理的需求也日益多元化。现代治理强调政府、市场、社会组织和公民个体之间的合作与互动，以满足不同利益群体的需求。

第三，信息技术的发展。信息技术的快速发展为现代治理提供了有力支持。信息技术可以提高治理的透明度和参与度，加强政府与公众之间的沟通和互动，推动治理模式的创新和变革。

第四，公共治理理论的兴起。公共治理理论的兴起为现代治理提供了理论基础。公共治理理论强调治理主体的多元化、治理方式的多样性和治理过程的互动性，为现代治理模式的建立提供了指导。

综上所述，从社会治理的演进趋势可以发现，“一元治理”正在向“多元治理”的范式转变。政府不再是唯一的决策主体，而是“元治理”的主体，企业、社会组织、公民参与其中，形成参与式治理的新格局。① 现代社会治理的转变是对传统治理模式的反思和改革的结果。这种转变旨在提高治理的灵活性、效率和社会参与度，以适应复杂多变的国际环境和社会需求。

二、公众参与

随着社会的发展和进步，公众参与成为了一个备受关注的议题。尤其在当今日益多元化的社会中，公众不再是被动的接受者，而是积极参与到各种社

① 参见马俊：《夯实国家治理现代化的法治根基》，《重庆理工大学学报》（社会科学版）2020 年第 7 期。

会事务中的主体。公众参与不仅体现了民主精神，更是推动社会进步和发展的重要力量。

（一）公众的定义

公众，作为一个核心概念，其定义在公众参与社会治理的研究中至关重要。在广泛的社会语境中，“公众”通常指的是一个社会或社区中的大多数人，他们可能是该社区的成员、利益相关者或者仅仅是受到社区事务影响的人。然而，在公众参与社会治理的特定背景下，“公众”的定义应更加精确和具体。

首先，公众参与社会治理中的“公众”应包含所有受到社会治理影响的个体和群体。这意味着不仅是社区成员或利益相关者，还包括那些可能因治理决策而受益或受损的广泛群体。这种定义有助于确保所有利益相关者的声音都能被听到和考虑。

其次，“公众”的定义还应强调其主动性和参与性。公众参与社会治理不仅是被动地接受治理决策，而是积极地参与到决策过程中，表达自己的观点和利益诉求。“人从本质上就是自己爱自己，愿意保存自己，设法使自己的生存幸福，所以利益或对幸福的欲求就是人的一切行动的唯一动力。”[①]利益驱使使人们不再冷漠而是通过多种途径参与到公共政策制定的方方面面。[②] 因此，“公众”在这个背景下应被视为具有积极参与意愿和能力的社会成员。

综上所述，本书将“公众”定义为受到社会治理影响并具有参与意愿和能力的所有个体和群体的集合。这个定义既涵盖了公众的广泛性，又突出了其主动性和参与性，为后续研究提供了清晰的概念基础。

（二）公众参与的概念

公众参与是一个多维度、多层次的概念，其核心在于公众对公共事务的参与和决策的影响。公众参与，说的不仅仅是民众在政治角度上投身进来，也涵

① 曹峰：《康德幸福观及其对我国建设幸福社会的启示》，《新疆社科论坛》2011年第4期。

② 参见许玉镇：《公众参与政府治理的法治保障》，社会科学文献出版社2015年版，第94页。

盖一切高度关注、密切关心的全体公民。① 它不仅是个人或群体对政策的简单回应,更是一种主动、有意识的行动,通过这种行为,公众可以表达自身的利益诉求,参与公共政策的制定和实施,从而确保政策的公正性和有效性。

俞可平认为,所谓公众参与是指政府之外的个人或社会组织通过一系列正式的和非正式的途径直接参与到政府公共决策中;它包括投票、竞选、公决、结社、请愿、集会、抗议、游行、示威、反抗、宣传、动员、检举、对话、辩论、协商、游说、听证、上访等一系列公众在公共政策形成和行政主体之外的个人和组织对行政过程产生影响的一系列行为的总和。② 江必新、李春燕认为公众参与指的是行政主体之外的个人和组织对行政过程产生影响的一系列行为的总和。③ 也有学者认为公众参与是公民试图影响和推动政治系统决策过程的活动。④ 或者"公民为了争取、实现和维护自己的利益而参与社会政治活动,以直接、间接的方式影响政治决策的行为"⑤。或者"公众参与就是公民试图影响公共政策和公共生活的一切活动"⑥。公众参与是实现民主政治和良好治理的重要机制。习近平总书记指出,"评价一个国家政治制度是不是民主的、有效的,主要看……全体人民能否依法管理国家事务和社会事务、管理经济和文化事业,人民群众能否畅通表达利益要求"⑦。社会治理体系的落脚点始终是关于人和为了人的问题,社会治理体系本质上还是需要积极而有实质性参与的人的主体性。⑧

---

① 参见李平、刘寒澂:《公众参与政府决策的现实路径探究》,《行政与法》2018 年第 10 期。

② 参见贾西津主编:《中国公民参与——案例与模式》,社会科学文献出版社 2008 年版,"代序"第 1 页。

③ 参见江必新、李春燕:《公众参与趋势对行政法和行政法学的挑战》,《中国法学》2005 年第 6 期。

④ 参见陶东明、陈明明:《当代中国政治参与》,浙江人民出版社 1998 年版,第 10 页。

⑤ 周平:《论我国改革过程中的政治参与》,《云南社会科学》1991 年第 4 期。

⑥ 贾西津主编:《中国公民参与——案例与模式》,社会科学文献出版社 2008 年版,第 1 页。

⑦ 《习近平著作选读》第二卷,人民出版社 2023 年版,第 529 页。

⑧ 参见张成岗、李佩:《科技支撑社会治理体系构建中的公众参与:从松弛主义到行动主义》,《江苏行政学院学报》2020 年第 5 期。

不同的学科对公众参与的解读视角也存在不同。例如，政治学理论认为，公众参与社会治理是民主政治的核心体现。从学术谱系的角度看，公民参与的研究源自政治参与，甚至在相当长的时期内两者之间的区分是不清晰的。①通过参与公共事务的决策和管理，公众能够表达自己的利益和诉求，影响政府决策，从而维护自己的权益。将参与和民主理念联系起来并不会令人惊讶，因为在最朴素的意义上民主总是与公众参与相关联的。② 政治学家强调公众参与在推动政治透明化、增强政府合法性和提高政府治理效能方面的重要作用。从社会学的角度来看，公众是社会发展和民主化进程的重要组成部分。社会学家强调公众参与在塑造社会结构、促进社会整合和增强社会凝聚力方面的重要作用。他们认为，公众参与社会治理有助于形成更加公正、平等和包容的社会环境，促进社会的和谐稳定。法学理论认为，公众参与社会治理是法治社会建设的重要基础。公众参与有助于监督和制约政府权力，防止权力滥用和腐败现象的发生。同时，公众通过参与法治实践活动，能够提高自身的法律意识和法律素养，促进法治精神的普及和深入人心。从政策分析的角度来看，公众是政策制定和执行过程中的重要参与者。公众参与能够为政策制定提供多元化的信息和视角，使政策更加全面、科学和合理，是政府和公众在平等互助的前提下，就公共事务展开讨论、协商、行动的一种治理和决策机制。③ 同时，公众的参与还能够对政策执行进行监督和评估，确保政策的有效实施和目标的实现。在公共管理领域，公众参与既是民主政治核心价值的体现，也是提升政策效力、增进社会稳定和谐的关键途径。

从理论基础上看，公众参与主要源自民主理论、社会学理论以及可持续发

① 参见朱德米：《回顾公民参与研究》，《同济大学学报》（社会科学版）2009 年第 6 期。

② 参见王锡锌：《公众参与：参与式民主的理论想象及制度实践》，《政治与法律》2008 年第 6 期。

③ 参见王强、孙潇：《基于委托—代理理论的政府信任风险因素分析》，《学术交流》2013 年第 3 期。

展理论。民主理论认为,公众参与是民主政治的基石,是实现人民主权和权力制约的关键环节。社会学理论则强调,公众参与是社会互动和整合的重要机制,有助于增强社会凝聚力和稳定性。而可持续发展理论则认为,公众参与是实现可持续发展的必要手段,它能够促进资源的合理利用和环境的保护。

(三)公众参与的类型与形式

公众参与的类型可以从多个维度进行划分,以下是几种常见的公众参与类型划分。

1. 按照参与主体划分

可以划分为个体参与和组织参与。个体参与是指单个公民通过个人行为或行动直接参与到公共事务中,如个体捐赠、志愿活动等。组织参与是指通过非政府组织、社区组织、企事业单位等组织形式进行的参与,如环保组织的倡导活动、行业协会的政策建议等。

2. 按照参与途径划分

可以划分为线上参与和线下参与。线上参与是指随着网络技术的发展,公众通过网络平台如社交媒体、政府网站等参与到公共事务的讨论和决策中,如网络问卷调查、在线投票等。线下参与是指传统的参与方式,包括公众听证会、座谈会、问卷调查等,需要公众亲身参与。

3. 按照参与程度划分

可以划分为低度参与和高度参与。低度参与通常被视为公众参与的最基本形式。它涉及公民通过各种渠道,如调查问卷、社交媒体或公开信函等方式来表达他们的意见或建议。这样的参与形式虽然为民众提供了发声的机会,但并不直接导致决策的形成。换言之,低度参与更像是民意的风向标,决策者可能考虑这些反馈,也可能忽略它们,取决于政治意志和其他因素。高度参与则是一种更为深入的公民介入形式。在这种情境下,个人不仅表达观点,而是直接成为决策过程的一部分。这可以通过多种机制实现,如陪审团服务,或是在公民大会上投票。在这些场合,公众不只是提出意见，而是实际上帮助塑造政策和法律。这种参与形式的优点是显而易见的，它能够使政策更加贴近民众的实际需求和愿望。

公众参与的形式多种多样。随着社会和技术的发展，新的参与形式也在不断涌现。以下是几种常见的公众参与表现形式。

1. 公民投票

公民投票是最直接的公众参与形式之一，包括选举投票和决策投票。选举投票是民主政治的基石。通过选举，公民有权选择他们的代表或官员，这些人将代表他们的利益，制定法律，执行政策。选举投票是一种授权行为，公民通过投票将自己的部分权力委托给被选出的代表或官员。这种权力的转移是建立在信任的基础上的，选民相信被选出的人能够代表他们的声音，反映他们的需求，实现他们的愿景。决策投票是公民直接参与决策的一种形式。与选举投票不同，决策投票通常发生在具体政策或项目的实施前，公民直接对某一议题进行投票表决。这种投票方式使得公民能够直接参与到政策的制定和实施过程中，对于一些重大的社会问题，如环境保护、城市规划、教育改革等，公众可以通过决策投票的方式直接影响政策的方向。

2. 公众听证会

公众听证会的概念源自西方的公共参与理念，它通过正式的形式为公众提供一个平台，使人们可以直接参与到那些影响他们生活的各种重要决策中去。无论是城市规划、环境保护，还是社会福利制度的改革，公众都有权利发出自己的声音，提供个人的见解，这样的互动不仅丰富了政策制定的内容，也提高了政策实施的效率和公正性。公众听证会是一种让公众直接参与政策制定过程的形式。在听证会上，政府或相关机构听取公众的意见和建议，为政策制定提供参考。

3. 社会咨询

在现代社会的治理体系中，政府或相关机构的决策不再是一项孤立的行为。随着民主意识的增强和信息技术的发展，公众对于政策制定的参与度日益提高。在这样的背景下，社会咨询应运而生，并逐渐演变成为一座沟通政府与民众之间的重要桥梁。它不仅是一个信息收集的过程，更是一个民意反馈、政策调整和完善的动态循环。社会咨询的本质在于通过问卷调查、座谈会等多种形式，广泛地收集公众对某一政策或项目的看法和建议。这种方式的优势在于它的直接性和广泛性。直接性体现在政府能够直面公众的真实想法，无需经过层层过滤；广泛性则确保了不同群体、不同利益的声音都能被听到，使得政策的制定更具包容性和普遍性。

4. 公民倡议

公民倡议，是指一群具有共同关注点的民众，围绕特定的社会议题，通过合法的方式发起行动，旨在引起政府和社会更广泛的关注并促进解决方案的产生与实施。这样的活动形式多样，包括签署请愿书、组织集会示威、进行社交媒体宣传、发起公益活动等。

5. 网络参与

随着网络技术的发展，网络参与成为了一种新型的公众参与形式。公众可以通过社交媒体、在线论坛等平台，发表意见、讨论问题、参与网络调查等，对政策制定和社会事务产生影响。

以上为公众参与的一些常见类型与形式。实践中，公众参与的类型与形式因地域、文化、社会制度等因素而异，具有多样性和复杂性。因此，在研究和实践中，需要根据具体情况进行分析和选择。

（四）公众参与的重要性

公众参与的重要性不言而喻，它不仅是民主政治的核心体现，也是社会进步和发展的重要推动力量。改革开放使国家与社会的关系从高度一体化转向适度分离，国内与国际社会依存度加大，社会生产、生活行为复杂性越来越强，但社会管理的技术不高，监督体制不健全，与市场经济相适应的思想道德和诚信建设滞后，加剧了社会的不稳定。诸多社会问题的解决仅仅依靠政府已无力承担，而且政府正从全能政府向有限政府转变。政府管理、决策充满风险，公众参与可使政府管理更加科学，是化解社会问题不可替代的力量。①

首先，公众参与能够增强社会的民主性。“民主是全人类的共同价值，是中国共产党和中国人民始终不渝坚持的重要理念。”②民主社会的核心在于人民的参与和表达，公众参与是实现这一核心的重要方式。公众的参与不仅能够反映他们的利益和诉求，也能够提高政策的透明度和公正性。通过参与，公众能够直接参与到政策的制定和执行过程中，从而确保政策的公正性和有效性。这种参与和表达的过程，有助于培养公众的民主意识和责任感，进一步推动社会的民主化进程。

其次，公众参与有助于提升社会问题的解决效率。公众是社会的主体，他们直接面对各种社会问题，因此他们的参与能够提供更多的解决方案和思路。通过集思广益，更容易找到更加有效的解决方法，从而更好地应对各种挑战。同时，公众的参与也能够监督和推动政府和企业更好地解决社会问题，提高社会问题的解决效率。

最后，公众参与能够促进社会的和谐与稳定。公众的参与能够让各种社会群体的声音和利益得到充分的表达，从而有助于缓解社会矛盾，维护社会的和谐与稳定。同时，公众的参与也能够提高社会的凝聚力，增强社会的自我修复能力，使社会在面对各种挑战时更加坚韧和稳定。

综上所述，公众参与的重要性体现在多个方面，包括增强社会的民主性、提升社会问题的解决效率以及促进社会的和谐与稳定。因此，我们应该高度重视公众参与，积极推动公众参与的实践，为社会的进步和发展提供源源不断的动力。

---

① 参见陈蔚涛：《公众参与在社会治理中的基础性作用》，《大连干部学刊》2014 年第 1 期。

② 《习近平著作选读》第二卷，人民出版社 2023 年版，第 529 页。

三、公众参与社会治理

（一）公众与社会治理的关联及特点

公众是社会治理的基石，公众的参与不仅能够增加社会治理的透明度和公平性，还能够提高社会治理的效率和效果。社会治理的目标是为了满足公众的需求和利益，而公众的参与则是实现这一目标的重要手段。因此，在理论框架中，公众与社会治理是相互关联、相互影响的。

公众参与社会治理是一个至关重要的话题，它关系到社会的稳定、民主的发展和人民的福祉。在全球化的背景下，社会问题日益复杂，传统的政府治理模式已难以满足公众的需求。因此，公众参与社会治理成为了一种必要且有效的解决方式。这种参与不仅能够增强公众的社会责任感，提升政府的治理效能，还能促进社会的和谐与繁荣。

公众参与社会治理的特点主要体现在以下几个方面。

第一，多元性。公众参与社会治理的主体具有多元性，包括个人、社会组织、企业等各种社会力量。这些不同的主体在社会治理中发挥着各自独特的作用，形成了多元化的治理格局。

第二，互动性。公众参与社会治理的过程具有互动性，公众与政府、社会组织等治理主体之间通过协商、对话等方式进行互动，共同推动社会治理的进程。

第三，民主性。学术界一般认为，政治文明主要包括政治理念、制度和行为文明，其最终表现形式是制度文明。① 公众参与社会治理的本质是民主参与，体现了人民当家作主的原则。通过参与社会治理，公众能够直接表达自身的利益和诉求，推动政策和决策的科学化、民主化。

第四，法治性。习近平总书记指出："我们要更加重视法治、厉行法治，更

① 参见王周户主编：《公众参与的理论与实践》，法律出版社 2011 年版，第 17、18 页。

好发挥法治固根本、稳预期、利长远的保障作用，坚持依法应对重大挑战、抵御重大风险、克服重大阻力、解决重大矛盾。”[①]社会治理说到底应是一种规则之治、有序之治，科学、公正、严肃、高效的规则可以促进复杂多变的社会秩序得以有效规制。法治的内在价值使之兼具稳定性、明确性、具体性、合理性、规范性以及可预测性、可救济性等特征，为社会治理维度内社会秩序的规制和社会公平正义的维护提供了基本遵循。[②] 因此，公众参与社会治理必须在法治的框架下进行，遵守法律法规的规定。同时，公众参与社会治理的过程也需要接受法律监督，确保权力不被滥用。

第五，实效性。公众参与社会治理的最终目的是实现社会的和谐稳定发展。通过公众参与社会治理，可以发现和解决问题，提高治理效率和质量，推动社会的进步和发展。

（二）公众参与社会治理的历史演变

公众参与社会治理的历史演变是一个跨越多个时代和社会制度的复杂过程。在这个过程中，公众参与的形式、范围和影响力都随着社会的发展和变迁而不断变化。

1. 古代社会的公众参与

自古以来，人们都对和谐有序的社会充满了向往，并试图通过调动和挖掘自身的力量建立起美好的家园。无论是中国古代的乡村自治模式，还是古希腊的城邦自治模式，都蕴含着人们参与社会治理的最初尝试。[③] 在古代社会，公众参与社会治理主要体现在君主与臣民的互动关系中。君主通过咨询、谏言等方式，听取臣民的意见和建议，以辅助决策。在国外，公众参与社会治理的历史可以追溯到古希腊的雅典民主制度，当时公民直接参与城邦事务的决

---

① 习近平：《坚定不移走中国特色社会主义法治道路　为全面建设社会主义现代化国家提供有力法治保障》，《求是》2021 年第 5 期。

② 参见李坤轩：《法治政府理论热点与实践进路研究》，人民出版社 2023 年版，第 8 页。

③ 参见王大广：《公众参与基层社会治理的实践问题、机理分析与创新展望》，《教学与研究》2022 年第 4 期。

策和管理。我国公众参与社会治理的历史同样源远流长。在古代,儒家思想中的“民本”观念强调君主的权力来源于人民,需要通过听取民意、顺应民心来维护统治。这一时期,公众参与的程度有限,主要局限于精英阶层。

2. 近代社会的公众参与

随着近代社会的发展,公众参与社会治理的形式开始发生变化。随着欧洲启蒙运动的兴起,民主和公众参与的理念逐渐深入人心。在资本主义社会中,公众参与主要通过选举、议会等形式进行。公民通过选举代表参与国家政治生活,表达自身诉求和利益。同时,随着工业革命的到来,社会问题的复杂性增加,公众对于社会治理的关注度也相应提高。

3. 现代社会的公众参与

进入现代社会,西方国家通过选举制度、公民投票等方式,不断扩大公众参与社会治理的范围和深度。同时,随着公民社会的兴起,非政府组织、社区组织等社会力量也积极参与到社会治理中,形成了多元化、民主化的治理格局。我国公众参与社会治理经历了从改革开放初期的摸索到现阶段的制度化、规范化发展。随着政治体制改革的推进,公众参与社会治理的途径和方式也不断丰富和完善,如政策咨询、社区自治、公共决策等。现代社会中,公众参与社会治理的形式更加多样化和广泛化。随着信息技术的发展,公众可以通过网络、社交媒体等多种渠道表达观点和参与讨论。此外,社区治理、公民参与等新型治理方式也逐渐兴起,使得公众参与社会治理的途径更加多样。

公众参与社会治理的变迁与社会结构、经济发展、政治制度等因素密切相关。在不同的历史时期和社会背景下,公众参与的形式和影响力都有所不同。

1. 从被动参与到主动参与

被动参与,作为一种公众参与的形式,其起源可追溯至古代社会的初期。在当时的政治体系中,公众往往被看作是被动接受统治和决策的对象,而非决策的参与者。这一观念的形成与当时的社会制度、经济结构以及文化背景密切相关。在农业社会中，由于生产方式的局限，人们更多地依赖于自然和集体力量，个体的自主性和参与度相对较低。因此，被动参与成为了公众参与的主要形态。

随着工业革命的到来，社会生产力得到了极大的提升，人们的生活方式和思想观念也发生了变化。然而，在这一阶段，尽管公众参与的需求和意识开始觉醒，但由于社会制度的不完善、信息传递的局限性以及公众参与渠道的不畅通，公众仍然难以有效地参与到社会决策中来。这一阶段，被动参与仍然是主导形式，但其中已经开始孕育着主动参与的萌芽。

进入现代社会，随着信息技术的发展和公民意识的觉醒，公众参与得到了空前的发展。公众参与的形式日益多样化，如网络参与、社区参与等。同时，公众参与的范围也不断扩大，从传统的政治领域拓展到经济、文化、社会等各个领域。目前公众参与的领域主要是立法领域、公共决策领域和公共治理领域。① 此外，公众参与的深度和影响力也在逐渐增强，公众不再仅仅是政策的接受者，而是成为政策制定和实施的重要参与者。马克思主义唯物史观认为，人类社会发展同时也会受到社会主体自觉的选择和创造。我们党在革命和建设中将之与我国的具体实践相结合，逐渐形成了“一切为了群众，一切依靠群众，从群众中来，到群众中去”的群众路线工作方法。改革开放的实践不断证明：人民是改革的主体，要坚持党的群众路线，建立社会参与机制，充分发挥人民群众积极性、主动性、创造性，充分发挥工会、共青团、妇联等人民团体作用，齐心协力推进改革。当前的社会治理说到底是对人的服务与管理，社会治理的依靠力量也理应是从事社会活动的主体——广大社会公众，仅仅依靠党政官员是不现实的，也不容易得到公众的支持。②

① 参见蔡定剑：《公众参与风险社会的制度建设》，法律出版社2009年版，第5、6页。

② 参见陈蔚涛：《改进社会治理方式：充分发挥公众参与的基础性作用》，《中共济南市委党校学报》2014年第1期。

2. 从精英参与到大众参与

在公众参与的历史长河中，早期阶段主要是精英参与。这一时期，社会资源和权力主要集中在少数精英手中，这些精英通常具有较高的社会地位、知识水平和经济能力，他们在政治、经济、文化等领域扮演着重要角色。精英参与在一定程度上推动了社会的发展和进步。由于精英们具有较高的知识和能力，他们的参与有助于制定更加合理和有效的政策。然而，精英参与也存在明显的局限性。一方面，精英参与容易导致权力过度集中，削弱社会多元性和民主原则；另一方面，精英参与可能加剧社会不平等，使普通民众更加边缘化。由于信息传播的限制和社会结构的固化，公众参与的机会和渠道相对有限。

随着社会的不断发展和进步，公众参与逐渐从精英参与向大众参与转变。这一转变主要得益于技术进步、政治变迁和文化变革等多方面因素的共同作用。大众参与的特点主要体现在参与主体的广泛性和参与方式的多样性上。任何人都可以通过网络平台表达自己的观点和需求，参与公共事务的讨论和决策。然而，大众参与也面临着一些挑战。一方面，由于参与者的背景、知识和观点各不相同，容易导致意见分歧和冲突；另一方面，大众参与可能受到操纵和误导，导致信息失真和误判。因此，在推动大众参与的同时，也需要加强信息监管和公众教育，提高公众参与的质量和效果。

3. 从传统参与到网络参与

在传统媒体时代，公众参与主要通过电视、广播、报纸等媒介进行。这些媒体在传播信息时，往往是单向的，即信息从媒体流向公众，而公众的反馈和互动相对较少。公众参与的形式主要是电话热线、来信来访、民意调查等，这些方式受限于时间和空间，互动性和实时性都较弱。此外，传统媒体的议程设置和报道框架也会对公众参与产生影响，公众往往只能被动地接受媒体塑造的议题和观点。

相比之下，网络公众参与则呈现出全新的面貌。互联网的开放性和互动性使得信息传播更加迅速和广泛，公众可以通过各种社交媒体、论坛、博客等平台表达自己的观点和意见。社交媒体拥有三个特点：放大、参与其中、监控。[①] 从而实现不同地区、不同文化以及不同领域的信息共享。网络参与的形式也更加多样，包括在线调查、网络讨论、网络投票等。这些方式不仅突破了时间和空间的限制，还使得公众与政府、媒体之间的互动更加频繁和深入。网络参与极大地推进了公众参与的速度、深度和广度。“开放式、低成本的利益表达机制对于推进国家治理体系和治理能力现代化极其重要。”[②]在网络环境下，公众不再是被动的信息接受者，而是成为信息的生产者和传播者。他们可以主动选择关注的话题和信息来源，参与到各种在线讨论和投票中，甚至可以发起和推动一些社会事件和政策的变革。这种互动性的增强不仅提高了公众参与的积极性和参与度，也使得政府和媒体更加关注公众的需求和声音。

综上所述，公众参与社会治理的历史演变是一个复杂而漫长的过程。随着社会的发展和进步，公众参与的形式和影响力都在不断发生变化。未来随着社会的进一步发展和民主化进程的推进，公众参与社会治理将发挥更加重要的作用。

（三）公众参与社会治理的价值

公众与社会治理之间存在着密切的联系和相互作用。公众参与社会治理不仅是对传统治理模式的补充和完善，更是推动社会治理创新和发展的重要力量。

1. 民主价值

古希腊的民主理念是西方民主思想的发源地，它强调公民的平等参与和自我管理。在古希腊城邦中，公民通过参与议会、法庭和公民大会等机构来直接或间接地参与城邦的决策和管理。这种民主制度不仅赋予了公民平等参与的权利，还培养了他们的责任感和公共精神。例如，在雅典城邦中，公民大会

---

① 参见刘成奎、桂大一：《财政分权、民主、媒体意识对农村公共产品供给影响分析——以我国农村公路为例》，《当代经济科学》2009 年第 5 期。

② 张贤明：《低成本利益表达机制的构建之道》，《吉林大学社会科学学报》2014 年第 2 期。

是最高的权力机构，所有成年男性公民都有权参加，并就国家大事进行讨论和投票。这种参与机制不仅提高了决策的透明度和公正性，还增强了公民对城邦的认同感和归属感。

启蒙运动对民主的推动是民主价值形成和发展的重要历史阶段。在启蒙运动时期，思想家们提出了以理性为基础的民主思想，为民主制度的建立提供了重要的理论支持。例如，法国启蒙思想家孟德斯鸠提出了三权分立的理论，为现代民主政治制度的发展奠定了基础。卢梭在其著作《社会契约论》中对政治参与进行了比较系统的思考，他提出："在一个真正自由的国家里，一切都是公民亲手来做。"①同时，启蒙思想家们还强调了人民主权的原则，认为国家的主权属于人民，政府的权力来自于人民的授权。这种思想观念的传播和普及，对于推动民主制度的建立和民主化进程产生了深远的影响。

习近平总书记2019年在上海市长宁区考察时提出"人民民主是一种全过程的民主"这一重大命题。党的二十大报告指出："全过程人民民主是社会主义民主政治的本质属性，是最广泛、最真实、最管用的民主。"②人民立场是中国共产党执政的根本立场和制定路线方针政策的基本依据。党的十八大以来，我党提出了坚持"以人民为中心"的发展思想，这是坚持马克思主义人民立场的内在要求。③ 我国的社会治理始终坚持"以人民为中心"，"以人民为中心"就是发展为了人民、发展依靠人民，政府在自身尽责的同时，还要积极地动员引导公众参与社会治理。④

公众参与社会治理的民主价值取向主要体现在以下几个方面。首先，民主决策是公众参与社会治理的核心。"在民生政策形成过程中，利益相关者

① ［法］卢梭：《社会契约论》，何兆武译，商务印书馆 1980 年版，第 124 页。

② 习近平：《高举中国特色社会主义伟大旗帜　为全面建设社会主义现代化国家而团结奋斗——在中国共产党第二十次全国代表大会上的报告》，人民出版社 2022 年版，第 37 页。

③ 参见许先春：《深入理解和着力践行以人民为中心的发展思想》，《当代世界与社会主义》2020 年第 4 期。

④ 参见郝丽、王波：《我国公众参与基层社会治理的实现机制探究》，《理论学刊》2023 年第 1 期。

的有序参与是政府科学决策、民主决策的重要保证，也是协商民主的重要体现。”[①]通过民主决策，可以充分反映民意，提高决策的科学性和公正性。国家民主法制的完善在于社会秩序的不断平衡和更新，公众参与社会治理既是实现法治国家、社会公正的途径，也是实现政治稳定、社会平安的保证。[②] 例如，在城市规划中，引入公众参与机制，让居民参与到规划的制定和实施中，可以更好地满足居民的需求，提高规划的可行性和满意度。城市规划中的公众参与权包括知情权、表达权、决策权、监督权。[③] 其次，公众参与社会治理有助于实现民主监督。公众参与可以加强对公共权力的制约和监督，防止权力滥用和腐败现象的发生。作为第三方力量，公众参与能够补充信息、约束权力，解决政府与企业之间的信息和权力不对称问题，并在治理体系中起到“纽带”作用。[④] 例如，通过公开透明的监督渠道，让公众参与到公共事务的管理和监督中，可以及时发现和纠正不当行为，维护公共利益和社会公正。最后，公众参与社会治理还有助于培养公民的民主意识和参与能力。通过参与社会治理，公民可以更好地了解自己的权利和义务，提高自身的政治素质和参与能力，为民主政治的发展提供坚实的群众基础。

2. 公正价值

公正，作为人类社会的基本准则，其定义和内涵随着历史和文化的演变而不断丰富。“从历史经验看，社会公正不是自发实现的，它需要政府对不同利益取向的调节，也需要公众的积极推进；通过公众参与政策过程可不断反省和调整决策，实现社会利益动态平衡，从而确保社会公正。”[⑤]在古代，公正被视

---

① 许玉镇、王颖：《民生政策形成中利益相关者有序参与问题研究——基于协商民主的视角》，《政治学研究》2015 年第 1 期。

② 参见[德]施密特·阿斯曼：《秩序理念下的行政法体系建构》，林明锵等译，北京大学出版社 2012 年版，自序。

③ 参见付健：《城市规划中的公众参与权研究》，吉林大学博士学位论文 2013 年，第 73—80 页。

④ 参见涂正革：《公众参与环境治理的理论逻辑与实践模式》，《国家治理》2018 年第 48 期。

⑤ 唐志君：《公众参与政策过程：价值、困境及走向》，《理论探索》2007 年第 2 期。

为一种社会规范和道德准则,强调的是人与人之间的平等和正义。例如,古希腊哲学家亚里士多德认为,公正是一种使人们和平相处的原则,它要求人们按照自己的应得来分配利益。随着时间的推移,公正价值逐渐被纳入法律体系中,成为法律制定和实施的重要依据。在现代社会,公正价值的内涵更加丰富多样,涉及政治、经济、文化等多个领域。例如,罗尔斯在《正义论》中提出了"公平的正义"理论,认为社会应该保障所有成员的基本权利和自由,同时尽可能地减少社会不平等。公正更多地被理解为公平和正义的结合,它涉及权利的平等、资源的合理分配以及决策的透明性。在现实生活中,公正价值的体现是多元且复杂的。例如,在经济领域,公正表现为市场交易的公平性,即每个经济主体在法律允许的范围内享有平等的权利和义务。在社会领域,公正则体现在公民的社会地位和基本权利保障上,如教育、医疗、就业等方面的平等机会。公正价值的实现不仅依赖于法律和社会制度的保障,还与个体的道德观念和行为选择密切相关。例如,在公共场合,每个人都能自觉遵守公共秩序,尊重他人的权益,这是公正价值在社会生活中的微观体现。此外,现代社会的公正价值还强调了环境保护、可持续发展等方面的内容,以应对当前全球性问题的挑战。

公正价值是公众参与社会治理的重要价值取向之一。它强调在治理过程中,应尊重每个人的权利和利益,确保公平对待,不偏袒任何一方。公正价值的实现需要建立公正的制度、规则和程序,确保公众能够平等地参与社会治理,并对公共资源进行公平分配。例如,在城市规划中,应充分听取各方意见,平衡不同利益群体的需求,确保规划的公正性。在环境保护方面,应采取措施确保污染者承担应有的责任,保护公众的权益。此外,公正价值的实现还需要培养公民的公正意识,提高公民的参与能力和素质,促进公民对公共事务的关注和参与。

3. 效率价值

效率价值是指在一定时间内完成任务或达成目标的效益和效果,它涉及投入与产出的比较。在当今快节奏、高效率的社会中，效率价值被赋予了越来越重要的地位。提高效率不仅可以降低成本，增加收益，还可以提升个人和组织的竞争力。公民参与是提高政府治理能力和治理绩效的重要内容，公众参与的最终目的是影响政府决策，进而实现自身利益诉求。①

公众参与社会治理的效率价值主要体现在以下几方面：

首先，提高社会治理的效率和效益。公众参与社会治理是提高社会治理效率和效益的重要途径。通过公众参与，可以充分发挥社会力量的作用，提高社会治理的协同性和有效性。例如，在城市管理中，通过引入社区居民参与城市环境治理，可以显著提高城市环境卫生水平。此外，公众参与社会治理还可以降低社会治理的成本和风险。例如，在公共安全领域，通过引入社会力量参与社会治安管理，可以降低政府在治安管理方面的成本和风险。

为了提高公众参与社会治理的效率和效益，需要采取一系列措施。一方面，加强制度建设是关键。政府应该制定和完善相关法律法规，为公众参与社会治理提供法律保障和支持。另一方面，提高公众参与的能力和素质是基础。政府和社会应该加强公众参与意识和能力的教育和培训，提高公众参与的积极性和有效性。此外，优化公众参与的环境和氛围是保障。政府和社会应该加强信息公开和透明度建设，促进政府和社会之间的信息交流和互动。

总之，公众参与社会治理是提高社会治理效率和效益的重要途径。通过加强制度建设、提高公众参与的能力和素质以及优化环境和氛围等措施，可以进一步推动公众参与社会治理的深入发展，为构建和谐稳定的社会提供有力支持。

其次，降低社会治理的成本和风险。公众参与社会治理对于降低社会治

① 参见官永彬：《民主与民生：民主参与影响公共服务满意度的实证研究》，《中国经济问题》2015年第2期。

理的成本和风险具有重要意义。通过公众参与,政府可以更有效地动员和利用社会资源,减少政府在公共事务中的投入和支出,降低治理成本。例如,在环保领域,一些环保组织通过宣传和教育活动,提高了公众的环保意识,促使更多人参与到环保行动中来,减少了政府在环保方面的投入,降低了治理成本。此外,公众参与社会治理还可以提高政府的透明度和问责性,减少腐败和滥用权力的可能性,从而降低治理风险。例如,一些国家通过公开政府预算和财政支出,让公众了解政府资金的流向和使用情况,提高了政府的透明度,减少了滥用政府资金的风险。

最后,促进社会公平正义与和谐稳定。公众参与社会治理对于促进社会公平正义与和谐稳定具有重要意义。通过公众参与,可以充分发挥人民群众的积极作用,推动社会公平正义的实现。例如,在教育、医疗、社保等公共服务领域,公众参与可以促进资源分配的公平性,避免资源过度集中或短缺的现象发生。同时,公众参与社会治理还有助于化解社会矛盾,减少社会冲突。当公众能够参与到社会治理中时,他们会更倾向于通过合理合法的途径表达自己的诉求,而不是采取过激的行动。相关研究显示,公众参与社会治理可以降低社会冲突的发生率,提高社会的和谐稳定性。

(四)公众参与社会治理的主体和形式划分

公众参与社会治理的多元主体和形式是推动社会发展的重要力量。在实践中,公众参与社会治理的主体呈现多元化的特点,包括公民个人、社会组织、企事业单位以及政府机构等。这些主体在社会治理中发挥着各自独特的作用,共同推动社会的发展和进步。

首先,公民个人是公众参与社会治理的基础力量。每个人都是社会的一分子,通过个人的言行举止、行为习惯和价值观念来影响和推动社会的进步。在实践中,许多公民积极参与社区建设、志愿服务和公益事业,为社会治理贡献自己的力量。例如,一些环保志愿者通过宣传环保理念、组织清理活动等形式参与到环保工作中,为改善环境质量作出了贡献。

其次，社会组织是公众参与社会治理的重要载体。社会组织具有组织性、专业性和公益性的特点，能够有效地组织和调动社会资源，参与到社会治理的各个方面。例如，一些慈善组织通过筹集善款、开展救助等形式参与到弱势群体的关爱工作中；一些行业协会通过制定行业标准、规范行业行为等形式参与到行业治理中。

再次，企事业单位也是公众参与社会治理的重要力量。企事业单位在提供产品和服务的同时，也积极履行社会责任，参与到社会治理中。例如，一些企业在追求经济效益的同时，也注重环保、公益等方面的投入；一些高校通过产学研合作等形式参与到科技创新、人才培养等方面的工作。

最后，政府机构在社会治理中发挥着主导作用，同时也需要与公众进行互动和协作。政府机构通过制定政策法规、提供公共服务等形式参与到社会治理中，同时也需要吸纳公众的意见和建议，不断完善和优化政策和服务。例如，一些地方政府通过公开征集民意、开展听证会等形式来吸纳公众的意见和建议，使政策制定更加科学、合理。

综上所述，公众参与社会治理的多元主体和形式是推动社会发展的重要力量。只有充分发挥各个主体的作用，才能更好地实现社会治理的目标，促进社会的和谐稳定发展。

公众参与社会治理的形式多种多样，可以根据不同的标准进行分类。从参与的主体来看，可以分为个体参与和组织参与；从参与的方式来看，可以分为直接参与和间接参与；从参与的层次来看，可以分为社区参与、地方参与和国家参与等。

1. 个体参与和组织参与

个体参与是指公民以个人身份直接参与社会治理活动，如投票选举、民意调查、社区服务等。这种参与形式具有灵活性和直接性，能够反映个体的意见和需求。例如，在社区环境整治活动中，公民可以通过个人行动或志愿服务等方式参与其中，为改善社区环境作出贡献。组织参与则是指公民通过各类社会组织，如非政府组织、社区组织、行业协会等，以集体形式参与社会治理。组织参与具有规范性、集中性和专业性等特点，能够放大个体声音，提高参与效果。它能够通过组织结构和规章制度等手段，将分散的个体力量汇聚成集体力量，提高参与效果。组织参与通常适用于涉及公共利益、行业发展等宏观层面的社会治理活动。例如，在环保运动中，环保组织可以通过发起倡议、组织活动等方式，引导公众关注环境问题并采取行动。

2. 直接参与和间接参与

直接参与是指公民直接参与到社会治理的决策和执行过程中。直接参与具有直接性、互动性和参与感强等特点。它能够使公民直接参与到社会治理的决策和执行过程中，增强公民的参与感和归属感。直接参与通常适用于涉及公民切身利益、需要公民直接参与决策等场景。例如，在政策听证会中，公民可以直接向决策者表达意见和建议，影响政策的制定和实施。这种参与形式能够增强公民的参与感和归属感，促进决策的民主化和科学化。间接参与则是指公民通过选举代表、表达意见等方式，间接地影响社会治理的决策和执行。间接参与具有间接性、代表性和民主性等特点。它能够通过选举代表、表达意见等方式，使公民间接地参与到社会治理的决策和执行过程中。间接参与通常适用于涉及广泛公共利益、需要广泛征集民意的场景。例如，在选举活动中，公民通过选举代表来间接参与政治决策，实现自己的政治意愿和利益诉求。间接参与虽然具有一定的局限性，但仍然是公民参与社会治理的重要途径。

3. 社区参与、地方参与和国家参与

社区参与是指公民在社区层面参与社会治理活动。社区参与通常关注社区内部事务，具有地域性、直接性和自治性等特点，如社区环境整治、文化活动组织等。这种参与形式有助于提升社区自治水平，增进邻里关系。地方参与是指公民在地方政府层面参与社会治理，如参与地方政策制定、监督地方政府行为等，具有区域性、专业性和影响力等特点。地方参与能够促进地方政府的民主决策和有效执行。国家参与则是指公民在国家层面参与社会治理，如参与国家重大政策讨论、监督国家机构行为等，具有全局性、战略性和权威性等特点。国家参与是公民参与社会治理的最高层次，对于推动国家治理体系和治理能力现代化具有重要意义。

第二节　公众参与社会治理的有关理论

一、治理理论

治理理论是一种新型的、多元的、民主的、合作的、意识形态的新公共管理理论，旨在重新探索国家和社会公共事务的管理模式，改变了以政府统治和管制的社会治理理念，为公众参与社会治理提供了重要的理论基础。治理理论认为，有效的社会治理需要多元主体的参与和合作，而公众作为最重要的主体之一，其参与社会治理的广度和深度直接影响到治理的效果。

（一）治理理论的起源

"治理"（governance）最早起源于希腊语（Kybernan）与拉丁语（Gubernare），原意主要指控制、指导或操纵。① 长期以来，它与"统治"（government）一词交叉使用，主要用于与国家公共事务相关的管理活动和政治活动之中。治理包括政府机制，同时也包含非正式、非政府的机制。随着治理范围的扩大，各色人等和各类组织得以借助这些机制满足各自的需要，并实现自己的愿望。② 治理有着丰富的内涵和外延。治理的意义不只是在表面层次上对管理秩序的整顿和维护，更重要的是在本质的层次上，通过制度安排、机制设计、规则制定等措施，来规范各相关利益主体的行为，使他们能从个体利益的考量来维护整

① 参见［英］鲍勃·杰索普：《治理的兴起及其失败的风险：以经济发展为例的论述》，《国际社会科学杂志》（中文版）1999 年第 1 期。

② 参见［美］詹姆斯·N.罗西瑙：《没有政府的治理》，张胜军等译，江西人民出版社 2001 年版，第 5 页。

体利益，并通过利益协调来保护个人的利益，以实现各方利益的均衡。① 就结果而言，治理是创造有利于秩序维持及集体行动的条件，因而与政府的管理行为并无多大差异。②

治理理论起源于20世纪90年代的西方国家，其背景是全球化、民主化和社会多元化的加速发展。自20世纪90年代以来，随着全球政治、经济、社会文化等的不断发展，西方政治学与经济学家对治理的含义进行了拓展。③ 随着政府失灵和市场失灵的问题日益突出，治理理论逐渐成为学术界和实务界关注的热点。治理理论的核心概念包括多元主体、协商合作、互动共治等，主张通过建立合作网络、促进多方参与、优化资源配置等方式，提高公共事务管理的效率和回应性。这一理论为解决全球性挑战和复杂问题提供了新的思路和方法。

治理理论是指在公共领域中，通过多元主体参与、协商合作的方式，实现对公共事务的有效管理和解决。其定义源于对传统政府统治方式的反思和改进，强调政府不再是公共事务管理的唯一主体，而是倡导社会各方共同参与、协同治理。治理理论认为，治理是一种管理公共事务的各种方法的综合，它的主体既包括个人又包括制度，既包括公共部门又包括私营部门。

（二）治理理论的核心原则

治理理论的核心原则是实现公共利益的最大化和社会资源的有效配置。在治理理论的指导下，政府不再是唯一的权力中心，而是与市场、社会等多元主体共同参与公共事务的管理。治理理论强调的是合作、互动和协调，通过建立有效的合作机制，实现资源的优化配置和公共利益的最大化。同时，治理理

① 参见廖鸿、石国亮、朱晓红：《国外非营利组织管理创新与启示》，中国言实出版社2011年版，第180页。

② 参见马玉丽：《地方政府向社会组织购买公共服务研究》，人民出版社2022年版，第57页。

③ 参见［英］鲍勃·杰索普：《治理的兴起及其失败的风险：以经济发展为例的论述》，《国际社会科学杂志》（中文版）1999年第1期。

论也重视透明度和责任，要求各参与主体明确自身的职责和义务，确保公共事务的管理能够得到有效的监督和评估。

为了实现治理理论的核心目标，需要采取一系列的策略和措施。首先，政府需要简政放权，将部分权力下放给市场和社会，激发其活力和创造力。其次，需要建立多元主体参与的治理体系，加强政府、市场和社会的合作与互动，形成合力。此外，还需要加强透明度和问责制，确保公共事务的管理能够得到有效的监督和评估。最后，需要注重创新和科技应用，提高治理的效率和效果。

治理理论的应用领域十分广泛，包括政府治理、公司治理、国际关系等。在政府治理方面，治理理论可以帮助政府实现简政放权、提高公共服务的效率和质量。例如，部分城市通过引入治理理论，将城市管理职能下放给社区组织，激发了社区的活力，提高了城市管理的效率和质量。在公司治理方面，治理理论可以帮助企业建立有效的监督机制和激励机制，提高企业的绩效和市场竞争力。在国际关系方面，治理理论可以帮助各国建立合作、协调和共赢的关系，推动全球治理体系的改革和完善。

虽然治理理论具有很多优势和价值，但在实践中也面临着一些挑战和问题。例如，如何建立有效的合作机制和协调机制，如何平衡各参与主体的利益诉求，如何确保公共利益的最大化和社会资源的有效配置等。为了应对这些挑战和问题，需要加强理论研究和实践探索，不断完善和发展治理理论。

未来治理理论的发展趋势是数字化、全球化和多元化。随着数字化时代的到来，数据已经成为重要的生产要素和资源，如何利用数据技术提高治理的效率和效果是未来的重要发展方向。同时，随着全球化的加速和全球性问题的增多，全球治理体系的改革和完善也是未来的重要议题。此外，随着社会多元化的发展和公民意识的提高，如何更好地满足人民群众的需求和提高公共服务的水平也是未来的重要发展方向。

（三）治理理论的主要流派

治理理论的形成不是一蹴而就的，它经历了一个渐趋严谨的过程。20 世纪 80 年代以来，伴随着社会经济的进步和市民社会的发展，为了指导和解释治理实践，在改革传统公共行政理念的同时，围绕公共治理理念，出现了许多的思想流派。① 这些理论流派是为了政府管理和社会发展的需要，为有效解决治理危机而出现的。他们所体现出的治理范式处于不断发展之中，是一种不断被怀疑和改革以取得成熟、完善的变迁过程。②

1. 新公共管理理论

新公共管理理论的出现并非偶然，它是在一系列历史、社会和经济因素的综合作用下逐渐形成的。在 20 世纪 70 年代，西方国家普遍面临着财政困境、政府失灵、公共服务质量下降等问题。传统的官僚制公共管理模式已经难以应对这些挑战，需要一种新的管理理论来指导公共管理的实践。

在这种背景下，新公共管理理论应运而生。它主张引入私营部门的管理方法和市场竞争机制，以提高公共管理的效率和质量。新公共管理理论的历史背景还可以追溯到 20 世纪初的公共行政学诞生，以及随后的政府改革运动。这些早期的理论和实践为新公共管理理论的形成提供了重要的思想基础。

新公共管理理论的核心观点建立在对传统公共行政模式的批判之上，提出了一系列新的管理理念和原则。首先，新公共管理理论强调公共管理的目标是提高公共服务的效率和质量，而不仅仅是遵守行政程序和规则。这意味着管理决策应该更加灵活和迅速，以满足公众的需求和期望。其次，新公共管理理论倡导引入私营部门的管理方法和技术，如绩效管理、质量管理和战略管理，以提高公共部门的效率和效果。这种方法强调结果导向，注重公共服务的

① 参见陶希东等：《共建共享：论社会治理》，上海人民出版社 2017 年版，第 16 页。

② 参见高秉雄、张江涛：《公共治理：理论缘起与模式变迁》，《社会主义研究》2010 年第 6 期。

实际效果,而不是简单的投入和产出。此外,新公共管理理论还强调公共管理的决策应该基于证据和数据分析,而不是凭借经验和直觉。这种基于证据的决策方法可以帮助管理者更好地理解问题的本质,制定更有效的解决方案,并评估政策实施的效果。最后,新公共管理理论提倡公民参与和民主问责。这意味着公民应该有权参与公共决策过程,并对公共服务的提供提出意见和建议。同时,公共管理者应该对其决策和行动负责,接受公众的监督和评价。

2. 公共选择理论

公共选择理论是治理理论的一个重要流派,它强调公共服务的提供应该通过市场机制来实现。该理论认为,政府在提供公共服务时往往会受到内部和外部的制约,导致效率低下和资源浪费。因此,公共选择理论主张引入市场竞争机制,通过私有化和合同外包等方式来提高公共服务的效率和质量。根据公共选择理论,政府应该扮演监管者的角色,对市场进行规范和监督,以确保公共服务的提供符合社会利益。同时,政府还应该建立有效的激励机制,鼓励私营部门参与公共服务的提供,以提高整个社会的福利水平。

公共选择理论还强调了政治制度对公共政策的影响。该理论认为,政治家和官员也是理性的经济人,他们会在政治市场中追求自己的利益最大化。因此,公共选择理论主张建立有效的监督机制和信息公开制度,以提高政治制度的透明度和公信力。同时,该理论还提倡公民参与和社会监督,以促进公共政策的公正性和有效性。

在实践中,公共选择理论在一些国家和地区得到了广泛应用。例如,在美国,政府通过合同外包的方式将一些公共服务项目交给了私营部门。这些项目包括监狱管理、公共交通、环境保护等。监狱管理的私有化便是一个典型案例。美国的一些州政府通过与私营企业合作,让后者承担监狱的日常运营工作。这种做法不仅降低了政府的财政支出,还通过市场竞争引入了更高效的管理模式和服务理念,改善了监狱的运作效率和服刑人员的生活条件。尽管有争议,但这种模式确实为探索刑罚执行领域的改革提供了新的思路。在公共交通方面，美国政府通过引入竞争机制，打破了传统由政府垄断的局面。私营企业参与进公共交通系统的建设和运营中，带来了更为灵活多样的服务方式，提高了运营效率，同时也满足了市民更加多元化的出行需求。例如，一些城市成功引入了快速公交系统（BRT），不仅减少了拥堵，还提升了公共交通的吸引力。通过私有化改革，美国政府成功提高了一些公共服务项目的运营效率。此外，英国和澳大利亚等国家在卫生保健、教育及其他多个公共服务领域推行改革，借鉴了公共选择理论中的多种策略和方法。在这些国家中，政府不再单一地直接提供服务，而是变成了策划者和监管者，确保服务提供的质量和效率，同时激发市场的活力，促进公私部门的协同发展。

然而，公共选择理论也面临着一些挑战和问题。首先，私有化改革可能会导致公共服务的质量下降或价格上升。其次，政治制度的不完善可能会影响公共政策的公正性和有效性。最后，政府监管的缺失可能会导致市场失灵和资源浪费。

未来治理理论的发展趋势可能会更加注重数字化时代的治理变革和全球气候变化背景下的治理创新。同时，多元主体参与的协同治理模式也可能会成为未来的发展方向。这些趋势将有助于提高治理的效率和公正性，促进社会的可持续发展。

3. 全球治理理论

全球治理理论是治理理论的一个重要流派，它强调在全球范围内实现公共事务的共同治理。随着全球化进程的不断加速，全球性问题日益增多，如气候变化、跨国犯罪、国际金融稳定等，这些问题超越了国界，需要各国携手合作才能有效解决。全球治理理论主张通过国际合作、跨国政策协调等方式，实现全球公共事务的共同治理，以应对全球性挑战。全球治理理论强调治理主体的多元化，不仅包括政府、企业、社会组织等，还包括国际组织、跨国公司等全球性机构。全球治理理论还强调治理机制的协商与合作，通过平等参与、协商谈判等方式，推动全球治理体系的完善和发展。

全球治理理论的实践应用非常广泛。例如，在应对气候变化方面，全球各国共同制定了《巴黎协定》①，通过减少温室气体排放、提高可再生能源比重等方式，共同应对气候变化挑战。在维护国际金融稳定方面，全球各国共同参与国际货币基金组织、世界银行等国际金融机构的决策和治理，通过政策协调和金融监管等方式，维护国际金融市场的稳定。此外，全球治理理论在打击跨国犯罪、推动全球贸易自由化等方面也得到了广泛应用。

全球治理理论面临的挑战也不容忽视。各国利益诉求差异、治理机制的制度缺陷、国际政治经济形势的不确定性等问题都给全球治理带来了困难和挑战。例如，在应对气候变化方面，发达国家和发展中国家的利益诉求存在较大差异，导致国际合作难以达成共识；在国际金融稳定方面，各国金融监管制度存在差异，导致风险传递和监管套利等问题。

未来全球治理理论的发展趋势将更加注重数字化时代的治理变革、全球气候变化背景下的治理创新以及多元主体参与的协同治理模式。随着数字化技术的不断发展，数据安全、网络安全等问题将成为全球治理的重点领域；随着全球气候变化问题的日益严重，各国将更加注重低碳经济、可持续发展等方面的合作与创新；同时，多元主体参与的协同治理模式将更加注重政府、企业、社会组织等各方的参与和合作。

4. 多中心治理理论

多中心治理理论是当今西方学术界最热门的理论之一。“多中心作为一个概念，包含着一种审视政治、经济以及社会秩序的独特方法。”②多中心治理理论作为一种重要的社会治理理论，其理论起源可追溯至 20 世纪中期的公共行政学领域。随着全球化和信息化的发展，社会治理面临前所未有的挑战，传统的单中心治

① 《巴黎协定》是 2015 年 12 月 12 日在第 21 届联合国气候变化大会（巴黎气候变化大会）上通过、2016 年 4 月 22 日在美国纽约签署的气候变化协定。《巴黎协定》为 2020 年后全球应对气候变化行动作出安排。

② ［美］迈克尔·麦金尼斯主编：《多中心治道与发展》，王文章、毛寿龙译，上海三联书店 2000 年版，第 2、3 页。

理模式已难以适应复杂多变的社会环境。在这一背景下，多中心治理理论逐渐受到学者们的关注，并逐步发展成为一种主流的社会治理理论。具体地说，单中心意味着政府作为唯一的主体对社会公共事务进行排他性管理，多中心则意味着在社会公共事务的管理过程中，并非只有政府一个主体，而是存在着包括中央政府单位、地方政府单位、政府派生实体、非政府组织、私人机构以及公民个人在内的许多决策中心，它们在一定的规则约束下，以多种形式共同行使主体性权力。这种主体多元、方式多样的公共事务管理体制就是多中心体制。①

该理论主张在社会治理中引入多个治理中心，包括政府、市场、社会组织等多个主体，通过多元化的治理手段和协调机制，共同参与社会公共事务的管理。多中心治理理论强调治理主体的多元性、治理手段的多样性和治理过程的互动性，旨在提高社会治理的效率和效果，实现社会的和谐稳定和持续发展。

多中心治理理论由印第安纳大学政治理论与政策分析研究所的埃莉诺·奥斯特罗姆与文森特·奥斯特罗姆夫妇共同创立，该理论在深刻的理论分析和丰富的实证分析基础上，更加突出了参与者的互动以及创立治理规则和形态的能动性。埃莉诺·奥斯特罗姆因此获得了 2009 年的诺贝尔经济学奖。②奥斯特罗姆认为，"'多中心'意味着有许多在形式上相互独立的决策中心……它们在竞争性关系中相互重视对方的存在，相互签订各种各样的合约，并从事合作性的活动，或者利用核心机制来解决冲突，在这一意义上大城市地区各种各样的政治管辖单位可以以连续的、可预见的互动行为模式前后一致地运作。"③可以看出，多中心治理理论的核心就在于因地制宜，主张采用分级、分层、分段的多样性制度安排，主张政府、市场和社区间的协调与合作。④

① 参见田凯、黄金：《国外治理理论研究：进程与争鸣》，《政治学研究》2015 年第 12 期。

② 参见王振海等：《社会组织发展与国家治理现代化》，人民出版社 2015 年版，第 70 页。

③ [美]埃莉诺·奥斯特罗姆等：《公共服务的制度建构——都市警察服务的制度结构》，宋全喜、任睿译，上海三联书店 2000 年版，"中文版序言"第 11、12 页。

④ 参见高红：《社区社会组织参与社会建设的模式创新与制度保障》，《社会科学》2011 年第 6 期。

公共治理中的“多中心”实质是一种民主合作管理，它主张治理的主体是多元的，多元主体之间既相对独立又相互联系，并且在一定范围内共同承担公共事务治理的职责。因此，多中心治理的实质是“多元共治”，主体既包括政府，也包括市场与社会。① 社会的多元共治是多元社会主体在社会权力的基础上共同治理公共事务，通过协商民主等手段发起集体行动以实现共同利益的过程。②

多中心治理理论在现代社会治理中具有重要的理论和实践价值。

首先，多中心治理理论有助于解决传统单中心治理模式的局限性，提高社会治理的效率和效果。通过引入多个治理中心和多元化的治理手段，多中心治理理论能够更好地适应复杂多变的社会环境，提高社会治理的灵活性和适应性。“多中心治理以合作治理为实践形态，整合政府组织、市民社会、公民个人多种行为主体，实现其各自独立又协调互动的信任与合作，从而能够灵活地应对公共服务的多元需求。”③

其次，多中心治理理论有助于促进社会的民主化和参与性。通过引入多个治理主体和多元化的治理手段，多中心治理理论能够激发社会各方面的参与热情和创造力，推动社会治理的民主化和参与性。这不仅有助于增强社会的凝聚力和稳定性，还能够提高社会治理的合法性和可持续性。

最后，多中心治理理论还有助于推动社会的创新和进步。通过引入多个治理中心和多元化的治理手段，多中心治理理论能够推动社会各领域的创新和进步，提高社会的整体发展水平和竞争力。这对于应对全球化和信息化带来的挑战、推动社会的可持续发展具有重要意义。

---

① 参见马玉丽：《地方政府向社会组织购买公共服务研究》，人民出版社 2022 年版，第 62 页。

② 参见王名、李健：《社会共治制度初探》，《行政论坛》2014 年第 5 期。

③ 李明强、王一方：《多中心治理：内涵、逻辑和结构》，《中共四川省委省级机关党校学报》2013 年第 6 期。

(四)治理理论发展的未来方向

随着社会的发展和科技的进步,治理理论的未来发展方向与前景日益受到关注。在新时代背景下,治理理论需要不断创新和完善,以应对日益复杂的社会问题和全球性挑战。数字化时代的治理变革是一个重要方向。随着大数据、人工智能等技术的广泛应用,治理主体能够更好地收集、分析和利用数据,提高决策的科学性和精准度。例如,通过智能化的城市管理系统,可以实时监测城市运行状况,及时解决交通拥堵、环境污染等问题。全球气候变化背景下的治理创新也是一个关键领域。面对气候变化的严峻挑战,各国需要加强合作,共同推动绿色发展。例如,通过推广清洁能源、提高资源利用效率、减少温室气体排放等措施,可以促进可持续发展,为人类社会的未来奠定坚实基础。此外,多元主体参与的协同治理模式也是治理理论的重要发展方向。在公共事务中,政府、企业、社会组织和个人等多元主体需要共同参与,形成协同共治的良好格局。例如,通过建立政府与民间合作机制、推动企业履行社会责任、鼓励社会组织参与公益事业等方式,可以促进公共利益最大化,实现社会和谐稳定发展。

二、参与式民主理论

参与式民主理论强调公民的直接参与和决策,它认为公民应该有机会直接参与公共事务的决策和管理。参与式民主理论不同于自由主义民主理念,前者以发展的眼光看待公众参与,正视自由民主理论和实践的缺陷,重新关注公民积极有序参与理论的建构。① 自 1960 年阿诺德·考夫曼首次提出“参与式民主”概念至今,参与式民主理论极大地推动了公众参与的理论和实践发展。② 参与式民主理论的代表人物卡罗尔·佩特曼于 20 世纪 70 年代出版的《参与和

① 参见董石桃:《公民参与和民主发展——自由民主和参与式民主的比较及其启示》,《黑龙江社会科学》2010 年第 3 期。

② 参见许玉镇:《公众参与政府治理的法治保障》,社会科学文献出版社 2015 年版,第 17 页。

民主理论》一书被视为参与式民主理论复兴的重要标志。她在书中系统地对参与式民主理论进行了分析，指出真正民主的含义应为所有公民充分直接地参与。① 在公众参与社会治理的背景下，参与式民主理论的应用具有重要的意义。

（一）民主的演变过程

民主，即以公众为本位，公众参与，有助于推动人民民主新境界。民主原则能够让公众有机会和权力机构对话，并提供一个学习社会责任和公民意识的机会。② 民主制度作为一种政治制度，在历史长河中经历了多次变革与发展。它的源头可以追溯到古希腊时期，当时城邦国家的直接民主实践为后世民主理论的发展奠定了基础。然而，这种直接民主形式随着社会的扩大和复杂化而逐渐失去可行性。随后，代议制民主成为主流，代表们代替公民直接参与政治决策，这是民主制度的一大进步。

随着工业革命的来临和社会结构的变化，传统的代议制民主面临新的挑战。公民对政治参与的需求日益增强，而传统的代表制度往往无法满足这一需求。这种背景下，参与式民主理论应运而生。参与式民主强调公民的直接参与和决策过程的透明度，试图通过扩大公民的政治参与来弥补代议制民主的不足。在参与式民主理论中，公众参与社会治理被视为实现民主原则的重要途径。国家治理强调了民主化，人民作为国家政权的所有者，是治理的核心。③ 它要求政府机构在决策过程中积极吸纳公民的意见和建议，确保政策的公正性和科学性。同时，公众参与社会治理还能够促进其对政策的认同和支持，提高政策执行的效率和质量。

为了实现公众参与社会治理的目标，参与式民主理论提倡建立健全的参

① 参见［加］杰弗里·希尔墨：《参与式民主理论的现状》（上），毛兴贵译，《国外理论动态》2011 年第 3 期。

② 参见涂正革、邓辉、甘天琦：《公众参与中国环境治理的逻辑：理论、实践和模式》，《华中师范大学学报》（人文社会科学版）2018 年第 3 期。

③ 参见何增科：《怎么理解国家治理及其现代化》，《时事报告》2014 年第 1 期。

与机制。这包括完善公民参与的法律制度,提供多样化的参与渠道,加强公民参与的组织和动员,以及建立有效的公民参与反馈机制。通过这些机制的建立,可以激发公民参与社会治理的积极性和创造力,推动社会治理的民主化和科学化。

进入20世纪后期,随着全球化和信息化的发展,参与式民主理论得到了进一步的推动。新技术手段如互联网和社交媒体的出现,使得公民参与政治变得更加便捷和高效。这些技术的发展为参与式民主提供了新的可能性,使得公民能够更直接地参与到政治决策过程中。

(二)参与式民主的现实意义

参与式民主在当下社会具有重要的现实意义。首先,它有助于提升民主质量。通过扩大公民的政治参与,参与式民主能够促进政策的合理性和公正性。公民的直接参与能够使政策更加贴近民众需求,减少政策制定过程中的偏差和失误。

其次,参与式民主有助于培养公民的政治责任感和归属感。当公民能够直接参与到政治决策过程中时,他们会更加关注政治问题,更加珍惜自己的政治权利。这种参与过程能够增强公民的政治素养和责任感,促进公民对政治体系的认同和支持。

再次,参与式民主还能够有效应对现代社会中多元化和复杂化的挑战。在传统代议制民主下,代表们往往难以充分反映不同群体的利益诉求。而参与式民主通过扩大公民参与,使得不同群体的声音都能够得到充分的表达和考虑,从而增强政治体系的包容性和稳定性。

最后,参与式民主也是应对全球化挑战的重要手段。在全球化背景下,国家间的联系和互动日益紧密,传统的代议制民主在应对跨国问题时显得捉襟见肘。而参与式民主通过促进公民的直接参与和跨国合作,有助于形成更加开放和包容的国际政治环境,推动全球治理体系的完善和发展。

（三）参与式民主理论的历史与发展

参与式民主理论的产生与发展并非一蹴而就，它植根于对古典民主理念的反思与现代社会的实际需求之中。古典民主理论强调公民的直接参与和决策权，然而随着现代国家规模的扩大和社会复杂性的增加，这种直接民主模式在现实中变得难以实施。在此背景下，参与式民主理论逐渐崭露头角，成为一种寻求公民参与和代议制民主之间平衡的理论尝试。

参与式民主的历史可以追溯到古希腊时期，那时的城邦国家实行直接民主，公民通过集会等方式直接参与决策。然而，这种直接民主模式随着社会的演变而逐渐式微。到了中世纪和近代早期，代议制民主逐渐兴起，成为主流的政治体制。然而，代议制民主在保障公民参与和权利方面存在的缺陷，促使人们开始寻求新的民主形式。

在20世纪后期，随着社会的进一步发展和公民权利意识的提高，参与式民主理论开始受到广泛关注。这一理论强调公民的直接参与和决策权，试图通过扩大公民参与的范围和深度来弥补代议制民主的不足。在这一背景下，各种参与式民主实践模式逐渐涌现，如协商民主、社区参与、公民投票等。以协商民主为例，学术界一般认为，政治文明主要包括政治理念、制度和行为文明，其最终表现形式是制度文明。① 协商民主是我国社会主义民主政治的特有形式和独特优势。20世纪80年代，毕塞特明确提出“协商民主”的概念，西方学术界诸多的领军人物开始关注这一研究领域。协商民主试图解决的是能够适应现代国家复杂治理环境中社会公众参与实效性需求的问题，它既不会完全排斥又不只是推崇，所以这既可避免导致民主原则的背离，又可解决民主政治的低效率、高成本问题。协商民主理论重在协商，并且协商的意见是公共政策制定的基础。② 公共政策的实施主体并不限于政府主体，而是包含了具

① 参见王周户：《公众参与的理论与实践》，法律出版社2011年版，第17、18页。

② 参见陈炳辉：《国家治理复杂性视野下的协商民主》，《中国社会科学》2016年第5期。

有协议性质的各类社会主体。① 我国的社会主义民主政治中存在着丰富的协商民主实践。协商民主能矫正西方自由民主的不足、制约行政权力的膨胀,使政府管理更加科学。公众参与的实质就是将民主应用于公共行政领域,是行政民主的反映。所以,公众参与被认为是政府民主的表现,参与是民主的方式与重要的组成部分。公众参与不仅是法律权利,更是一种政治文明的体现。协商民主也是党的群众路线在政治领域的重要体现。

参与式民主理论的发展过程经历了多个阶段,伴随着社会政治环境的变化而不断演变。在早期阶段,参与式民主主要关注公民的政治参与和决策权,强调通过直接参与来增强公民的政治责任感和归属感。然而,随着实践的发展,人们逐渐认识到仅仅扩大参与范围并不足以实现真正的民主,还需要关注参与的质量和效果。

因此,参与式民主理论开始关注公民参与的能力和素质培养,强调通过教育、培训等方式提高公民的参与能力。同时,参与式民主也开始关注参与过程的公正性和透明度,确保每个公民都能够平等地参与决策过程。

在这一转变过程中,参与式民主理论逐渐从单纯的参与扩大转向参与质量的提升和参与过程的优化。这种转变不仅体现在理论层面上的探讨,也反映在实践层面的创新。例如,一些国家和地区开始尝试通过立法保障公民参与的权利和途径,同时推动公民参与方式的多样化和创新。

总的来说,参与式民主理论的发展过程是一个不断适应时代需求、不断自我完善的过程。从早期的关注参与范围扩大到后来的关注参与质量和过程优化,参与式民主理论在实践中不断探索和创新,为民主理论的发展注入了新的活力。

---

① 参见[德]柯武刚、史漫飞:《制度经济学——社会秩序与公共政策》,韩朝华译,商务印书馆 2000 年版,第 38—39 页。

（四）参与式民主理论的核心原则

1. 政治平等的原则

参与式民主理论的核心原则之一是政治平等。政治平等是指所有公民在政治生活中都享有平等的权利和机会，不受任何形式的歧视或排斥。这一原则强调公民在政治决策过程中的平等参与，认为政治权力应当广泛分布，而非集中在少数人或特定群体手中。

在参与式民主理论中，政治平等不仅体现在公民的政治权利上，还体现在政治机会和政治责任上。首先，政治权利平等意味着每个公民都有权参与政治决策，表达自己的观点和利益诉求。这包括选举权、被选举权、言论自由、结社自由等基本权利。其次，政治机会平等要求政府为公民提供平等的参与机会和平台，确保每个公民都有机会参与到政治生活中来。这包括公开透明的政治信息、平等的竞选机会、公正的司法程序等。最后，政治责任平等则要求公民在享有政治权利的同时，也要承担相应的政治责任和义务。这包括遵守法律法规、维护社会秩序、参与公共服务等。

政治平等原则的实现需要政府和社会各界的共同努力。政府应当制定和执行相关法律法规，保障公民的政治权利和平等机会。同时，政府还应当积极推动公民参与政治生活，提供必要的支持和帮助。社会各界也应当积极参与到政治生活中来，推动政治平等原则的实现。

2. 公民参与的原则

参与式民主理论的另一个核心原则是公民参与。公民参与是指公民通过各种途径和方式参与到政治决策和公共事务管理中来，表达自己的观点和利益诉求，促进公共利益的实现。这一原则强调公民的主体性和积极性，认为公民的广泛参与是提升民主质量、推动社会进步的关键。

在参与式民主理论中，公民参与不仅是一种权利，更是一种责任和义务。公民应当积极参与到政治生活中来，关注社会问题，参与公共事务管理，为推动社会进步和发展贡献自己的力量。同时，公民参与也需要遵循一定的规范和原则,确保参与的合法性和有效性。

为实现公民参与的原则,需要建立健全相关的制度和机制。首先,需要完善选举制度,确保选举的公正性和透明度,让公民能够通过选举表达自己的意愿和选择。其次,需要建立公民参与公共事务管理的渠道和平台,如社区议事会、公民论坛等,让公民能够直接参与到公共事务管理中来。此外,还需要加强公民教育和培训,提高公民的参与能力和素质。

公民参与原则的实现对于推动民主发展和社会进步具有重要意义。通过广泛的公民参与,可以增强公民的政治认同感和归属感,促进政治稳定和社会和谐。同时,公民参与还可以提高政策的合理性和可行性,推动政策的有效实施和执行。因此,政府和社会各界应当积极推动公民参与原则的实现,为公民参与政治生活提供更好的条件和保障。

三、志愿服务理论

(一)志愿服务的起源与发展

志愿服务的起源可以追溯到古代社会的慈善行为。在古代,人们出于宗教信仰、道德观念或社会责任,为需要帮助的人提供食物、庇护和医疗救助等。例如,基督教的教义中强调帮助弱势群体,许多早期的基督徒通过志愿服务的形式来践行这一信仰。基督教义中所体现的慈善意识和人道精神在民间广泛传播,为西方志愿精神奠定了文化基础。为解决英国社会中的饥饿、疾病等问题,英国政府于 1601 年就先后颁布了《慈善法》和《济贫法》,建立各级“济贫院”。[①] 这就是志愿服务组织的雏形。此外,古代社会的慈善机构,如寺庙、修道院等,也扮演着志愿服务的角色,为穷人提供庇护和帮助。

随着时间的推移,志愿服务逐渐从宗教和慈善领域扩展到其他领域。工业革命时期,随着城市化的加速和社会问题的增多,人们开始意识到志愿服务

① 参见沈杰主编:《志愿行动——中国社会的探索与践行》,人民出版社 2009 年版,第 9 页。

在社会发展和进步中的重要性。例如，在19世纪，许多社区开始组建志愿者组织，为失业者、贫困家庭等提供援助，如英国的“友善社”（Friendly Societies）和美国的“社区改良协会”（Settlement Associations）等。这些志愿者组织通常由当地居民自发组成，通过募捐、义卖等方式筹集资金，为需要帮助的人提供实际支持。在这一阶段，志愿服务的主要特点是自发性、非组织化和地域性。志愿者们通常出于个人信仰和道德责任感而参与到志愿服务中，缺乏统一的组织和协调。同时，志愿服务主要集中在城市社区和特定人群，如穷人、孤儿、残疾人等。

进入20世纪，志愿服务得到了进一步的发展。随着社会的进步和人们生活水平的提高，人们开始更加关注社会问题，并积极参与志愿服务活动。“对公共事务的关注和对公共事业的投入是公民美德的关键标志。”①志愿服务逐渐成为一种社会运动，涉及领域也越来越广泛。在这一时期，政府、非政府组织和社会各界都开始重视志愿服务在解决社会问题中的作用。

在政府的推动下，许多国家开始制定相关法律法规和政策措施，鼓励和支持志愿服务的发展。例如，美国于1973年通过了《志愿服务法》，为志愿服务提供了法律保障和政策支持。这些法律法规和政策措施的实施，为志愿服务提供了更加广阔的发展空间和更加稳定的社会环境。

同时，非政府组织也在志愿服务的发展中发挥了重要作用。这些组织通常具有较强的社会责任感和使命感，致力于推动社会公益事业的发展。它们通过组织各种形式的志愿服务活动，吸引了越来越多的志愿者参与到志愿服务中来。这些志愿者们来自不同的领域和背景，他们通过志愿服务为社会做出了积极的贡献。

此外，随着信息技术的发展，志愿服务也逐渐实现了数字化和网络化。通过互联网平台，志愿者可以更加方便地参与到志愿服务中来，同时也可以更加

① ［美］罗伯特·帕特南：《使民主运转起来：现代意大利的公民传统》，江西人民出版社2001年版，第100页。

有效地进行组织和协调。这种数字化和网络化的趋势为志愿服务的发展带来了新的机遇和挑战。

在现代社会中,志愿服务已经成为一种普遍的社会现象。它不仅是一种社会公益活动,更是一种社会责任和公民义务。未来,随着社会的进步和公民意识的提高,志愿服务将继续发挥重要作用,为解决社会问题、推动社会进步做出更大的贡献。

总之,志愿服务在历史的长河中不断发展演变,逐渐成为一种具有广泛影响力的社会现象。从最初的宗教和慈善领域到如今的各个领域,志愿服务都在发挥着重要作用。随着社会的不断进步和发展,志愿服务将继续在未来的社会发展中发挥更加重要的作用。

(二)志愿服务的概念及特点

志愿服务是社会文明进步的重要标志。① 志愿服务作为现代文明社会的重要标志,在促进社会进步、推动国家治理体系完善和国家治理能力提升等方面具有举足轻重的作用。② 志愿服务理论也是公众参与社会治理的理论基础之一。

目前学术界对志愿服务(volunteer service)的内涵尚无统一的界定。通常来讲,志愿服务主要是指不求回报为社会和他人进行的服务。③ 2017 年 6 月 7 日国务院第 175 次常务会议通过《志愿服务条例》(国令第 685 号),自 2017 年 12 月 1 日起施行。其中第二条规定:“本条例所称志愿服务,是指志愿者、志愿服务组织和其他组织自愿、无偿向社会或者他人提供的公益服务。”该条例的颁布初步构建了我国志愿服务的基础性制度体系。《中共中央关于坚持和完善中国特色社会主义制度　推进国家治理体系和治理能力现代化若干重

① 参见习近平:《弘扬奉献友爱互助进步的志愿精神以实际行动书写新时代的雷锋故事》,《光明日报》2019 年 7 月 25 日,第 1 版。

② 参见王焕、魏娜:《可持续性志愿服务何以可能?——一项基于扎根理论的探索性研究》,《中国第三部门研究》2020 年第 2 期。

③ 参见马玉丽:《地方政府向社会组织购买公共服务研究》,人民出版社 2022 年版,第 54 页。

大问题的决定》中提出要"健全志愿服务体系"①,习近平总书记在党的二十大报告中指出"完善志愿服务制度和工作体系"②,对新时期志愿服务的发展提出了重要指引。

因此,本书认为志愿服务是指个体基于自由意志,出于个人内在动机,主动为他人、社区或社会提供服务,且这种行为通常是无偿或不计报酬的。它是一种通过集体行动,旨在改善社会福祉、促进社区发展、增进社会团结和推动社会进步的活动。志愿服务的基本含义涵盖了自愿性、非盈利性质以及为社会提供服务的核心特征。

1. 自愿性

志愿服务的首要特征是自愿性。这意味着参与者必须基于自己的意愿和兴趣,自主选择是否参与服务活动,而不是受到外部强制或压力。这种自愿性不仅体现在是否参与服务上,还体现在服务内容、服务方式以及服务时间等方面的选择上。

2. 非盈利性质

志愿服务是非盈利性质的活动,参与者不会从中获取经济利益。这种非盈利性质使得志愿服务更加纯粹和高尚,参与者更注重精神层面的满足和社会价值的实现。当然,这并不排除志愿服务活动中可能存在的一些必要的成本支出,如交通费、餐费等,但这些费用通常由志愿者自行承担或通过其他途径筹集。

3. 为社会提供服务

志愿服务的核心是为社会提供服务。这种服务可以是具体的、直接的,如帮助老年人、残疾人等弱势群体;也可以是抽象的、间接的,如参与环境保护、

① 《中共中央关于坚持和完善中国特色社会主义制度　推进国家治理体系和治理能力现代化若干重大问题的决定》,人民出版社 2019 年版,第 24 页。

② 习近平:《高举中国特色社会主义伟大旗帜　为全面建设社会主义现代化国家而团结奋斗——在中国共产党第二十次全国代表大会上的报告》,人民出版社 2022 年版,第 45 页。

文化传承等活动。无论是哪种形式的服务,其核心都是为了改善社会福祉、促进社区发展、增进社会团结和推动社会进步。这种社会服务性质使得志愿服务在社会建设中扮演着不可或缺的角色。

总之,志愿服务是一种基于自愿、非盈利且旨在为社会提供服务的集体行动。这种行动不仅能够改善社会福祉、促进社区发展,还能够增进社会团结和推动社会进步。作为一种具有深刻内涵和高尚精神的活动,志愿服务已经成为现代社会中不可或缺的重要组成部分。

(三)志愿者的动机与行为

1. 内在动机分析

志愿者的内在动机是指那些源于个体内部,不依赖于外界奖励或惩罚,而是由个人的兴趣、价值观、满足感等因素所驱动的行为原因。对于志愿者而言,他们的内在动机通常表现为对社会的责任感、对公益事业的热忱,以及对个人成长和自我实现的追求。

社会责任感是志愿者内在动机的重要组成部分。许多志愿者选择参与志愿服务,是因为他们深感自己有责任为社会作出贡献,帮助那些需要帮助的人。这种责任感往往源于个体的道德观念和价值观,是他们认为自己有义务参与社会活动,为社会进步和发展贡献自己的一份力量。

对公益事业的热情也是志愿者内在动机的重要体现。许多志愿者对特定领域或议题有着深厚的兴趣和热爱,他们选择参与志愿服务,是因为他们希望通过自己的努力,推动这些领域或议题的发展,为社会带来更多的正面变化。

个人成长与自我实现同样是志愿者内在动机不可忽视的一部分。参与志愿服务往往能够为志愿者提供许多学习和成长的机会,如提升技能、拓展视野、增强团队协作能力等。同时,通过志愿服务,志愿者还能够实现自我价值,获得自我实现的满足感。

2. 外在激励因素

除了内在动机外,外在激励因素也在一定程度上影响着志愿者的行为。

外在激励因素主要包括社会认可、荣誉表彰、政策支持等。

社会认可是指社会对志愿者的认同和尊重。志愿者通过参与志愿服务，能够赢得社会的认可和赞誉，这种认可不仅能够满足志愿者的心理需求，还能够激发他们更多的参与热情。

荣誉表彰是对志愿者付出的肯定和鼓励。许多志愿服务组织会设立各种荣誉称号和奖励机制，以表彰那些在志愿服务中表现突出的志愿者。这种荣誉表彰不仅能够激励志愿者继续努力，还能够吸引更多的人加入到志愿服务的行列中来。

政策支持也是影响志愿者行为的重要外在激励因素。政府可以通过制定相关政策，为志愿者提供更多的支持和保障，如提供志愿服务保险、给予志愿者一定的税收优惠等。这些政策不仅能够保障志愿者的权益，还能够激发更多的人参与到志愿服务中来。

综上所述，志愿者的动机与行为既受到内在动机的驱动，也受到外在激励因素的影响。要激发志愿者的参与热情，既需要关注他们的内在需求，也需要提供适当的外在激励。同时，我们还应该认识到，不同的志愿者可能有不同的动机和需求，因此，在志愿者管理和激励过程中，需要因人而异、因材施教，以最大限度地激发志愿者的潜能和热情。

（四）志愿服务的社会价值

1. 对社会福利的影响

志愿服务作为一种社会活动，其最直接且显著的影响体现在对社会福利的提升上。

首先，志愿服务在补充和完善国家社会保障体系方面发挥着重要作用。志愿者通过为弱势群体提供诸如教育、医疗、生活照料等各方面的帮助，有效缓解了社会资源分配不均的问题，使得更多的人能够享受到基本的社会服务。

其次，志愿服务活动还通过提升社区的自组织能力，增强了社区的社会福祉。志愿者通过组织各种活动，不仅满足了社区居民的多样化需求，还促进了社区居民之间的交流和互动,增强了社区的凝聚力和归属感。这种社区自组织能力的提升,对于提升整个社会的福利水平有着深远的意义。

最后,志愿服务通过传播和实践公益理念,提升了全社会对于社会福利问题的关注度和参与度。志愿者的无私奉献和积极影响,使得更多的人开始认识到自己的社会责任,并参与到志愿服务中来。这种社会意识的提升,无疑对于改善社会福利状况具有积极的推动作用。

2. 对个体发展的影响

志愿服务对于个体发展的影响是深远且多方面的。

首先,通过参与志愿服务,个体能够获得宝贵的人生经验和技能。在志愿服务过程中,志愿者们会面临各种挑战和问题,需要他们运用自己的智慧和才能去解决。这些经历不仅能够锻炼志愿者的实践能力,还能够提升他们的创新思维和解决问题的能力。

其次,志愿服务有助于提升个体的社会责任感和公民意识。通过为社会作出贡献,志愿者们能够深刻体会到自己作为社会成员的责任和使命,从而更加珍惜和尊重他人的劳动成果。这种社会责任感和公民意识的提升,有助于培养志愿者的社会责任感和参与公共事务的积极性。

最后,志愿服务还能够促进个体的心理健康和成长。在志愿服务过程中,志愿者们会感受到自己的付出得到了社会的认可和尊重,这种成就感和满足感有助于提升他们的自尊心和自信心。同时,志愿服务还能够为志愿者们提供一个与他人交流、互动的平台,有助于培养他们的社交能力和人际交往技巧。

3. 对公共政策的支持

志愿服务对于公共政策的支持体现在多个方面。

首先,志愿服务通过为政府提供实际的社会服务,减轻了政府在公共服务方面的压力。政府可以通过与志愿服务组织合作,将部分社会服务职能转移给志愿服务组织来承担,从而更加高效地利用社会资源。

其次,志愿服务组织通过收集和反馈社区的需求和意见,为政府制定和调整公共政策提供了重要的参考依据。志愿服务组织具有广泛的社区联系和深入的社会洞察能力,能够及时发现和反映社会问题,为政府提供准确、及时的社会信息。

最后,志愿服务还通过宣传和推广公益理念,提升了公众对于公共政策的认知和支持度。志愿者通过自己的实际行动和积极影响,使得更多的人开始关注和参与到公共政策的制定和执行中来。这种公众参与度的提升,不仅有助于增强公共政策的合法性和有效性,还能够促进政府与公众之间的良性互动和合作。

4. 对社区建设的影响

志愿服务对于社区建设的影响也是不可忽视的。

首先,志愿服务能够推动社区的发展和进步。通过参与各种志愿服务项目,志愿者们能够为社区提供实际的支持和帮助,推动社区的基础设施建设、环境保护、文化传承等方面的发展。这些项目的实施不仅能够改善社区居民的生活条件,还能够提升社区的整体形象和品质。

其次,志愿服务有助于增强社区的凝聚力和向心力。在志愿服务过程中,志愿者们会与社区居民建立起紧密的联系和互动,形成一个团结、互助、和谐的社区氛围。这种氛围不仅能够增强社区居民的归属感和认同感,还能够促进社区内部的沟通和协作,推动社区的和谐稳定发展。

最后,志愿服务还能够为社区培养一批有爱心、有责任感、有担当的志愿者队伍。这些志愿者们不仅能够在志愿服务过程中发挥自己的作用和价值,还能够影响和带动更多的人参与到志愿服务中来,形成良性循环和良好氛围。

5. 对社会凝聚力的影响

志愿服务对于社会凝聚力的影响也是非常重要的。

首先,志愿服务能够促进不同社会群体之间的交流和融合,“使每个社会细胞都健康活跃，将矛盾纠纷化解在基层”①。在志愿服务过程中，志愿者们来自不同的背景、不同的领域、不同的职业，他们通过共同参与志愿服务项目，建立起了跨越社会阶层的联系和互动。这种交流和融合有助于打破社会隔阂和偏见，促进社会和谐与进步。

其次，志愿服务有助于传递正能量和价值观。在志愿服务过程中，志愿者们通过自己的行动和付出，传递着爱心、奉献、责任等正能量和价值观。这些价值观不仅能够感染和影响更多的人参与到志愿服务中来，还能够提升整个社会的道德水平和文明程度。

最后，志愿服务对于推动社会进步和发展也具有重要意义。通过汇聚广大志愿者的力量和智慧，志愿服务能够为社会提供实际的支持和帮助，推动社会各个领域的发展进步。这种力量不仅能够促进社会的繁荣和发展，还能够为构建和谐社会、实现中国梦贡献重要的力量。

综上所述，志愿服务在提升社会福利、促进个体发展、支持公共政策、社区建设和社会凝聚力等方面都发挥着重要的作用。通过深入分析和评估志愿服务的社会效应，我们可以更加全面地认识到志愿服务在社会发展中的重要地位和价值，从而进一步推动志愿服务事业的发展。

四、新公共服务理论

（一）新公共服务理论的发展背景

新公共服务理论，作为公共管理领域的一种新思潮，其产生与发展具有深刻的历史和社会背景。自 20 世纪 70 年代以来，随着新公共管理运动的兴起，政府角色定位、管理方式和服务理念发生了显著变化。然而，随着社会的不断发展，人们逐渐认识到新公共管理理论存在的局限性和问题，如过分强调效率和市场机制，忽视了公共服务的公共性和民主性。在这样的背景下，新公共服

① 《习近平著作选读》第二卷，人民出版社 2023 年版，第 332 页。

务理论应运而生，旨在重新定位政府角色，强调公共服务的公共性、民主性和公民参与。美国公众治理学家罗伯特·B.丹哈特等在其著作《新公共服务：服务而非掌舵》中写道："新的公众服务型社会就是在一个以公众为核心的治理体系下，由国家来治理的一种形态，新的公共服务观念是为了给各个国家的政府治理制度实现政府的全面授权。"①

新公共服务理论的发展受到了多种思想的影响。其中，民主公民权理论、社区与公民社会理论以及组织人本主义理论等为其提供了重要的理论支撑。民主公民权理论强调公民参与和民主决策的重要性，认为政府应当促进公民参与，实现公民权利。社区与公民社会理论则注重社区和公民社会在公共服务中的作用，提倡通过社区参与和合作来提供公共服务。组织人本主义理论则关注公共组织中人的因素，强调以人为本的管理理念和服务理念。

随着全球化、信息化和民主化等趋势的发展，新公共服务理论在全球范围内得到了广泛的关注和应用。各国政府纷纷尝试将新公共服务理论融入社会治理实践中，以实现更高效、民主和公平的公共服务。同时，新公共服务理论也在不断发展和完善，以适应不断变化的社会需求。

（二）新公共服务理论与社会治理的关联

新公共服务理论与社会治理之间存在密切的关联。首先，新公共服务理论为社会治理提供了全新的视角和理念。它强调政府应当关注公民需求、促进公民参与、实现公共利益和民主价值，这些理念为现代社会治理提供了重要的指导。其次，新公共服务理论为社会治理提供了具体的策略和方法。它提倡通过合作、参与和共享等方式来提供公共服务，这些策略和方法对于改善社会治理结构、提高治理效能具有重要意义。最后，新公共服务理论与社会治理的实践紧密相连。在实践中，各国政府和社会组织都在不断探索如何将新公共服务理论应用于社会治理中，以实现更高效、民主和公平的公共服务。

---

① ［美］罗伯特·B.丹哈特、珍妮特·V.丹哈特：《新公共服务：服务而非掌舵》，刘俊生译，《中国行政管理》2002年第10期。

具体来说,新公共服务理论在以下几个方面对社会治理产生了深刻影响:一是促进了公民参与和民主决策。新公共服务理论强调公民参与的重要性,提倡通过公民参与和民主决策来实现公共利益。这有助于增强社会治理的民主性和透明度,提高公民对治理的认同感和满意度。二是强调了公共服务的公共性和公平性。新公共服务理论认为,公共服务的本质是为了满足公民的需求和利益,应当具有公共性和公平性。这有助于推动社会治理向更加公平、包容的方向发展,实现社会共享和共同发展。三是提倡合作与共享的社会治理模式。新公共服务理论强调政府、社区、公民社会组织等多方参与和合作,共同提供公共服务。这有助于形成多元化、网络化的社会治理结构,提高治理效能和响应速度。

总之,新公共服务理论与社会治理之间存在密切的关联。新公共服务理论为社会治理提供了全新的视角和理念,为社会治理提供了具体的策略和方法,并与社会治理的实践紧密相连。在未来的社会治理中,应当继续深入研究和应用新公共服务理论,不断完善和创新社会治理模式,实现更加高效、民主和公平的公共服务。

(三)新公共服务理论的核心原则与基本内容

1. 新公共服务理论的核心原则

新公共服务理论作为一种崭新的公共服务理念,它强调的是公共利益、民主价值观、公民权和公共服务的重要性。在新公共服务理论的核心原则中,公共利益被置于至高无上的地位。这一原则强调,公共行政官员的首要职责是致力于实现公共利益,而非追求个人利益或特定群体的利益。为了实现这一目标,公共行政官员需要积极建立与公民的对话和合作关系,共同识别和界定公共利益。

此外,新公共服务理论还强调民主价值观的重要性。这意味着公共行政官员应当尊重公民的权利,保障公民的参与和表达。在这个过程中,公民不仅是被服务的对象,更是公共服务过程的参与者和贡献者。因此,公共行政官员需要积极营造公民参与的氛围，鼓励公民参与到公共服务的决策、执行和监督过程中来。

公民权是新公共服务理论的另一个核心原则。这一原则认为，公民有权要求公共行政官员提供高质量的公共服务，同时也有义务参与到公共服务的过程中来。为了实现这一目标，公共行政官员需要不断提升自己的专业素养和服务能力，确保能够为公民提供优质的公共服务。

最后，新公共服务理论还强调了公共服务的重要性。这意味着公共行政官员需要将公共利益、民主价值观和公民权等原则融入到公共服务的全过程中来，确保公共服务的公正性、透明性和有效性。同时，公共行政官员还需要不断创新公共服务的模式和方法，以满足公民日益增长的多样化需求。

综上所述，新公共服务理论的核心原则包括公共利益、民主价值观、公民权和公共服务等方面。这些原则共同构成了新公共服务理论的基本框架，为现代社会治理提供了有力的理论支撑和实践指导。

2. 新公共服务理论的基本内容

新公共服务理论的基本内容涵盖了多个方面，这些方面相互关联、相互作用，共同构成了新公共服务理论的基本框架。

首先，新公共服务理论强调了公共行政官员的职责定位。与传统公共服务理论相比，新公共服务理论更加强调公共行政官员的公共性和服务性。这意味着公共行政官员不再是简单地执行政策、提供服务，而是需要积极参与公共治理、推动公共利益实现的重要力量。因此，公共行政官员需要不断提升自己的专业素养和服务能力，以更好地履行自己的职责。

其次，新公共服务理论提出了公民参与的重要性。在新公共服务理论看来，公民不仅是被服务的对象，更是公共服务过程的参与者和贡献者。因此，公共行政官员需要积极营造公民参与的氛围，鼓励公民参与到公共服务的决策、执行和监督过程中来。这不仅有助于提升公共服务的质量和效率，还有助于增强公民对公共服务的认同感和满意度。

再次,新公共服务理论强调了公共利益的核心地位。这意味着公共行政官员需要时刻关注公共利益的变化和需求,积极调整公共服务的策略和方向。同时,公共行政官员还需要加强与公民的沟通和合作,共同识别和界定公共利益。这有助于确保公共服务的公正性、透明性和有效性。

最后,新公共服务理论还关注了治理结构和治理方式的问题。在治理结构方面,新公共服务理论主张建立多元化的治理结构,充分发挥政府、市场和社会等各方力量的作用。在治理方式方面,新公共服务理论强调了合作、协商和共享的重要性。这意味着公共行政官员需要积极与其他利益相关者进行沟通和合作,共同解决社会治理中的问题和挑战。

综上所述,新公共服务理论的基本内容包括公共行政官员的职责定位、公民参与的重要性、公共利益的核心地位以及治理结构和治理方式的问题。这些内容相互关联、相互作用,共同构成了新公共服务理论的基本框架。这一框架为现代社会治理提供了有力的理论支撑和实践指导,有助于推动社会治理向更加公正、透明和有效的方向发展。

(四)新公共服务理论对社会治理的启示

1. 公民参与的应用

新公共服务理论强调了公民参与在社会治理中的核心地位。这意味着政府不仅仅是提供服务的机构,更是与公民共同合作、共同解决问题的伙伴。在这种理论框架下,公民参与不仅仅是社会治理的一种手段,更是实现治理目标、保障公民权利和促进社区发展的根本途径。

为了更有效地促进公民参与,新公共服务理论鼓励政府在决策过程中采取更加开放和包容的态度。这意味着政府需要倾听公民的声音,理解他们的需求和期望,并在决策过程中充分考虑这些因素。此外,政府还需要提供多种渠道和平台,使公民能够方便地参与到社会治理中来,如社区论坛、公民投票、公民陪审团等。

在实践中,公民参与的应用能够带来多方面的好处。首先,它能够增强公民对政府决策的信任感和满意度，因为公民能够直接参与到决策过程中，感受到自己的意见和利益得到了重视和保障。其次，公民参与还能够促进社区的发展和繁荣，因为公民能够根据自己的需求和期望来推动社区的建设和发展。最后，公民参与还能够提高政府的治理效率和质量，因为公民能够提供宝贵的意见和建议，帮助政府更好地解决问题和满足公民的需求。

2. 公共领域的重建

在新公共服务理论的框架下，公共领域的重建也是社会治理的重要组成部分。公共领域是指公民能够自由交流、参与和决策的空间和平台，它是实现公民参与和社区发展的重要基础。然而，在现代社会中，随着技术的发展和社会的进步，公共领域面临着多方面的挑战，如数字鸿沟、信息不对称、话语权不平等问题。

为了解决这些问题，新公共服务理论强调政府在公共领域重建中的责任和作用。首先，政府需要提供一个自由、平等、公正的公共平台，使公民能够自由地表达自己的观点和意见，并参与到社区的建设和发展中来。其次，政府需要加强对公共领域的管理和监管，防止信息泛滥和虚假信息的传播，保障公民的话语权和知情权。最后，政府还需要加强对公共领域的投入和支持，提供更多的文化、教育和体育等活动，促进公民的交流和互动。

通过公共领域的重建，政府能够更好地满足公民的需求和期望，促进社区的发展和繁荣。同时，公共领域的重建还能够提高政府的治理效率和质量，增强公民对政府的信任感和满意度。因此，新公共服务理论强调公共领域重建在社会治理中的重要性和必要性。

可以看出，在新公共服务理论的指导下，社会治理模式得到了显著的改进和优化。通过对公民参与和公共领域重建的深入探讨，新公共服务理论为现代社会治理提供了全新的视角和策略。在实践中，这一理论的应用已经取得了显著的成果。

首先，公民参与得到了有效的提升。在新公共服务理论的指导下，政府开始更加注重与公民的互动和合作,公民参与社会治理的渠道和机会也得到明显的增加。这不仅增强了公民的社会责任感和归属感,也提高了社会治理的效率和效果。

其次,公共领域的重建取得了积极的进展。政府开始更加注重公共服务的提供和公共利益的实现,公共资源的配置也更加公平和合理。这不仅满足了公民的多样化需求,也促进了社会的和谐稳定。

最后,新公共服务理论还在多个社会治理实践中得到了应用,如城市社区治理、环境保护、公共服务改革等。这些实践案例表明,新公共服务理论具有强大的实践指导价值,能够有效地推动社会治理的创新和发展。

然而,我们也应该看到,新公共服务理论在实践中的应用还存在一些挑战和困难。比如,如何有效地激发公民的参与意识?如何平衡不同利益相关者的需求?如何构建更加公正、透明和有效的社会治理结构?这些问题需要我们在未来的实践中不断探索和解决。

第二章　我国公众参与社会治理的现状

社会治理体现的是多主体参与、多措并举、综合施策、系统管理，没有公众参与，社会治理也就会名不副实、徒有虚名。① 在当今复杂多变的社会环境中，社会治理面临着前所未有的挑战。公众参与是衡量社会治理效能的关键指标之一，它不仅反映了公众对社会事务的关心程度，更直接关系到社会决策的科学性、合理性和可持续性。因此，对我国社会治理公众参与的现状进行深入分析，不仅有助于理解当前社会治理的实际情况，还能为提升社会治理效能提供重要参考。同时，从全球视角来看，公众参与社会治理已经成为一种趋势。随着信息技术的快速发展，公众获取信息、表达意见的渠道日益多元化，公众对于参与社会治理的需求也日益强烈。我国作为世界上最大的发展中国家，其社会治理公众参与度的现状与变化，不仅关系到国内社会的稳定与发展，也对全球社会治理产生着重要影响。

第一节　我国公众参与社会治理的总体情况及成效

随着改革开放走过 40 多个年头，我国的经济结构以及社会组织结构都发生了变迁，这为公众参与社会治理提供了现实的空间与平台。公众参与社会

① 参见郝丽、王波：《我国公众参与基层社会治理的实现机制探究》，《理论学刊》2023 年第 1 期。

治理是实现民主政治和社会有效治理的必然要求。从全球范围看,20 世纪 80 年代随着新公共管理运动和政府改革浪潮的兴起,公民参与公共管理已成为一种趋势。[①] 公众参与是一种生活化的民主观念,最初是作为一种工作作风被引入党和国家的文件及行为要求中的,后来则随着法治国家进程而日益成为各级政府依法行政的制度要求。[②] 一个国家在走向民主化的过程中,政治参与的逐步扩大,是不可阻挡的发展趋势。政治参与的逐步扩大就要求政治参与渠道的畅通与多元化,这不仅仅限于各种制度,还需要社会的广泛参与。换言之,各种社会组织、社团的建立,既是政治参与的主体,也是扩大公众有序政治参与的渠道。[③]

一、总体情况

(一)我国公众参与社会治理的发展历程

在我国,公众参与社会治理的发展历程可以追溯到古代的乡绅自治和村民自治的传统。公众参与社会治理的历史进程与我国社会政治制度的演变和民主政治的发展紧密相连。在新中国成立初期,公众参与主要通过人民代表大会等制度形式实现,民众通过选举代表参与国家事务的管理。然而,真正意义上的公众参与社会治理的兴起,是在改革开放以后,随着我国经济社会的快

① 公众参与程度和水平的高低已成为衡量一个国家民主化水平的重要尺度。从民主政治发展的视角看,公众参与社会治理是社会主义民主政治的重要内容。我国是社会主义国家,人民是国家和社会的主人,人民当家作主是社会主义民主政治的核心和本质要求。我国《宪法》第 2 条规定:"中华人民共和国的一切权力属于人民。……人民依照法律规定,通过各种途径和形式,管理国家事务,管理经济和文化事业,管理社会事务。"而公众参与社会治理是依法行使公民权利的过程,是发展社会主义民主政治的重要途径。同时,公众参与社会治理是完善民主政治的重要途径。

② 在党的十六大、十七大、十八大报告以及国务院的依法行政纲要中均明确要求建立完善公众参与制度,保障公众的"知情权、参与权、表达权、监督权"。各级政府及其部门只有在其职能范围内建立起行之有效的公众参与制度,才能跟上政治体制改革的新式话语和节奏,才能有效开展群体性事件治理与社会管理创新。

③ 参见许玉镇:《公众参与政府治理的法治保障》,社会科学文献出版社 2015 年版,第 247 页。

速发展和法治建设的不断推进，公众参与社会治理逐渐成为一种重要的社会现象。

改革开放初期，公众参与社会治理主要通过村民自治、城市居民自治等形式，实现了对基层社会的直接管理。这一阶段，公众参与的主体主要是基层群众，参与的形式和内容相对单一，但为后来的公众参与社会治理奠定了坚实的基础。

进入 21 世纪以后，随着互联网和社交媒体的快速发展，公众参与社会治理的方式和渠道逐渐多元化。公众参与不仅限于基层社会，也开始渗透到政府决策、公共服务、环境保护等多个领域。此外，政策咨询、社会调查、公民监督、网络问政、社区论坛等公众参与的新形式也不断涌现，为我国社会治理注入了新的活力。

从“共建共治共享”到“构建社会治理共同体”，社会治理的公众参与在理论和实践上进展巨大。① 近年来，我国政府高度重视公众参与社会治理的重要性，出台了一系列政策法规，鼓励和支持公众参与社会治理，为公众参与提供了制度保障。例如，《中华人民共和国宪法》明确规定了公民的基本权利和义务，保障了公民参与国家事务管理的权利；《中华人民共和国城市居民委员会组织法》和《中华人民共和国村民委员会组织法》等法律则为社区自治和村民自治提供了法律基础。同时，各级政府也积极搭建公众参与平台，拓宽公众参与渠道，为公众参与社会治理提供了更加便利的条件。

（二）现阶段公众参与社会治理的主要模式和特征

在现阶段，我国公众参与社会治理的主要模式可以概括为以下几种：一是基层自治，即通过村民自治、城市居民自治等形式，实现公众对基层社会的直接管理；二是政策咨询，即政府通过公开征求意见、举行听证会等方式，吸纳公众意见，参与政策制定；三是公民监督，即公众通过舆论监督、社会调查等方

① 参见周文翠、于景志：《新时代公众参与社会治理的推进路径》，《学术交流》2023 年第 2 期。

式，对政府行为和公共事务进行监督；四是社会参与，即公众通过参与公共服务、环保活动等方式，直接参与社会治理。

这些模式共同体现了我国公众参与社会治理的现阶段特征。首先，公众参与社会治理的领域不断拓宽，涵盖了基层社会、政府决策、公共服务等多个方面。其次，公众参与社会治理的形式日益多样化，既有传统的基层自治，也有新兴的政策咨询、公民监督等。最后，公众参与社会治理的层次不断提升，从最初的基层自治逐渐发展到对政府决策和公共服务的参与和监督。

总的来说，我国公众参与社会治理已经取得了显著的进步和成就。然而，公众参与社会治理也存在一些问题和挑战，如公众参与意识不强、参与渠道不畅、参与能力不足等。因此，需要进一步加强公众参与社会治理的宣传教育，提高公众的参与意识和能力；同时，也需要完善相关法律法规和政策措施，为公众参与社会治理提供更加有力的保障和支持。

（三）我国公众参与社会治理的主要途径

1. 政策咨询

政策咨询是公众参与社会治理的重要途径之一。在我国，政策咨询主要通过政府设立的咨询机构、专家委员会、听证会等形式进行。这些机构为政府提供政策建议和决策参考，同时也为公众提供了参与政策制定的机会。

在政策咨询过程中，公众参与的作用主要体现在两个方面：一是提供多元的视角和建议，增强政策的科学性和可行性；二是通过参与过程，增加公众对政策的理解和支持，提高政策的执行效果。然而，在实际操作中，政策咨询往往存在参与渠道不够通畅、参与程度不够高、参与效果较为有限等问题。

为了提升政策咨询的公众参与度和效果，可以采取以下措施：一是完善政策咨询机制，扩大参与范围，吸引更多领域的专家和公众参与；二是加强政策咨询过程的透明度和公开性，让公众了解政策制定的过程和依据；三是提高政策咨询的质量和效率，确保公众的建议和意见得到充分的重视和回应。

2. 社区自治

社区自治是公众参与社会治理的重要方式之一。通过社区自治，公众可以直接参与社区事务的管理和决策，实现自我管理、自我服务、自我监督。

在我国，社区自治主要通过居民委员会、业主委员会等组织形式进行。这些组织在维护社区秩序、推动社区发展、解决社区问题等方面发挥着重要作用。然而，社区自治也存在一些问题，如组织化程度不够高、自治能力较为有限、参与度不够均衡等问题。

为了推进社区自治的发展，可以采取以下措施：一是加强社区组织的建设和管理，提高组织化程度和自治能力；二是推动社区治理的民主化、法治化、科学化，保障公众的参与权、表达权、监督权；三是加强社区教育和文化建设，提高公众的自治意识和参与度。

3. 公共决策

公共决策是公众参与社会治理的重要环节。通过参与公共决策，公众可以表达自己的利益诉求和价值观，影响政策走向和结果。

在我国，公共决策主要通过听证会、公示、网络征求意见等方式进行公众参与。这些方式在保障公众知情权、参与权、表达权方面发挥了重要作用。然而，公共决策也存在一些问题，如决策过程不透明、公众参与程度不高、决策结果不公平等。

为了提高公共决策的公众参与度和质量，可以采取以下措施：一是完善公共决策的程序和机制，保障公众的参与权和决策过程的公正性；二是加强决策信息的公开和透明度，让公众了解决策的背景和依据；三是加强决策后的监督和评估，确保决策结果的合理性和有效性。同时，还可以通过建立决策咨询机构、加强公民教育等方式，提高公众的决策参与能力和意识。

二、主要成效

公众参与社会治理在我国已经取得了显著的成效,这些成效主要体现在以下几个方面。

(一)民主化进程的推动

公众参与社会治理直接推动了我国的民主化进程。公众通过参与社区管理、政策咨询等方式,实现了对政府决策的直接影响,增强了政策的透明度和民主性。这种参与不仅提高了公众的政治觉悟,也培养了公众的民主意识和责任感。例如,一些社区通过建立居民自治组织、业主委员会等方式,让居民更加积极地参与到社区治理中来。这些组织通过定期召开居民会议、制定自治章程、组织志愿服务等方式,提高了居民的参与度和归属感,同时也为社区治理注入了新的活力和智慧。

(二)社会问题的有效解决

公众参与社会治理使得社会问题能够得到更加全面和深入的解决。公众通过参与,能够及时发现社会问题,提出切实可行的解决方案,并推动这些方案的实施。这种参与方式不仅提高了社会治理的效率,也增强了社会治理的针对性。在这一过程中,公众参与社会治理实现了与地方特色的结合。在实践中,各地结合自身特点,积极探索公众参与社会治理的新模式和新机制。例如,2024 年 3 月 26 日,安徽省淮北市烈山区杨庄街道淮选社区召开老旧小区改造项目居民议事会,30 余名居民代表参加。这次居民议事会主要针对淮选社区所辖北工房、西工房、河东工房、河西工房四个片区的居民楼进行改造,前期,社区已通过五方联席会议商议,四个片区网格党支部分单元及楼栋与居民进行议事,社区党总支会议确定初步方案。同时社区书记将初步实施方案现场进行了讲述,居民对改造方案的意见和建议写下来,工作人员逐一统计居民意见,以备老旧小区改造后续参考、改进。[①] 该社区引入了社区居民议事会制

① 参见《杨庄街道淮选社区召开老旧小区改造项目居民议事会》,中安在线,http://ah.anhuinews.com/hb/xq/ls/202403/t20240328_7466470.html。

度，通过居民自治的形式，让居民参与到社区治理中来。这一制度的实施，不仅提高了社区居民的参与意识，也有效解决了许多社区治理中的难题。这一实践案例充分说明了公众参与社会治理与地方特色相结合的重要性。

（三）政府与公众的互动增强

公众参与社会治理的核心理念是以人为本，尊重公众的主体地位，发挥公众的主体作用。它强调公众与政府、社会组织的平等互动和合作共治，推动社会治理的民主化、科学化和规范化。公众参与社会治理加强了政府与公众之间的互动和沟通。政府通过听取公众的意见和建议，能够更好地了解公众的需求和期望，从而制定出更加符合公众利益的政策。同时，公众通过参与社会治理，也能够更好地理解政府的决策意图和政策方向。例如，一些地方政府也积极探索公众参与社会治理的新模式。例如，内蒙古鄂尔多斯市康巴什区滨河街道滨河路派出所创建共建平安工作阵地——“市民议事厅”，切实听民意、解民忧、暖民心。市民议事厅与传统的议事室虽然只有一字之差，但舒适的沙发、半开放的环境和临近入口的位置，让群众交谈更加放松，便于所有来到派出所的群众随时加入，提出共建平安的意见，让市民代表参与到城市规划和建设中来。每周五，派出所召集辖区居民、社区工作者、单位行业场所从业人员等在市民议事厅开展社情民意征集化解、平安社区建设研讨、法律政策解读、安全知识讲座。考虑到群众提出的意见建议可能涉及不同的管辖范围，派出所主动作为，积极解决并上报属于公安机关管辖的事项，将不属于公安机关管辖的，推送到对应管辖单位，并积极跟进反馈解决进度。群众对此做法非常满意，现在每周的“议事”已经从最初的被动邀请转变为主动参加。近三年来，辖区连续保持投诉案件为零，进京上访事件零发、个人极端暴力案（事）件零发、“民转刑”案件零发、“两抢”案件零发、涉毒涉危涉爆案件零发，社会治安大局持续稳定。① 通过组织市民议事会、征集市民建议、评估治理效果等方

① 参见《市民议事厅听民意解民忧暖民心》，《诸暨日报》，https://www.zjrb.cn/news/2023-11-10/631614.html。

式,市民议事厅成功地推动了市民与政府之间的互动和合作,提高了社会治理的效果和质量。

(四)社会稳定与和谐

公众参与社会治理有助于维护社会的稳定与和谐。公众通过参与社会治理,能够增强对社会的认同感和归属感,减少社会矛盾和冲突。同时,公众参与社会治理也能够促进社会的多元化和包容性,增强社会的活力和创造力。

其中较为典型的是新型公众参与平台的建设与运用。随着信息技术的飞速发展,新型公众参与平台应运而生,为公众参与社会治理提供了更为便捷和高效的渠道。这些平台不仅有助于提升公众的参与意识,还能进一步畅通参与渠道,加强社会组织建设。新型公众参与平台如政务微博、微信公众号和线上论坛等,正逐渐成为政府与民众互动的重要桥梁。这些平台为公众提供了发表意见、建言献策的渠道,使得政府能够更直接地了解民意,及时回应关切。以微博为例,"公众利用微博参与到公共事务,针对公共问题,向政府和官员表达意见,试图以公众的意愿去影响行政立法、决策和政府治理,并发挥监督作用"①。在新型公众参与平台的构建中,数据分析与模型运用显得尤为重要。通过收集和分析用户数据,可以深入了解公众的需求和偏好,为政策制定提供科学依据。例如,有的城市在规划地铁线路时,通过政务微博收集了市民的建议,利用大数据分析确定最优的线路方案,既满足了市民出行需求,又有效节约了建设成本。此外,新型公众参与平台还促进了不同领域专家的参与。在环境保护、教育改革等议题上,专家们通过线上平台发表观点、分享研究成果,为政策制定提供了智力支持。这种跨领域的合作模式有助于形成更为全面和客观的决策。然而,新型公众参与平台在带来便利的同时,也面临着信息真伪辨别、隐私保护等挑战。因此,政府和平台运营者需加强对信息的审核与

① 秦前红、李少文:《微博问政的规范化保护需求——基于社会管理体制创新的视角》,《东方法学》2011 年第 4 期。

监管，确保公众参与的合法性和有效性。综上所述，新型公众参与平台的构建与应用对于提升公众参与社会治理的广度和深度具有重要意义。通过加强平台建设、完善相关制度、提高公众参与能力等措施，可以进一步发挥新型公众参与平台在推动社会治理创新中的积极作用。

第二节　我国公众参与社会治理面临的问题与挑战

尽管公众参与社会治理的重要性已经得到了广泛的认可，但在实践中，公众参与社会治理仍面临一些问题，这些问题不仅制约了公众参与的深度和广度，也影响了社会治理的效率和效果。这既与制度设计的不完善有关，也与公众参与意识和参与能力有待提升有关。因此，深入研究公众参与社会治理的问题和挑战，提出有效的改进策略和建议，就显得尤为迫切和必要。

一、意识不够强

公众参与社会治理的意识是公众对于自己作为社会治理主体角色的认知、态度和价值观，这种意识体现了公民责任感与社会归属感的结合，是实现有效治理和社会整合的关键要素。在目前日益复杂多变的社会结构中，公民的角色不再仅局限于社会服务的接受者，他们逐渐转变为积极行动者，参与到社会治理的各个层面。公众参与社会治理的意识，是现代民主政治和公民社会发展的重要体现，它关乎着社会的和谐、稳定与进步。

公众参与意识不够强是当前公众参与社会治理面临的一个重要问题。当前，随着社会经济的发展和民主意识的提高，公众参与社会治理的程度在一定程度上有所提升。然而，相较于发达国家，我国公众在社会治理中的参与意识仍然薄弱，参与度不够高。当前社会公众对于参与社会治理的意愿普遍较低，参与社会治理的积极性不够高，有时态度冷漠。公众参与需要付出一定的时间、精力及物质代价,他们出于自身利益的衡量,往往选择放弃参与社会治理。①

在现代社会,公众参与社会治理的重要性日益凸显。公众不仅是社会治理的受益者,更是社会治理的参与者。公众的积极参与,不仅可以提升社会治理的效率和效果,也可以促进公民个人和社会的发展。然而,当公众在面对社会问题时,如果表现出冷漠的态度,那么社会治理的效果就会大打折扣。这种冷漠的态度,实际上是对社会责任的逃避,也是对公共利益的忽视。

(一)公众参与意识的重要性

公众参与意识在社会治理中扮演着至关重要的角色。知觉是行为的基础,公众参与社会治理必须从建立参与感入手。② 公众作为社会治理的主体之一,其参与意识和程度直接影响着社会治理的效果和可持续性。强化公众参与意识不仅有助于推动社会治理的民主化、科学化和法治化,还能促进社会的公正、和谐与稳定。当公众具备了强烈的参与意识,他们会更加积极地参与政策的制定和实施过程,对不合理或不合法的政策提出质疑和建议,从而推动政策的民主化、科学化和法治化。这种参与意识可以有效防止权力的滥用和腐败,确保政策的公正性和透明度。

公众参与意识的提升还能促进社会的包容性和多元化。之前,我国社会矛盾化解的渠道和形式较为单一,过分依赖纠纷解决的行政手段,导致化解不力,危害社会的和谐稳定。③ 公众参与对于提升社会的包容性具有显著作用。当公众具备了强烈的参与意识,他们会更加尊重和理解不同群体的需求和利益,积极参与社会事务的讨论和决策过程,推动社会的包容性和多元化。这种

---

① 参见赖锴:《公众参与社会治理的现实困境及法治化路径》,《领导科学》2020 年第 14 期。

② 参见谢菲:《公众参与基层社会治理的困境及破解之道研究——以 w 市 x 社区为例》,安徽工程大学硕士学位论文 2023 年,第 31 页。

③ 参见马怀德:《预防化解社会矛盾的治本之策:规范公权力》,《中国法学》2012 年第 2 期。

参与意识不仅有助于减少社会矛盾和冲突,还能促进社会的和谐与稳定。当公众具备了强烈的参与意识,他们会更加关注社会问题,积极参与社会事务的讨论和决策过程,推动社会的公正、和谐与稳定。这种参与意识有助于减少社会矛盾和冲突,增强社会的凝聚力和稳定性。

公众参与意识的提升还有助于推动社会的创新和进步。当公众具备了参与意识,他们会更加关注社会问题,积极提出创新性的解决方案和建议。这种参与意识可以激发社会的创造力和创新精神,推动社会的创新和进步。

在当前社会治理中,公众参与意识的不足已经成为一个普遍存在的问题。这不仅影响了社会治理的效果和可持续性,还可能导致社会的不公正、不和谐与不稳定。因此,提升公众参与意识已经成为社会治理中的一项紧迫任务。因此,我们必须重视公众参与意识的提升工作。通过加强宣传教育、完善参与机制、提高参与能力等措施,我们可以逐步增强公众的参与意识,推动社会治理的民主化、科学化和法治化,促进社会的公正、和谐与稳定。这不仅是社会治理的现实需要,也是社会发展的必然要求。

(二)公众参与社会治理意识的普遍状态

公众参与社会治理意识的普遍状态可以从多个维度进行考察。总体来说,随着社会的进步和民主化进程的推进,公众参与社会治理的意识正在逐渐觉醒。然而,这种觉醒的程度在不同地区、不同社会群体之间存在明显的差异。有实证研究发现,公众参与意识与公民权利意识、社会责任意识和公众参与效能感有关,而公众参与能力受到政府信息的公开程度和公众对法律政策的知晓度的影响。①

在城市地区,特别是经济发达的城市,由于教育水平相对较高,信息传播速度快,公众参与社会治理的意识普遍较强。人们愿意通过参与社区活动、志愿者服务等形式,来表达自己的意见和诉求,参与社会公共事务的管理。

① 参见徐林、黄萍:《公众参与和城市管理——基于杭州市的实证研究》,《中共浙江省委党校学报》2012 年第 1 期。

然而,在农村地区和一些经济欠发达的地区,公众参与社会治理的意识相对较弱。受到传统观念、教育水平和社会环境等多重因素的影响,这些地区的公众往往对社会治理持有一种观望的态度,缺乏主动参与的意识和行动。

此外,不同社会群体之间的公众参与意识也存在差异。例如,年轻人通常具有较高的参与意识,他们熟悉社交媒体和网络平台,能够更方便地获取信息和表达意见。而老年人由于年龄、经验和认知等方面的限制,往往对社会治理持有一种保守的态度,缺乏参与的热情和动力。

(三)影响公众参与社会治理意识的因素

参与社会治理的主体是多元的,各个主体因为受教育程度、社会阅历、工作岗位等不同,导致了各个主体之间的整体素养是参差不齐的,这种差异的存在是不可避免的。①

1. 教育对公众参与意识的影响

教育作为塑造个体价值观、世界观和人生观的重要手段,对公众参与治理意识的形成具有深远的影响。首先,从基础教育阶段开始,学校应当注重培养学生的公民意识和社会责任感,通过课程内容和实践活动,让学生认识到自己在社会中的位置和应承担的责任。然而,当前一些地方的教育过于注重应试,忽视了对学生公民素养的培养,导致一些学生对公共事务缺乏关注和热情。

此外,高等教育的功能也有待进一步加强。高等教育不应仅仅是专业知识的传授,更应包括对学生独立思考能力、批判性思维的培养,以及对社会现象的深入分析和理解。只有这样,学生才能在毕业后更好地参与到社会治理中,发挥自己的作用。

2. 文化对公众参与意识的影响

文化是一个社会的灵魂,它潜移默化地影响着公众的行为和思维方式。在一些传统文化中,强调个人服从集体、尊重权威,这在一定程度上抑制了公

---

① 参见尹浩:《整体性社区构建:来自公益创投机制的启示》,华中师范大学博士学位论文2015年,第71页。

众参与社会治理的意愿。然而,随着社会的发展和进步,越来越多的文化开始强调个人的独立性和参与性,鼓励人们积极参与公共事务,表达自己的观点和意见。

同时,媒体和社交平台也起到了重要的传播作用。它们不仅能够传播信息,还能够塑造公众的价值观和态度。因此,媒体和社交平台应当承担起社会责任,传播正面信息,引导公众积极参与社会治理。

3. 政策环境对公众参与意识的影响

政策环境是影响公众参与治理意识的另一个重要因素。政策的制定和实施应当充分考虑公众的利益和需求,鼓励公众参与到政策的制定和执行过程中。然而,现实中一些政策的制定过程缺乏透明度,公众参与度低,导致政策执行效果不佳,甚至引发公众的不满和抵制。

为了改善这一状况,政府应当加强政策的公开性和透明度,让公众了解政策的制定过程和背景,同时提供多种渠道让公众参与到政策的讨论和制定中。此外,政府还应当建立有效的反馈机制,对公众的意见和建议进行及时回应和处理,增强公众对政策的认同感和满意度。

综上所述,教育、文化和政策环境是影响公众参与治理意识的重要因素。为了提升公众的参与意识,我们可以从这三个方面入手,加强教育培养、推动文化进步和改善政策环境,共同推动社会治理的健康发展。

二、渠道不够通畅

公众参与社会治理的渠道不够通畅是当前面临的一个重要问题。渠道畅通性是公众参与社会治理的关键要素之一,对公众参与效果产生重要影响。畅通的参与渠道能够使公众的声音和诉求得到及时、有效的传达和处理,进而增强公众对社会治理的认同感和满意度。反之,渠道不畅则可能导致公众参与受阻,进而影响社会治理的效果和公众的参与积极性。

（一）公众参与社会治理渠道的重要性

畅通的参与渠道对于社会治理的效能和公众的满意度有着决定性的影响。社会治理不仅涉及政策的制定和实施，更是对社会关系的协调和平衡。公众参与是这种平衡的关键因素，它不仅保障了政策的公平性和透明度，还增强了公众对政策的认同感和归属感。

首先，畅通的参与渠道能够增强公众对政策的信任感。当公众能够通过有效的渠道表达意见和关切，他们的声音会被政府所听取，从而在政策中得到反映。这不仅可以提升公众对政策的满意度，还能够减少误解和疑虑，增强社会的稳定性。同时，畅通的参与渠道有助于提高公众的参与意愿。当公众感受到自己的声音能够被重视和回应时，他们更有可能积极参与到社会治理中来。相反，如果参与渠道不畅，公众可能会感到自己的诉求无法得到有效传达，从而降低参与意愿。

其次，畅通的参与渠道有助于提升政策的科学性和合理性。公众的参与可以为政策制定者提供更多的信息和视角，使政策更加贴近实际，更加符合公众的需求。同时，公众的参与还能够促进政策的持续改进和优化，使政策更加完善。

最后，畅通的参与渠道对于培养公众的公民意识和社会责任感具有重要意义。通过参与社会治理，公众可以更加深入地了解社会运行的规则和机制，增强他们的公民意识和社会责任感。这不仅有利于提升公众的整体素质，也有利于构建和谐社会。

综上所述，公众参与社会治理渠道的畅通是社会治理的重要保障，也是实现社会公正与和谐的重要途径。

（二）目前公众参与社会治理的渠道

公众参与社会治理的渠道在实践中呈现出多样化的特点。传统的参与渠道如信访、人民代表大会等，在保障公众表达意见、参与决策方面发挥了重要作用。此外，随着互联网技术的发展，新兴渠道如社交媒体、在线调查、电子政务平台等也逐渐成为公众参与社会治理的重要途径。

以社交媒体为例，微博、微信、APP 新闻客户端等新媒体平台为公众提供了发声的机会，使得社会问题能够迅速传播并得到关注。新媒体应用的普及、推广速度加快，成为兼具通信、社交、媒介与平台等综合属性的新型“移动即时信息媒介”。① 1964 年，麦克卢汉提出了“媒介即讯息”。② 在这个充满变化和不确定的时代里，新媒体以公众加剧的新媒体依赖和自身所肩负的社会责任为前提，通过为公民参与公共事务提供相对自由平等的表达空间成就公民媒介接近权等方式深刻影响社会治理。③ 政府通过官方微博、微信公众号等渠道，及时发布政策信息，收集公众反馈，有效促进了政府与公众的互动。与此同时，公众与政府之间的频繁互动，对政府与社会关系的重构产生了重要影响，重塑了国家与社会间应有的良性关系。④ 同时，在线调查成为政府收集民意、制定政策的重要参考。公众可以通过在线问卷、投票等方式，直接参与到政策制定过程中，增强了政策的针对性和有效性。在实践中，公众参与社会治理的案例也屡见不鲜。例如，很多城市在规划新的建设项目时，会通过政府网站和社交媒体平台广泛征求公众意见，最终根据公众反馈调整项目方案，使得项目更加符合民意。

（三）公众参与社会治理渠道不够通畅的表现

尽管公众参与社会治理的渠道已经初具规模，但在实际操作中仍然存在不少问题和障碍。

首先，传统渠道与新兴渠道之间的衔接不够顺畅。传统渠道如信访、人民代表大会等虽然具有权威性，但信息传递速度较慢，反馈周期较长；而新兴渠

---

① 参见陈惟金：《浅析媒体新闻 APP 发展之路》，《传媒观察》2014 年第 12 期。

② 参见［加拿大］马歇尔·麦克卢汉：《理解媒介：论人的延伸》，何道宽译，商务印书馆 2003 年版，第 53 页。

③ 参见王巍：《公众运用新闻 APP 参与社会治理研究——以甬派新闻客户端为例》，宁波大学硕士学位论文 2018 年，第 2 页。

④ 参见张成龙、王文洁：《浅析新媒体时代社会治理方式的变革——基于政府与社会关系重塑的视角》，《新闻研究导刊》2016 年第 1 期。

道如社交媒体虽然信息传播迅速，在移动互联网时代，传统的信息传播方式已不能满足人们日益增长的多样化需求，特别是随着智能手机的广泛普及，人们对信息的接受方式有了更多选择，获取信息的渠道也更为宽广。[①] 但信息真实性难以保证，且容易受到网络舆论的影响。因此，如何有效整合传统渠道和新兴渠道，实现优势互补，是当前面临的重要问题。

其次，参与渠道较单一、参与成本较高、参与方式的复杂性，也限制了公众参与社会治理的热情，部分公众在参与过程中感到困惑和无助，难以有效表达自己的意见和诉求。公众参与渠道相对单一，主要集中在传统的选举、问卷调查等方式上，这些方式往往受到时间、地域等因素的限制，难以满足公民多元化的参与需求。公众参与的成本较高，包括时间成本、经济成本、信息获取成本等，这使得一些公民因为种种原因而无法有效参与。在现行公众参与体系中，流程往往涉及多个环节，如提交申请、审核、公示、反馈等。这些环节本身就需要消耗一定的时间和资源，而且在不同环节之间可能还存在信息沟通不够通畅、审核标准不够统一等问题，导致公众参与的实际成本进一步增加。例如，在某些城市规划项目中，公众参与的流程可能包括填写问卷、参加听证会、提交意见等多个环节，每个环节都需要公众投入一定的时间和精力。如果这些环节设计得不合理，或者信息传递不畅，就可能导致公众在参与过程中感到困惑和不满，从而影响参与效果。同时，在信息化社会，信息的获取对于公众参与社会治理活动至关重要。然而，信息获取本身也需要成本，包括时间、金钱和精力等。公众需要花费时间和精力去搜集、整理和分析信息，以便作出明智的决策。对于信息获取能力较弱的公众来说，这种信息获取成本可能会成为他们参与社会治理的障碍。同时，信息不够对称和不够透明也可能导致公众参与意愿降低。另外，公众参与的复杂性也是一个不容忽视的问题。复杂的参与流程和操作障碍使得部分公众尤其是学历低、年龄大的公众在

① 参见王宇明：《从移动新闻客户端看报业的数字化转型》，《传媒》2013 年第 3 期。

参与过程中面临诸多困难，降低了公众的参与意愿和积极性。随着科技的发展，越来越多的公众参与渠道开始采用数字化、网络化的方式。然而，这些新型参与方式往往存在一定的技术门槛，如操作复杂、信息安全风险等。如果公众不具备相关的技术能力，就可能导致在参与过程中遇到困难，从而影响参与效果。

再次，信息不够透明。信息不够透明是公众参与社会治理渠道不畅的重要表现之一。在现实中，公众有时难以获取全面、准确、及时的社会治理信息，导致他们无法有效参与决策和监督过程。一方面，政府信息公开程度不足。尽管我国已经实施了《政府信息公开条例》，但在实际操作中，有些政府部门仍然存在信息公开不及时、不全面、不真实的问题。公众有时难以通过正规渠道获取到关键的治理信息，从而对政策制定和实施过程不能进行有效的监督和参与。另一方面，媒体报道受限。在一些敏感或复杂的社会问题上，媒体可能会受到各种限制，无法充分报道相关情况。这导致公众有时无法从媒体渠道获取全面、客观的信息，难以形成正确的认识和判断。此外，公众参与社会治理的渠道本身也存在信息不透明的问题。例如，一些公众参与平台的信息发布不规范、更新不及时，导致公众无法及时获取最新的治理信息。同时，一些平台缺乏有效的信息筛选和审核机制，导致虚假信息、误导性信息泛滥，进一步加剧了信息不透明的现象。信息不透明不仅影响了公众对社会治理的参与度和满意度，还可能引发社会信任危机。因此，加强信息公开和透明度建设是改善公众参与社会治理渠道不畅问题的重要措施之一。

最后，反馈机制存在一定的缺失。反馈机制存在一定的缺失也是公众参与社会治理渠道不够通畅的重要表现之一。在社会治理过程中，公众的反馈和意见对于政策的调整和优化具有重要意义。然而，在实践中，公众的反馈往往难以得到有效回应和处理，导致公众参与社会治理的积极性受到打击。一方面，政府决策过程中的公众参与机制不够完善。尽管我国已经建立了一些公众参与政府决策的渠道和平台，但在实际操作中，这些渠道和平台往往流于形式,公众的反馈和意见难以得到真正重视和处理。政府决策有时由少数官员或专家主导,缺乏广泛的社会参与和民意反馈。另一方面,社会组织和公民个体的反馈渠道不够通畅。社会组织和公民个体是公众参与社会治理的重要力量,然而,他们的反馈渠道往往受到各种限制和阻碍。一些政府部门对社会组织和公民个体的反馈持消极态度,缺乏有效的回应和处理机制。这导致社会组织和公民个体的反馈难以发挥应有的作用,公众参与社会治理的效果受到限制。此外,公众参与社会治理的反馈机制本身也存在一些问题。例如,一些反馈渠道的操作流程复杂、耗时较长,导致公众不愿意使用这些渠道进行反馈;同时,一些反馈渠道缺乏有效的监督和考核机制,导致公众的反馈难以得到及时、有效的回应。

反馈机制存在一定的缺失不仅限制了公众参与社会治理的积极性和有效性,还可能导致政府决策的失误和政策执行的困难。

(四)公众参与社会治理渠道不够通畅的原因

1. 政策环境

政策环境在公众参与社会治理渠道不够通畅的问题中扮演着至关重要的角色。当前,一些地方政策在制定和执行过程中,缺乏对公众参与的有效引导和保障。政策制定过程中有时缺乏透明度,公众参与的机会和渠道有限,导致公众对政策的认同感和归属感不强。此外,政策的执行和监督机制不完善,也使得公众参与难以发挥实质性作用。例如,在一些涉及公共利益的决策过程中,政府往往采取封闭式决策,缺乏与公众的互动和沟通,导致公众无法有效表达自己的诉求和意愿。这种决策方式不仅容易引发公众的不满和抵触情绪,也削弱了公众参与社会治理的积极性和动力。

2. 信息公开

信息不够透明不对称是公众参与社会治理渠道不够通畅的另一个重要原因。信息不对称指的是在公众参与社会治理过程中,公众与政府、企业等社会治理主体之间的信息获取和传递存在不平衡、不对称的现象。虽然自 2019 年

5月15日起施行的《中华人民共和国政府信息公开条例》规定，政府及相关部门会通过新闻发布会、官方网站、政务服务网站等途径向社会公众发布信息，但这些渠道提供的信息有的具有迟滞性，有的也只是结果信息。面对海量信息，公众真正及时获取有效信息的途径是有限的，对公共事务事前、事中、事后的知情权也是有限的。① 由于信息不对称的存在，公众往往难以获取全面、准确的社会治理信息，导致公众参与社会治理的决策缺乏科学性和有效性。同时，信息不对称也容易导致公众对政府、企业等社会治理主体的信任度降低，从而影响公众参与社会治理的积极性。因此，加强信息公开和透明度，消除信息不对称，是畅通公众参与社会治理渠道的重要途径。

3. 公众意识

公众意识的缺失也是导致公众参与社会治理渠道不够通畅的重要原因之一。公众意识指的是公众对于自身参与社会治理的责任和义务的认识和意识。在现实中，有些公众缺乏参与社会治理的意识和责任感，认为自己与社会治理无关，从而导致公众参与社会治理的积极性不高。此外，一些公众也缺乏对社会治理的认知和了解，无法有效地参与到社会治理之中。因此，加强公众教育，培养公众的参与意识和责任感，是畅通公众参与社会治理渠道的重要措施。同时，政府和社会组织也应该加强对公众的引导和支持，为公众参与社会治理提供更多的机会和平台。

4. 社会结构

社会结构也是影响公众参与社会治理渠道不够通畅的重要因素。当前，我国正处于社会转型期，社会阶层分化和利益多元化趋势明显。这种社会结构的变化在一定程度上削弱了公众参与社会治理的基础。一方面，不同社会阶层的利益诉求和表达方式存在差异，使得公众参与社会治理的难度增加。另一方面，随着城市化进程的加快，城乡差距和区域发展不平衡问题日益凸

① 参见郝丽、王波：《我国公众参与基层社会治理的实现机制探究》，《理论学刊》2023年第1期。

显,这也限制了公众参与社会治理的广度和深度。基于此,公众参与社会治理的渠道和机制需要更加灵活和多样化,以适应不同社会群体的需求。

三、能力有待提升

公众参与能力体现了公众在社会治理过程中参与决策、监督、评估等活动的能力。随着全球治理民主化进程的加速,公众参与能力越来越受到关注。研究发现,公众参与社会治理的瓶颈之一是公众参与能力有待提升。公众参与能力不足不仅制约了公众参与社会治理的效果,也影响了社会治理的进程和质量。

(一)公众参与能力的内涵

公众参与能力是指个体或群体在社会治理过程中,具备参与公共事务、表达利益诉求、监督政策执行、推动社会进步等方面的能力和素质,主要包括公众参与公共事务的意识、知识与技能,是制约公众参与的首要因素。① 这种能力不仅体现了公众对社会治理的积极参与和责任感,也是现代社会治理体系中的重要组成部分。在我国,随着法治建设的推进和社会治理体系的完善,公众参与能力逐渐成为衡量一个国家或地区社会治理水平的重要指标。

公众参与能力的内涵十分丰富,它不仅包括基本的公民权利和义务意识,如了解国家政策、法律法规,积极参与社会公共事务等,还包括对公共政策的理解、分析和判断能力,能够理性表达利益诉求,有效监督政策执行;更包括对社会问题的关注和参与解决的能力,如参与社区治理、环境保护、公共服务改善等。因此,公众参与能力的提升,既是个人全面发展的需要,也是社会和谐稳定的重要保障。

(二)公众参与社会治理能力有待提升的表现

公众参与社会治理的能力有待提升,具体表现在多个层面。

---

① 参见尹文嘉、王惠琴:《社会治理创新视域下的公众参与:能力、意愿及形式》,《广西师范学院学报》(哲学社会科学版)2014 年第 2 期。

首先，从认知层面来看，公众对社会治理的重要性认识不够深入，对政策制定和执行的过程缺乏足够了解。这导致他们在参与过程中往往表现出盲目性和被动性，难以有效地表达自己的利益诉求。

其次，缺乏一些公共议题讨论。公众参与社会治理的另一个重要表现是对公共议题的关注和讨论。然而，现实中存在缺乏公共议题讨论的现象。这可能是由于公众对议题的不了解、缺乏讨论平台和渠道，或者是由于公众对讨论结果的不信任等原因导致的。缺乏公共议题讨论的现象不仅影响了公众对社会治理事务的参与，也限制了公民社会的健康发展。为了改善这一现象，需要建立更加开放和多元的讨论平台，提高公众对议题的认知度和讨论能力，同时增强公众对讨论结果的信任感和归属感。

再次，从参与能力上看，公众缺乏相关的知识和技能。公众参与已经成为社会发展不可或缺的一部分，无论是政治决策、经济活动还是文化生活，公众的参与都显得尤为重要。然而，实践中公众往往因为缺乏必要的知识和技能而无法有效地参与到这些活动中。一方面，公众面临着知识更新不及时的挑战。随着科技的日新月异，新知识和信息层出不穷，而公众却难以跟上这种迅猛的知识更新速度。这导致他们在参与社会活动时，常常缺乏必要的知识支撑。另一方面，公众在一些专业技能方面也存在明显的不足。在许多专业领域，由于缺乏深入的训练和实践，他们有时难以有效地解决问题和展现创新能力。这种现状不仅限制了公众个体的发展潜力，也在一定程度上阻碍了社会的整体进步。

最后，非政府组织活力不足。非政府组织是公众参与社会治理的重要力量，它们通过组织各种活动和倡议，推动社会进步和治理改善。然而，现实中非政府组织活力不足的现象普遍存在。这在一定程度上与资金缺乏、人才流失、政策限制等原因有关。为了激发非政府组织的活力，提升公众的参与能力，需要加大对非政府组织的支持和投入，营造良好的发展环境，提高非政府组织的组织能力和影响力。同时，还需要加强公众的参与意识，鼓励公众积极参与非政府组织的活动，共同推动社会治理的进步和改善。

（三）公众参与社会治理能力不足的原因

公众参与社会治理能力不足的深层次原因，主要包括以下几个方面。

首先，传统的政府主导型社会治理模式在一定程度上限制了公众的参与。在这种模式下，政府扮演着决策者和管理者的角色，而公众则往往被视为被管理者和被执行者。这种角色定位使得公众难以有机会参与到社会治理中来。

其次，公众自身的局限性也是导致参与能力不足的重要原因。例如，公众的文化素质、经济条件和社会地位等因素都会影响他们的参与能力。目前，知识技能对公众参与的影响越来越明显。一些文化素质较低、经济条件较差的公众，往往因为缺乏必要的知识和技能而难以有效地参与到社会治理中来。公众参与社会治理需要具备一定的知识和技能，包括法律法规、政策理解、社会议题分析等方面的知识。然而，现实中许多公众在这些方面存在明显的不足。这导致了他们在参与社会治理时难以作出明智的决策，也无法有效地表达自己的观点和诉求。例如，缺乏法律法规知识使得公众在参与社会治理时容易触犯法律，或者无法有效维护自己的合法权益，这都限制了公众参与的积极性和有效性。同时，对于政策理解的不足导致一些公众无法全面把握政策内容、实施条件和预期效果，使得他们的参与难以发挥实质性作用。此外，社会议题分析能力的欠缺使得公众在面对复杂的社会问题时难以作出准确的判断，也无法提出有效的解决方案。

再次，信息获取障碍影响了公众参与社会治理的能力。信息是公众参与社会治理的基础。然而，现实中许多公众在获取信息方面仍面临着一些障碍。这些障碍包括信息获取渠道有限、信息质量参差不齐、信息解读能力有待提升等。信息获取渠道的有限性使得公众无法及时获取全面、准确的社会治理信息。这导致他们在参与社会治理时缺乏足够的信息支持，难以作出有效的决策。信息质量的参差不齐使得公众难以判断信息的真伪和价值，容易受到误导。信息解读能力的不足使得公众即使获取了信息也难以理解其真实含义和潜在影响，从而限制了他们在社会治理中的参与能力。

最后，政策环境在一定程度上制约了公众参与社会治理的能力。当前，一些政策环境的设置在一定程度上制约了公众参与社会治理的积极性和能力。部分政策对于公众参与社会治理设置了较高的门槛，如要求公众具备一定的资格条件、专业技能等。这使得许多普通公众难以达到参与要求，从而限制了他们的参与范围。一些政策在决策过程中缺乏透明度和公开性，导致公众难以了解政策制定的过程和依据。这使得他们在参与政策讨论和提出意见时难以发挥实质性作用。部分政策在执行过程中缺乏有效的监督和反馈机制，导致公众即使参与了社会治理也难以对政策实施产生实质性影响。

四、制度建设存在一定滞后

亨廷顿认为："制度化是组织和程序获取价值观和稳定性的一种进程。"①诺斯指出："制度是一个社会博弈的规则，或者更规范地说，它们是一些人为设计的，型塑人们互动关系的约束。"②制度建设在提升公众参与社会治理水平方面发挥着至关重要的作用。一个完善的制度体系可以保障公众的政治权利与义务，规范公众参与社会治理的行为和程序，提高公众的参与效率和影响力。同时，制度建设还能够促进政府与社会公众的沟通与互动，增强政府决策的透明度和科学性，推动社会治理的民主化进程。

当前，制度建设存在一定滞后是公众参与社会治理面临的问题之一。以公众参与公共决策为例，公众参与公共决策主要包括制度性参与与非制度性参与。制度性参与是指依据国家相关政策、法律法规确定的渠道、方式参与公共决策。例如，听证会、民主评议会等。而非制度性参与是指利用新闻媒体、社会舆论、网络信息等非正式渠道对公共决策产生影响，进而实现参与的目

① ［美］塞缪尔·P.亨廷顿：《变化社会中的政治秩序》，王冠华等译，生活·读书·新知三联书店1989年版，第11页。

② ［美］道格拉斯·C.诺斯：《制度、制度变迁与经济绩效》，刘守英译，上海三联出版社1994年版，第3页。

的。① 一些地方政府在公共决策过程中,缺乏透明度和公开性,导致公众无法充分了解决策事项和参与决策过程。由于制度建设存在一定的滞后,公众参与社会治理的渠道和机制往往不健全,导致公众参与的积极性和有效性受到限制。此外,一些社会组织和社会团体的发展也受到限制,无法充分发挥其在公众参与社会治理中的作用。

(一)公众参与社会治理制度建设的重要性

制度建设在社会治理中发挥着核心作用,它为社会治理提供了基础保障和根本支撑。制度建设能够明确各方主体的权利与义务,规范社会行为,减少社会冲突,维护社会秩序。同时,制度建设还能够促进资源的合理配置和高效利用,提高社会治理的效率和效果。

要保障社会参与的发展,必须从政策法规入手,构建社会参与的刚性制度。② 有效的制度建设需要具备以下几个方面的特点。

1. 全面性与系统性

在当今这个快速变革的时代,社会管理与治理面临着前所未有的挑战。从人口老龄化到科技革命,从环境变迁到经济全球化,各种复杂多变的因素交织在一起,对现有的社会治理体系提出了严峻的考验。为了应对这些挑战,必须建立一个既能全面覆盖又能长期适应社会发展变化的制度框架。制度构建需要全面考虑社会治理的各个方面和环节,确保各项制度之间的协调性和一致性,确保不同领域和层级的制度不仅在目标上相互呼应,而且在执行过程中能够无缝对接,避免出现制度碎片化的现象。这意味着,无论是法律、政策还是规章制度,都需要在设计和实施时考虑它们在整个社会治理体系中的位置和作用。同时,制度构建还需要考虑制度的长期发展和社会变迁的影响,保持制度的系统性和可持续性。以应对人口老龄化为例,政府不仅要制定满足当

① 参见宋煜萍:《公众参与社会治理:基础、障碍与对策》,《哲学研究》2014 年第 12 期。

② 参见柳拯、刘东升:《社会参与:中国社会建设的基础力量》,《广东工业大学学报》(社会科学版)2013 年第 2 期。

前老年人需求的养老服务政策，还要考虑到劳动人口结构的变化，从而设计出能够激励生育率提升、鼓励年轻人参与养老事业的长效机制。同样，在推动技术创新时，也要兼顾技术进步对社会就业结构的影响，适时调整教育和培训体系。

2. 公平性与正义性

公平和正义是社会治理体系的基石。公平意味着每个社会成员都能在法律面前享有平等的权利和义务，不受不合理的歧视和偏见的影响。正义则要求社会治理过程中的每一个决策都应当考虑到所有人的利益，避免权力的滥用和社会资源的不公平分配。公平和正义不仅是道德上的要求，更是社会稳定和发展的必要条件。制度构建需要遵循公平和正义的原则，确保各方主体在社会治理中的平等参与和共同决策。这意味着要建立一套全面、科学的法律体系，这套体系应当能够反映社会多元化的需求，兼顾不同群体的利益。例如，立法过程应该透明开放，允许各方利益相关者参与到讨论和决策中来，确保法律的制定既专业又有广泛的社会基础。除了法律制度的完善外，还需要加强社会政策的制定和执行，使之更加符合公平和正义的原则。例如，教育资源的合理分配可以减少社会不平等，提高社会整体的教育水平；而合理的税收和社会福利政策则可以调节贫富差距，增强社会的包容性和凝聚力。

3. 透明性与参与性

制度构建需要保证公开透明，让公众了解制度的内容和运作过程。公开透明是制度获得公众信任的前提。一个将决策过程、运作机制以及执行情况置于公众视野之下的制度，更容易获得人们的尊重和支持。例如，政府预算和公共开支的公开，可以有效遏制腐败现象，提高财政资金的使用效率。而法律制定过程中的公众听证会等措施，也有助于收集社会各界的意见，使制定的法律更加符合公众利益。同时，还需要鼓励公众参与到制度建设中来，提高制度的有效性和可行性。当民众有机会参与到制度的构建和修订过程中时，他们不仅能够提供宝贵的意见和建议，还能帮助决策者更好地理解社会需求，从而提高政策的针对性和可行性。例如,环境保护法的实施过程中,如果能够让受污染地区的居民参与讨论,那么制定出的政策就更能切中问题要害,得到居民的积极响应。同样,城市规划如果能够让市民参与设计,那么最终的规划方案就更能满足居民的实际需要,减少未来可能出现的矛盾和冲突。

4. 适应性与创新性

制度构建需要具备一定的适应性和创新性,能够应对社会变迁和新的挑战。制度的存在是为了提供一个稳定可预测的环境,确保社会秩序,降低交易成本,同时促进公平正义和社会福祉的提升。一个具有适应性的制度能够识别和应对外部环境的变化,无论是面对经济的波动、文化的多样性还是科技的进步。这意味着,制度需要有能力进行自我评估和反思,通过收集信息和反馈来不断调整和完善自身结构和功能。例如,随着互联网和人工智能的发展,相关的法律法规也需要更新以保护个人隐私和数据安全。创新性是推动制度向前发展的关键因素,这就要求制度构建在保持稳定性的同时,也要具备足够的灵活性和创新性,以适应不断变化的社会环境。

(二)公众参与社会治理制度建设存在一定滞后的表现和影响

尽管公众参与的重要性已经得到了广泛的认可,但在现实中,我们仍然面临着制度建设存在一定滞后的问题。这主要表现在以下几个方面。

首先,相关法律法规不够完善。在公众参与社会治理过程中,民主化程度不够高、法治化保障机制不够健全、政府问责机制建设不够完善以及公民素养教育有待提升等因素,往往会导致社会秩序不够稳定、国家治理风险加大。治理风险也是一个法律问题,如果要实现法治中国和社会治理现代化,就更加需要发挥公众参与社会治理的法律调整机制的作用。① 当前,我国关于公众参与社会治理的法律制度还不够完善。虽然宪法和相关法律法规中有公众参与社会治理的表述,但多为原则性规定,缺乏具体的实施细则。这导致公众在实

① 参见贡太雷:《公众参与社会治理与法治中国建设》,《南海法学》2018 年第 3 期。

际参与过程中常常面临无法可依、无章可循的困境。在很多领域，关于公众参与社会治理的法律法规仍然存在着一定的空白和漏洞，这导致了公众参与的合法性和规范性得不到有效的保障。同时，一些法律法规的制定和执行过程中也存在着公众参与不足的问题，这进一步加剧了制度建设滞后的问题。从目前来看，社会建设领域的立法还存在许多不足，如缺乏统一的“行政程序法”“行政问责法”等，影响了公民知情权、参与权、监督权的实现，制约公众参与社会治理的程度。此外，公众参与的程序规定也不够完善，对于公众参与社会治理创新的途径、方式、步骤、权利救济等缺乏明确的规定，严重影响公众参与的具体开展和推行。缺乏制度的有效支撑，社会治理必然只是浮于表面，无法获得深层次的互动和发展。①

其次，公众参与的机制不够完善。虽然在一些领域和地区，我们已经建立了公众参与社会治理的机制，但在实践中，这些机制往往存在着不够畅通、不够透明、参与门槛高、程序复杂等问题。例如公众参与的利益表达机制、协调机制、反馈机制和监督机制等均存在不够完善的地方，导致了公众参与的难度大、成本高，难以真正发挥作用。

再次，信息公开程度不够完善。政府信息公开是公众参与社会治理的重要基础。然而，目前政府信息公开的程度仍然不足，公众难以获取全面、准确、及时的信息。实践中，信息披露存在一定的滞后性，许多关键信息常在决策即将完成或完成后才被公之于众，使公众难以对正在进行中的政策制定提供有效的参与意见或建议。同时，信息可访问性也存在不均等现象。尽管技术的进步为信息传播提供了新途径，但并非所有群体都拥有获取和理解复杂数据资源的能力和工具，这造成了获取信息的不平等。此外，信息的碎片化也是一个现实问题。一些政府部门间信息孤岛现象存在，使得公众在搜集完整信息以形成全面见解时遇到困难。这些都导致一些公众无法有效地了解社会问题

---

① 参见李营：《公众参与制度化：社会治理创新的突破口》，《领导科学》2018 年第 35 期。

的实际情况,也难以对社会治理提出有针对性的意见和建议。

最后,社会信任度不够高。社会信任是社会资本的核心要素,它不仅关乎人与人之间的相互信赖,更涉及民众对公共机构的信任。缺乏信任会导致怀疑与隔阂,进而影响公众参与的积极性与质量。一个信任危机蔓延的社会,其政策执行力度和公民合作意愿都会受到严重影响。因为缺乏信任,公众对政策持怀疑态度,难以积极配合执行。同时,公民的合作意愿也会大幅度下降,导致许多公共项目难以顺利推进。当前,社会信任度不高也是公众参与社会治理的制度障碍之一。这种不信任感会影响公众的参与热情和积极性,进一步阻碍公众参与社会治理的进程。

制度建设存在一定相对滞后的现状对于公众参与社会治理产生了深远的影响。一方面,它限制了公众参与的广度和深度,使得公众难以真正参与到社会治理中;另一方面,它也影响了公众参与的效果和质量,使得公众参与难以发挥应有的作用。因此,我们必须高度重视制度建设滞后的问题,积极探索背后的原因,并采取有效措施加以解决。

(三)公众参与社会治理制度建设相对滞后的原因

1. 传统行政思维的影响

传统行政思维强调政府的主导作用,而忽视公众的参与和意见。这种思维模式下,政府将公众参与视为一种负担和干扰,而不是将其视为社会治理的重要力量。这种思维模式的存在,使得公众参与社会治理的进程受到阻碍。

2. 公众参与能力参差不齐

公众参与社会治理需要具备一定的知识和技能。然而,由于公众的知识背景、社会经验等存在差异,导致公众参与社会治理的能力参差不齐。这使得公众参与的效果和质量受到一定影响,也增加了公众参与社会治理的难度。

3. 社会利益多元化带来的挑战

在利益格局日益多元化的今天,公众参与社会治理面临着前所未有的挑战。不同群体的利益诉求纷繁复杂,公众对于社会治理的诉求也呈现出多样化、复杂化的特点。如何在众多声浪中辨识方向，成为社会治理的目标之一。社会是一个复杂的生态系统，每个个体都是其中不可或缺的一环。当利益变得分散和多样时，传统的治理模式已难以应对新形势的需求。公众必须积极投身于治理过程中，以民主的方式平衡不同利益，确保决策更加科学、公正。这同时也要求政府和社会组织等在实践中更加关注公众的需求和利益，同时也需要公众在参与过程中更加注重理性和协商。然而，如何在多元化利益格局下实现有效沟通和协商，是公众参与社会治理面临的重大挑战之一。

（四）完善公众参与的制度建设

科学的制度是社会治理有序进行的基本保障。推动公众参与社会治理，必须坚持制度先行。① 党的二十大报告指出，要“提升社会治理效能。……畅通和规范群众诉求表达、利益协调、权益保障通道”②。完善公众参与社会治理的制度建设，可以从以下几方面着手。

1. 健全公众参与的利益表达机制

一个健全的利益表达机制，能够确保公众的声音被有效地听取和回应，进而促进社会资源的合理分配、政策的科学制定以及公共利益的最大化。健全公众参与利益表达机制需要遵循公开透明、参与平等、效率与公正等原则。这些原则的实现将有助于提升公众对政治决策过程的信任度和满意度，促进社会的和谐稳定与发展。

首先，增强信息公开度。信息的公开透明是公众参与利益表达机制的基础。为了增强信息公开度，政府应建立完善的信息发布平台，确保公众能够及时获取相关政策、项目、决策等信息。此外，政府还应该定期举办信息公开培训，提升公职人员的信息公开意识和能力。同时，应鼓励媒体、社会组织和个

① 参见张开云、张兴杰：《提高社会治理的公众参与度》，《人民日报》2017 年 8 月 13 日，第 5 版。

② 习近平：《高举中国特色社会主义伟大旗帜　为全面建设社会主义现代化国家而团结奋斗——在中国共产党第二十次全国代表大会上的报告》，人民出版社 2022 年版，第 54 页。

人参与信息收集和发布，形成多元化的信息来源和渠道。为了保障信息的真实性和准确性，应建立严格的信息审核和追责机制，对故意隐瞒、误导或传播虚假信息的行为进行严厉打击。

其次，优化议事规则。为了优化议事规则，政府应建立科学、民主、高效的决策机制，确保公众能够充分表达意见、参与决策。

最后，提升公民意识。公民意识是公众参与利益表达机制的基础。为了提升公民意识，政府应加强公民教育，培养公民的责任感、权利和义务意识。在公民教育中，应注重实践性和互动性，让公民通过参与实践活动、讨论等形式，增强对公民身份和责任的认识。

2. 健全公众参与的利益协调机制

利益协调机制，作为社会公正与和谐的重要保障，其有效性直接关系到公众参与的实际效果和社会的稳定发展。

首先，完善利益协调机制的法律法规。法律法规是保障公众参与和利益协调机制正常运行的基础。因此，政府应进一步完善相关的法律法规，明确公众参与的权利和义务，规范利益协调的过程和结果。同时，要加强法律法规的宣传和执行力度，确保公众的利益得到切实保障。

其次，建立多层次的利益协调平台。这些平台可以包括政府、社会组织、企业和公众等多方参与的形式，如政策听证会、社区议事会、企业恳谈会等。通过这些平台，各方可以充分表达自己的利益诉求，寻求共识，达成共识。

最后，强化政府的服务职能和监管作用。政府在公众参与和利益协调机制中扮演着重要的角色。为了更好地完善这一机制，政府应进一步强化其服务职能和监管作用。在服务方面，政府应提供更多的公共服务，如政策咨询、法律援助等；在监管方面，政府应加强对利益协调过程的监管，确保公平、公正、公开。

3. 完善公众参与的反馈机制

在制度层面，现有的反馈机制为公众提供了多种参与渠道，如问卷调查、民意调查、听证会等。这些渠道在一定程度上使得公众能够参与到政策制定和执行的过程中，对政府行为进行监督，反映自己的诉求和意见。然而，这些渠道在实际运行中的有效性却不尽如人意。例如，问卷调查往往覆盖面有限，难以代表广大公众的意见；听证会则往往流于形式，公众的真实意见难以得到有效传达。

首先，应对现有法律法规进行全面梳理，找出制约公众参与反馈机制发展的法律障碍，并提出相应的修改建议。例如完善行政程序领域的法律法规。

其次，要探索建立独立的公众参与反馈机构，赋予其足够的权力和独立性，确保公众的意见和建议能够得到及时、公正的处理。同时，要制定完善的内部管理和运作机制，确保机构的高效运行。

再次，要推动形成跨部门、跨层级的协作机制，加强政府各部门之间的沟通与协作，形成合力，共同推进公众参与反馈机制的完善与发展。例如，建立跨部门的信息共享平台、联合处理公众反馈意见的机制等。

最后，要充分利用现代信息技术手段，如大数据、云计算、人工智能等，建立高效、便捷的公众参与反馈平台。这个平台应该具备信息发布、意见收集、数据分析、结果反馈等功能，方便公众随时随地参与反馈。要加强数据分析与应用能力。通过对收集到的公众反馈数据进行深度挖掘和分析，发现问题的根源和症结所在，为政府决策提供科学依据。同时，要注重数据的安全性和隐私保护，确保公众的个人信息不被泄露和滥用。

五、政府角色定位不够明确

政府在社会治理中占据着主导地位，没有政府职能和社会治理方式的转变，就不可能有公众参与社会治理的有效空间。[①] 政府作为社会的管理者和服务者，其角色定位直接影响到社会治理的效果。一个清晰、明确的政府角色

① 参见韩占元：《公众参与社会治理：问题与对策》，《大连干部学刊》2015 年第 11 期。

能够帮助政府更加有效地进行资源分配、政策制定和执行，从而提升社会的整体福祉。同时，清晰的政府角色也有助于增强政府的公信力，提高公众对政府的信任和支持。相反，政府角色的模糊则可能导致政策的混乱、资源的浪费以及社会的不满，进而影响社会的稳定和发展。

在传统社会中，政府是社会治理的主要力量，扮演着决策者和执行者的角色。然而，随着社会的进步和民主化进程的加速，公众对于参与社会治理的期望不断增强。这种期望来自于公众对自身权益的认知和对社会责任的承担，也来自于公众对于更加透明、公正和有效的社会治理的期待。

公众参与社会治理的背景还包括信息技术的快速发展。互联网、社交媒体等新型信息技术的普及，使得公众能够更加方便地获取信息、表达意见和参与决策。这种技术背景为公众参与社会治理提供了便利和可能性，也推动了政府角色的转变和职能的创新。

（一）政府在传统社会治理中的角色

1. 政府职能的历史回顾

在漫长的历史进程中，政府在社会治理中扮演着至关重要的角色。古代社会中，政府主要承担着维护社会秩序、保障国家安全、促进经济发展的职能。例如，在古代中国，政府通过设立各种官僚机构来管理国家事务，如税收、法律执行、基础设施建设等。这些职能在很大程度上决定了政府在社会治理中的地位和作用。

随着工业革命和现代化进程的到来，政府职能逐渐扩大，开始涉足更多的领域。在 19—20 世纪早期，政府开始承担起更多的社会福利职能，如教育、医疗、公共卫生等。这一时期，政府的作用逐渐从单纯的管理者转变为服务者，以满足人民日益增长的需求。

到了 20 世纪中后期，随着全球化、信息化和知识经济时代的到来，政府面临着更加复杂的挑战。在这一背景下，政府需要不断调整和优化其职能，以适应不断变化的社会环境。在过去，政府在所谓的“掌控社会”的过程中发挥了重要作用,但现代生活的复杂性有时却使得这样的作用不仅不合时宜,而且是不太可能。①

进入21世纪,全球范围内信息技术革命和社会经济结构的巨大变化,推动政府职能发生深刻转型。在这个以知识和创新为驱动力的时代,传统以行政管理为主的政府职能模式已不再适应时代要求。政府必须从“管理者”转变为“服务者”,以更加高效、透明、参与的方式运作,实现治理能力现代化。在经济全球化的背景下,政府的角色更注重宏观调控,通过制定合理的政策来引导市场健康发展,而非直接干预企业运营。这要求政府具备高度的前瞻性和应变能力,以科学的决策支撑经济的可持续发展。同时,面对复杂多变的国际局势,政府的外交职能进行了调整,强调合作与共赢,推动构建人类命运共同体。社会管理方面,随着人民生活水平的提升和文化素养的增强,民众对于公共服务的要求越来越高。因此,政府需提升公共服务效率,注重质量而不仅是量的增加。此外,环境保护成为不容忽视的议题,政府的环保职责日益加重,需采取积极措施保护生态环境,实现绿色可持续发展。同时,信息技术的发展为政府职能转型提供了有力工具。电子政务的普及让公共服务更加便捷高效,也为政府决策提供了丰富的数据支持。网络问政和在线监督等新型互动方式,使得公民参与政治生活变得更为容易,政府透明度和公信力得到显著提升。

2. 政府作用的传统模式

在传统社会治理中,政府的作用通常表现为一种“统治”或“管理”的模式。政府作为唯一的权力中心,负责决策、执行和监督社会事务。这种模式下,政府拥有高度的权力和权威,对社会事务进行直接干预和管理。

在传统模式中,政府通常采用科层制的管理方式,通过官僚体系来实现对社会事务的管理。科层制具有明确的等级和分工,使得政府能够高效、有序地

① 参见[美]罗伯特·B.丹哈特、珍妮特·V.丹哈特:《新公共服务:服务而非掌舵》,刘俊生译,《中国行政管理》2002年第10期。

处理各种事务。然而，这种管理方式也容易导致官僚主义、权力滥用等问题。

此外，传统模式下政府的作用还表现为对社会事务的全面介入和控制。政府通过制定和执行各种法律法规、政策措施来管理社会事务，确保社会秩序和稳定。然而，这种全面介入和控制也容易导致政府对社会的过度干预和压制，限制社会的自由和创新。

总体而言，政府在传统社会治理中扮演着重要角色，但同时也存在一些问题和挑战。因此，在现代社会治理中，政府需要不断调整和优化其角色定位，以更好地适应社会的变化和发展。

（二）公众参与带来的新挑战

公众参与社会治理是现代社会治理的重要特征之一，但同时也给政府带来了新的挑战。

1. 公众参与的期望与现实的差距

随着公民意识的提高，公众对于参与社会治理的期望也在不断提高。然而，实践中由于制度、机制等方面的原因，公众参与社会治理的程度和效果往往与期望存在差距。这种差距可能导致公众的不满和抵制，给政府带来压力和挑战。

2. 公众参与的秩序问题

公众参与社会治理需要有一个良好的秩序和规则。然而，在实践中，由于公众的利益诉求多元、意见表达方式多样，往往容易出现秩序混乱的情况。这要求政府在进行社会治理时，既要尊重公众的参与权，又要维护社会秩序的稳定。

3. 公众参与的能力建设

公众参与社会治理需要具备一定的能力和素质，如信息获取能力、判断能力、沟通能力等。然而，在实践中，公众的这些能力有时参差不齐，甚至存在一定的不足。这要求政府在进行社会治理时，需要加强公众的能力建设，提高公众的参与水平。

4. 公众参与同政府决策的互动

公众参与社会治理意味着政府与公众之间的互动将更加频繁和复杂。政府需要关注公众的需求和意见，将其纳入决策的过程中。然而，公众的意见往往存在多样性和不确定性，如何合理吸纳和利用这些意见，成为政府决策面临的重要挑战。

综上所述，公众参与给现代社会治理带来了新的特点和挑战。政府需要不断创新治理手段、调整治理策略、提高治理能力，以更好地应对这些挑战，实现有效的社会治理。

（三）现阶段政府的不同角色和职能分析

在社会科学中，政府角色通常指的是政府在社会、经济、政治等多个领域中扮演的功能和作用。理想的政府角色是一个多元化、动态适应和高度负责的实体，其职责涵盖了政策制定、执行、监管、服务等多个方面。政府角色不仅体现了政府的权力结构，也反映了其对社会公共事务的管理和服务能力。随着社会的快速发展和治理模式的转型，政府在社会治理实践中扮演着多种角色，这些角色不仅体现了政府的职能，也反映了公众对政府职能的期望。在当前的社会治理实践中，政府主要扮演了以下几个角色。

1. 引导者角色

政府作为社会治理的引导者，其主要职责是制定和执行相关政策，引导社会朝着有序、和谐的方向发展。这一角色要求政府具备前瞻性和战略性思维，能够准确把握社会发展的趋势和需求，制定出科学合理的政策，引导社会资源和力量朝着有利于社会整体发展的方向流动。

2. 服务者角色

社会治理理念提出以来，政府加速职能转变，将一些公共服务职能让渡于社会力量，积极开展政府购买服务，社会力量得到空前的发展空间，积极参与医疗、教育、环保等领域公共服务，推动了公共服务水平提升，对社会治理产生了积极影响。① 随着服务型政府建设的深入推进，政府逐渐转变为服务者角色。这意味着政府需要更加关注公众的需求和利益，提供更加便捷、高效的服务。例如，在教育、医疗、环保等领域，政府需要加大投入，优化资源配置，提高服务质量，以满足公众的基本需求。

3. 监管者角色

在社会治理中，政府还需要扮演监管者的角色，对社会各领域进行监督和管理，以确保社会秩序和稳定。政府需要加强对市场行为的监管，防止市场失灵带来的负面影响；同时，政府还需要加强对社会组织和公众行为的监管，维护社会公平和正义。

4. 协调者角色

随着社会的多元化和复杂化，各种社会矛盾和问题不断涌现。作为协调者，政府需要积极介入，协调各方面利益，化解社会矛盾。政府需要通过制定和执行相关政策，平衡各方利益，促进社会和谐稳定。

5. 创新者角色

在创新驱动发展的战略背景下，政府需要扮演创新者的角色，推动社会治理模式的创新和发展。政府需要加大对科技创新、文化创新等领域的支持力度，激发社会创新活力；同时，政府还需要不断探索新的治理模式和手段，提高社会治理的效率和水平。

综上所述，当前社会治理实践中政府扮演着多重角色。这些角色既体现了政府的职能和责任，也反映了公众对政府职能的期望和要求。在实践中，政府需要根据具体情况灵活调整角色定位，以适应不断变化的社会环境和公众需求。同时，政府还需要加强与其他社会治理主体的合作与协调，共同推动社会治理的现代化和科学化。

① 参见刘成昆、杨容滔：《公众参与推动了社会治理水平提升吗？——基于省域空间计量模型的实证分析》，《周口师范学院学报》2023 年第 1 期。

(四)公众参与社会治理中政府角色定位不够明确的表现

1. 权力过度集中或分散

政府角色模糊的表现之一便是权力的过度集中或分散。在权力过度集中的情况下,政府决策往往受到少数高层决策者的影响,缺乏广泛的参与和协商。这可能导致决策缺乏透明度、公正性和效率,同时也容易滋生腐败现象,导致社会治理缺乏多样性和灵活性,民众的利益诉求难以得到及时回应。同时,尽管我国市场经济发展取得长足进步,但受传统社会管理模式的惯性影响,一些地方政府可能包揽着大部分的社会管理职能,这不仅容易发生政府管理、服务社会过程中的"越位""错位""缺位"现象,而且国家治权力量在社会矛盾纠纷解决机制中的绝对主导地位,容易使政府直面各种社会矛盾,处于各种矛盾的交汇点、集聚点。①

另一方面,权力过度分散也可能导致政府角色模糊。当权力分散到各个部门和机构时,可能导致职能重叠、政策冲突和决策效率低下。这种情况下,政府在应对社会问题时可能缺乏统一性和协调性,导致社会治理效果不佳。过度分散的政府权力可能导致决策效率低下。在权力分散的情况下,各部门、各级政府之间可能会出现利益分歧,导致在关键问题上难以达成共识。例如,我国在推进长江经济带发展的过程中,涉及多个省份、部门的利益协调,如果权力过于分散,可能会影响政策的顺利实施。过度分散的权力还可能削弱政府的执行力。政府需要具备一定的权威性和执行力,才能有效地维护社会稳定、推动经济发展。如果权力过于分散,可能导致政府在执行过程中受到各种制约,影响政策的落实。此外,过度分散的权力可能导致资源分配不均。在权力分散的情况下,各地区、各部门之间的资源分配可能出现失衡,影响整体社会的公平正义。例如,我国在教育资源配置上,需要保证各地区、各阶层人民都能享有公平的教育机会,如果权力过于分散,可能会导致资源分配不均,影响教育公平。

---

① 参见邓少君:《公众参与社会治理:理论逻辑及现实路径》,《法治社会》2018 年第 1 期。

2. 职能定位不明晰

政府角色模糊的另一个表现是职能定位不明晰。一个清晰明确的政府职能不仅关系到政策的执行效率，更影响着社会的稳定和经济的发展。然而，现实中我们常常会遇到由于政府职能定位不明晰所带来的种种困境和挑战。这主要体现在政府对自身在社会治理中的角色和职责缺乏清晰的认识和界定。在这种情况下，政府可能陷入“什么都管，又什么都不管”的困境，既难以有效履行其社会治理职能，又容易导致资源的浪费和滥用。首先，政府职能的不明确往往会导致行政效率低下。当政府部门之间的职责重叠或缺乏协调时，决策过程会变得冗长而复杂，进而影响政策实施的时效性和有效性。此外，职能的不明晰还可能造成资源的浪费，因为不同部门可能会在同一事项上重复投入，或者在责任不明确的情况下相互推诿。其次，政府职能的不明确还会影响公众对政府的信任。民众期望政府能够提供高效、透明的服务，而当政府无法清晰地界定各自的职责范围时，这种服务的连贯性和可预测性就会大打折扣。长此以往，这种情况会损害政府的公信力，甚至可能导致社会不满情绪的累积。

职能定位不明的原因多种多样，既可能源于政府内部的机制问题，如部门间沟通协调不畅、职责划分模糊等；也可能源于外部环境的变化，如社会经济的快速发展、利益关系的日益复杂等。无论何种原因，职能定位不明都会给社会治理带来严重的挑战。例如，在某些转型国家中，由于政府职能定位不明，往往导致政策执行不力、社会问题频发，严重影响社会稳定和发展。

3. 政策执行不一致

政府角色模糊还表现在政策执行的不一致性上。这主要体现在政府在制定和实施政策时缺乏连续性和稳定性，导致政策效果难以预测和评估。政策执行不一致的原因可能包括政府内部的权力斗争、利益博弈以及外部环境的快速变化等。

政策执行不一致给社会治理带来的负面影响是显而易见的。一方面，它可能导致社会公众对政府的不信任感增强，降低政府的社会认可度；另一方面，它也可能引发社会矛盾和冲突，破坏社会稳定与和谐。例如，在某些发达国家中，虽然政府政策制定过程相对完善，但由于利益集团的影响和政策执行过程中的不确定性，往往导致政策执行效果不佳，甚至出现政策反复的情况。

（五）公众参与社会治理中政府角色不够明确的影响

1. 政策效率下降

政府角色的模糊性会直接导致政策制定和执行过程中的效率低下。当政府角色的定位不清晰时，政策和决策过程可能变得复杂和冗长，因为不同的政府部门和官员可能会为了各自的利益而争论不休，难以形成共识。此外，政策执行过程中的监督和评估也会受到影响，因为责任主体不明确，导致监督和评估的标准和程序混乱。这种政策效率的低下不仅浪费了大量的行政资源，而且可能导致政策效果的滞后或失效，对社会发展和民生改善产生负面影响。

2. 公众信任度下降

政府角色的模糊性会降低公众对政府的信任度。公众对政府的信任是建立在政府能够明确、有效地履行其职能的基础上的。当政府角色模糊时，公众可能会感到政府的工作不透明、不负责任，从而导致对政府的不信任。这种不信任不仅会影响政府的形象和声誉，而且可能引发公众对政府决策的抵制和不满，进而影响政府的执行力和稳定性。

3. 社会秩序混乱

政府角色的模糊性还可能引发社会秩序的混乱。政府是社会秩序的维护者和保障者，当政府角色模糊时，其维护社会秩序的能力可能会受到质疑和挑战。在这种情况下，社会可能会出现各种不稳定因素，如社会冲突、群体性事件等，这些都会对社会秩序产生负面影响。此外，政府角色的模糊性还可能导致政府在社会治理中的不作为或乱作为，进一步加剧社会秩序的混乱。

（六）政府角色定位的新理念

社会治理创新的一个重要内容就是，强化基层民主自治、壮大社会自治组织、培育发展公民社会,在国家治权与社会矛盾之间构建缓冲地带,设置中间隔离层,以弱化社会矛盾对制度的抵抗。① 在公众参与社会治理的背景下,政府角色的重新定位首先需要更新其角色定位的理念。传统的政府角色往往侧重于管理和控制,但在现代社会治理中,政府需要转变为更加开放、透明和协作的角色。这意味着政府需要更加积极地与公众互动,倾听公众的意见和建议,以及回应公众的需求和关切。

新的政府角色定位应强调以下几点理念。

1. 以公众参与为核心

政府应加快政府职能转变、责任界限明晰,激发社会组织、企业和公众的参与热情,提高公众参与能力,并建立相应的平台和载体,逐渐形成政府和社会的良性互动。② 政府需要认识到公众是社会治理的重要组成部分,而不是单纯的被管理者。政府需要创造机会和平台,让公众能够参与到社会治理中来,发挥他们的智慧和力量。

2. 透明度和公开性

政府需要增加决策的透明度和公开性,让公众了解政府的工作和决策过程。这不仅有助于建立公众的信任,也有助于提高政府行政的效率和效果。

3. 协作和合作

政府应树立新型执政观,学会适当放权,将一些社会治理职能向公众及社会组织转移,扩大公众参与的空间,形成政府与民间社会共建共治的良好格局。③ 因此,要摆正政府角色,建立合作与互动的机制。多元社会治理是一个互动的过程,治理主体之间是相互协作的关系。“善治有赖于公民自愿的合

---

① 参见季建林、戚小倩:《十“重”十“轻”:当前我国社会管理和创新建设中的误区》,《天津行政学院学报》2011 年第 6 期。

② 参见胡薇:《“全民参与”的中山模式与中国语境下的社会治理》,《理论探讨》2017 年第 2 期。

③ 参见陆萍:《社会治理视野下公民政治社会化的路径研究》,《中共合肥市委党校学报》2017 年第 4 期。

作和对权威的自觉认同，没有公民的积极参与和合作，至多只有善政，而不会有善治。”①政府需要与其他社会组织和公众建立紧密的协作和合作关系，共同应对社会治理中的挑战。政府需要学会倾听和尊重其他社会组织和公众的意见，共同推动社会治理的进程。

4. 创新和灵活性

面对快速变化的社会环境和公众需求，传统的政府治理模式已经难以适应当前社会环境。过去那种自上而下、条块分割的管理方式，不仅效率低下，而且难以触及社会的每一个角落。因此，政府需要转变思路，采用更加开放、协同和灵活的方式来应对挑战。这意味着政府需要不断尝试新的治理方式和方法，以适应不断变化的社会需求。创新主要体现在政策制定的过程中。政策的制定应当是一个包容和透明的过程，充分听取各方意见，尤其是那些直接受政策影响的群体。通过利用大数据分析和人工智能等现代技术手段，政府可以更准确地把握社会脉动，预见未来的发展趋势，从而制定出更为精准和前瞻性的政策。灵活性体现在对新兴事物的接纳和监管上。随着诸如共享经济、数字货币等新事物的出现，政府不仅要有快速的应变能力，还要有制定合理规则的智慧。政府需要简化流程，提高决策和执行的效率。同时，通过建立跨部门的协作机制，打破信息孤岛，实现资源共享和优势互补，可以更有效地应对复杂多变的社会问题。

六、社会组织发展不够充分

社会组织作为社会治理的重要参与者，其发展水平对于社会治理的效果具有重要影响。然而，现实中社会组织的发展并不充分，这在一定程度上制约了社会治理的效能。

（一）社会组织的作用

社会组织在现代社会治理中扮演着举足轻重的角色。它们不仅是政府与

① 俞可平：《治理与善治》，社会科学文献出版社2000年版，第326页。

公众之间的桥梁和纽带，还是社会资源的整合者和分配者，以及社会问题的解决者和创新者。

首先，社会组织能够协助政府进行社会治理，提供多元化的公共服务。政府通过社会组织可以更好地了解公众需求，实现政策的有效执行和反馈。同时，社会组织还能够提供政府难以覆盖的公共服务，满足公众的多样化需求。

其次，社会组织在社会资源整合和分配方面发挥着重要作用。它们能够汇集各方面的资源，通过项目运作、慈善捐赠等方式，将资源输送到社会的各个角落，特别是那些政府和市场难以覆盖的领域。

此外，社会组织还是社会问题的解决者和创新者。它们能够针对社会问题提出切实可行的解决方案，推动社会进步和发展。同时，社会组织还能够推动社会创新，为社会发展提供新的动力和思路。

（二）当前社会组织发展不够充分的表现

1. 结构问题

社会组织发展不充分的一个显著表现是结构问题。在理想的状态下，社会组织应该具备清晰、高效的组织结构，以便更好地完成其使命和目标。然而，在现实中，许多社会组织却面临着结构不合理、管理机制不完善等问题。

首先，一些社会组织的内部结构过于复杂，导致决策效率低下。在一些大型社会组织中，层级过多、部门间沟通不畅等问题屡见不鲜。这种复杂的结构不仅影响了组织内部的决策效率，也限制了组织对外界变化的反应速度。

其次，社会组织在管理机制方面也存在不足。例如，一些组织缺乏有效的激励机制和问责机制，导致员工积极性不高、工作效率低下。此外，一些组织在人才选拔和晋升方面存在不够公平、不够透明的问题，严重影响了组织的凝聚力和向心力。

最后，社会组织在决策机制方面也存在一些问题。一些组织在决策过程中缺乏民主、透明和科学的原则，导致决策结果不合理、不可持续。这不仅损害了组织的声誉和形象，也影响了组织的长期发展。

2. 功能缺失

除了结构问题外，社会组织发展不够充分的另一个表现是功能缺失。社会组织的核心功能是服务社会和公众，然而在实际操作中，一些社会组织却未能充分发挥其作用。

首先，一些社会组织在服务项目和服务质量方面存在不足。例如，一些组织提供的服务项目与公众需求不匹配，导致公众对组织的满意度不高。同时，一些组织在服务过程中存在敷衍塞责、服务质量低下等问题，严重影响了组织的公信力和影响力。

其次，一些社会组织在参与社会治理方面存在不足。社会治理是一个复杂而庞大的系统工程，需要各方共同参与和协作。然而，一些社会组织在参与社会治理时缺乏主动性和积极性，导致其在社会治理中的作用有限。

此外，一些组织在参与社会治理时缺乏专业能力和经验，难以发挥实质性作用。部分社会组织独立性不强、草根社会组织缺乏公众信任和社会认同。①

3. 资源获取困难

资源获取困难也是社会组织发展不充分的一个重要表现。社会组织的运作和发展需要一定的资源支持，包括资金、人才、技术等方面。然而，在实际操作中，许多社会组织却面临着资源获取困难的问题。

首先，一些社会组织在资金来源方面存在不足。由于社会组织通常不具备盈利性质，因此其资金来源相对有限。一些组织在筹集资金时缺乏有效的渠道和策略，导致资金匮乏、运营困难。

其次，一些社会组织在人才储备方面存在不足。社会组织的发展需要高素质、专业化的人才支持。然而，由于一些组织在人才选拔和培养方面存在不足，导致人才流失、人才短缺等问题频发。

最后，一些社会组织在技术运用方面存在不足。随着信息技术的快速发

① 参见何满雄：《新常态下公众参与社会治理研究》，中共广东省委党校硕士学位论文2015年，第5页。

展,社会组织在运营和管理方面也需要不断更新和升级。然而,一些组织在技术运用方面缺乏必要的投入和支持,导致运营效率低下、服务质量不佳等问题。

(三)社会组织发展不充分对公众参与社会治理的影响

1. 影响公众参与度

社会组织作为社会治理的重要参与者,其发展状况直接影响着公众的参与度。当社会组织发展不充分时,其在社会治理中的作用受到限制,从而影响到公众的参与程度。首先,发展不充分的社会组织往往缺乏足够的资源和能力,难以为公众提供有效的参与平台和渠道。这使得公众难以有效参与到社会治理中来,降低了其参与的热情和积极性。其次,社会组织发展不充分还可能导致其在公众中的信任度降低。公众对于社会组织的信任是参与社会治理的重要基础,当社会组织不能充分发挥作用时,公众对其的信任度自然会下降,进而影响到其参与社会治理的意愿和行动。

为了更具体地理解社会组织发展不充分对公众参与度的影响,我们可以对比一些发展较好的社会组织与发展不充分的社会组织。在那些发展较好的社会组织中,公众参与度往往较高,社会治理效果也更好。这些社会组织通常拥有充足的资源、完善的组织结构和较强的社会影响力,能够为公众提供多样化的参与机会和渠道。而在发展不充分的社会组织中,公众参与度的低下往往导致了社会治理的相对滞后和不够完善。因此,加强社会组织的发展,提高其参与社会治理的能力,是提升公众参与度、优化社会治理的重要途径。

2. 影响公众参与效果

参与效果是评估公众参与社会治理质量的重要指标。社会组织作为公众参与的主要载体,其发展状况直接影响到公众的参与效果。当社会组织发展不充分时,其参与社会治理的能力受限,可能导致参与效果的下降。这主要表现在以下几个方面。

首先,社会组织发展不充分可能导致其在参与社会治理过程中缺乏针对性和实效性。社会组织应当具备深入了解社会问题、制定有效解决方案的能力。然而,当其发展不充分时,这些能力可能受到削弱,使得公众参与社会治理的效果大打折扣。

其次,社会组织发展不充分可能影响到其与政府、企业等其他社会治理主体的协作效果。在理想情况下,社会组织应当能够与这些主体形成有效的合作机制,共同推动社会治理的进步。然而,当社会组织发展不充分时,其协作能力可能受限,导致合作效果不佳。

3. 影响社会治理质量

社会组织作为社会治理的重要力量,其发展状况对于社会治理质量具有显著影响。当社会组织发展不充分时,其参与社会治理的能力受到限制,可能导致社会治理质量的下降。具体来说,社会组织发展不充分对社会治理质量的影响主要体现在以下几个方面。

首先,社会组织发展不充分可能导致社会治理的效率和效果降低。社会组织通过其独特的组织结构和运作方式,能够为社会治理提供新的思路和方法。然而,当社会组织发展不充分时,其参与社会治理的能力受限,可能导致社会治理的效率和效果降低。

其次,社会组织发展不充分可能影响到社会治理的公正性和公平性。社会组织应当能够代表不同群体的利益和需求,为社会治理提供多元化的视角和方案。然而,当社会组织发展不充分时,其代表性可能受限,导致社会治理的公正性和公平性受到影响。

最后,社会组织发展不充分可能影响到社会治理的稳定性和可持续性。社会组织通过其独特的社会动员和资源整合能力,能够为社会治理提供稳定的社会基础和可持续的发展动力。然而,当社会组织发展不充分时,这些能力可能受限,导致社会治理的稳定性和可持续性受到威胁。

七、社会情绪引导不够有力

在现代社会治理中，我们常常强调法律制度的完善、政策措施的精准，以及科技手段的创新。然而，在这些硬性治理工具之外，还有一股柔软而强大的力量，那就是社会情绪。社会情绪是无形的，然而它就像发酵剂，能快速将人气聚焦形成合力，引发从“微内容”到舆论风暴的演变。[①] 社会情绪引导不仅影响着公众的心理和行为模式，更是影响社会稳定与和谐的重要因素。

（一）社会情绪的定义和特征

社会情绪，简而言之，是指在一定社会背景下，广大民众对于特定事件或现象所持有的集体情感反应。例如，当一个社会事件引发广泛关注时，人们会通过各种渠道表达自己的观点和感受，形成一种社会共鸣，这种共鸣就是社会情绪的一种体现。它并非简单的个人情绪累加，而是一种在社会互动中逐渐形成、蔓延并影响个体和集体行为的心理状态。社会情绪具有鲜明的时代性、群体性和感染性，能够迅速在社交媒体等现代化信息传播工具中扩散，形成强大的社会影响力。

社会情绪的特征体现在其多样性、复杂性和动态性上。多样性指的是社会情绪涵盖的范围广泛，包括喜怒哀乐、信任与怀疑、满意与不满意等多种情感。复杂性则体现在社会情绪受多种因素影响，如经济发展、政策调整、社会事件等，这些因素相互作用，使得社会情绪的变化难以预测。动态性则是指社会情绪不是一成不变的，它会随着时间和环境的变化而发生变化，有时甚至会出现急剧的转变。

本书研究的社会情绪引导，则是对这种情绪的识别、理解和管理过程。其目的在于通过有效的沟通和管理策略，将负面情绪转化为积极能量，维护社会

---

① 参见赵红艳、吴珩：《微政治时代社会情绪传播与引导》，《青年记者》2020 年第 35 期。

秩序，促进社会和谐。这需要政府部门、社会组织、媒体等多方共同努力，运用心理学、社会学等学科知识，采取科学的方法和手段进行。

（二）社会情绪引导在社会治理中的作用

1. 预防化解矛盾冲突

社会情绪是指在一定时期内，广大民众对于某一社会现象、事件或政策所产生的集体情感反应。这种情感可能是积极的，如对科技进步带来的生活便捷感到欢欣；也可能是消极的，比如因就业困难而产生的普遍焦虑。无论是积极的还是消极的社会情绪，都是民众对社会现实的直接反馈，它们蕴含着民意的诉求和期待，是对社会治理状况的真实映射。

然而，社会情绪并不总是显而易见的。它们可能隐藏在日常琐事的背后，或是以微妙的方式体现在公众话语中。这就要求政府及其相关部门具备敏锐的洞察力和高度的责任感，通过各种渠道收集民意，分析民众的真实感受。这不仅包括传统的民意调查和媒体报道，也包括社交媒体、网络论坛等新兴平台的大数据分析。随着微博、微信、微视频等自媒体平台的兴起，重塑了中国社会权力格局，每一个拥有技术通道的网民都成为新型政治责任主体，通过发帖、评论、转载等方式参与政治议题。传统政治生活的宏大叙事主题逐渐碎片化与日常化，一个全新的"微政治"时代到来。[①] 通过对这些数据的深入挖掘和科学解读，可以更准确地把握社会情绪的脉动。社会情绪是民众内心不满和社会问题的第一信号。及时捕捉并正确解读这些信号，可以帮助政府及时发现问题并采取措施，防止小问题积累成大矛盾。

2. 增强政策的接受度和效果

在现代社会，政策的出台往往是一项复杂的系统工程，它不仅涉及法律、经济、社会等多个层面，更直接关联民众的日常生活。一项政策的实施，无论其出发点多么崇高，目标多么明确，总会遇到来自社会各界的不同声音。这些

① 参见左广兵：《媒介传播时态下的"微政治"：基本认知与中国语境》，《行政与法》2012年第9期。

声音中，有理解，有支持，也有疑虑和反对。因此，如何通过有效的社会情绪引导，沟通政策意图，减少误解，增加民众的支持度和配合度，成为了政策制定者和执行者必须面对的重要课题。

3. 塑造积极的社会风尚

从历史的角度看，正面的社会情绪一直是推动社会发展和进步的重要力量。它不仅能够激励人们积极参与社会活动，还能够促进正能量的传播，尤其在抗击重大灾害时更是如此。在灾难面前，人们往往会感到恐惧、焦虑和无助。然而，正是在这些时刻，积极的情绪如同一束光，照亮了前行的道路。它能够鼓舞人心，让人们看到希望，从而更加坚定地参与到救援和重建工作中去。正面情绪的传播，能够迅速凝聚人心，形成强大的集体力量，这是任何物质资源都无法比拟的。

4. 稳定预期，维护社会秩序

社会情绪是群体心理活动的一种表现，它能够在短时间内迅速传播并影响大众行为。当经济出现波动，比如股市大跌、货币贬值或失业率上升时，公众可能会产生恐慌、焦虑和不安，这些负面情绪会在人群中迅速蔓延。同样，在政治领域内的重大变化，如政权更迭、政策改革等，也可能引起人们对于未来的不确定性担忧。这种担忧有时会演变为对现有制度的质疑，甚至可能激发社会不稳定因素。通过合理的引导和有效的沟通，可以在很大程度上缓解这些负面情绪的影响。政府、媒体以及社会组织在这一过程中扮演着至关重要的角色。它们需要以透明和负责任的态度，提供准确的信息，解释复杂现象背后的原因和机制，以及展示应对措施和未来规划，从而帮助公众构建起理性和客观的认知框架。

（三）社会治理中社会情绪引导面临的挑战

尽管社会情绪引导在社会治理中具有重要意义，但在实践中却面临着诸多挑战。

1. 信息失真问题

在信息传播过程中，由于各种原因导致信息失真、扭曲甚至误导公众的情况屡见不鲜。当今社会，信息传播的速度和范围都达到了前所未有的水平。互联网、社交媒体和24小时不间断的新闻周期使得信息几乎可以瞬间传遍全球。然而，这种快速传播的特性也带来了一系列问题，尤其是信息失真、扭曲甚至误导公众的问题。这些问题不仅影响了公众对事件或现象的正确认知，也给社会情绪引导带来了困难。

信息失真并非偶然现象，而是有其深刻的根源。在信息爆炸的时代，人们对信息的需求远远超过了对准确信息的需求。这导致了一种"快餐式"的信息消费模式，即人们更倾向于迅速获取信息而非深入验证。这种消费习惯为不准确或有偏见的信息提供了滋生的土壤。同时，一些媒体为了追求点击率和关注度，不惜采用夸张甚至虚假的标题和内容，进一步加剧了信息的失真。此外，公众个体的认知偏差也是导致信息失真的重要因素。人们在接收信息时往往会受到自己的信念、价值观和预期的影响，选择性地接受与自己观点相符的信息，而忽视或否定与之相反的信息。这种确认偏误不仅使得个人难以获得全面客观的认识，也可能在信息的传播过程中造成信息的扭曲。

2. 情绪操控风险

个别利益集团或个体为了自身利益，可能会故意制造或放大某种情绪，以操控公众的行为和决策。这种情绪操控行为不仅扰乱了社会秩序，也对社会情绪引导的有效性构成了威胁。例如，在竞争激烈的市场环境中，一些企业为了推广产品或服务，往往会利用公众的情绪反应来设计营销策略。他们可能通过夸大产品的功效、渲染使用场景的情感色彩，或是通过社交媒体的大规模宣传来制造一种"跟风"效应。这些策略在一定程度上确实能够吸引消费者的注意力，甚至影响他们的购买决策。然而，当这种情绪操控超越了合理范围，变成了误导消费者、操纵市场的工具时，其负面影响便开始显现。当个体的决策受到外部情绪的强烈影响时，他们的理性判断能力可能会受到削弱，从而作出不符合自身最佳利益的选择。例如,一些恐慌性营销手段可能会让人们在不充分了解情况的前提下,盲目跟从大众行为,最终导致资源的浪费或个人利益的损害。

3. 公共讨论限制问题

在当今信息爆炸的时代,公共讨论无疑成为了社会意见表达和交流的重要场所。随着互联网和社交媒体的普及,每个人都有可能成为信息的发布者和传播者。在这样的背景下,政府对于公共讨论的管理便显得尤为重要,尤其是在某些敏感或紧急的情况下,对言论的限制可能会被作为一种手段来防止社会不稳定或群体性事件的发生。从积极的角度来看,适当的公共讨论限制可以作为维护社会秩序的临时工具。例如,在自然灾害、公共卫生危机或国家安全受威胁的紧急时刻,确保准确信息的传播至关重要,错误的信息可能导致恐慌和混乱,甚至危及人们的生命安全。在这种情况下,政府有义务介入,确保公众接收到的信息是经过验证且有助于应对危机的。过度或不透明的限制措施很容易被视为对公民基本自由的侵犯,尤其是在没有充分解释限制原因和范围的情况下。这种不透明的操作不仅可能引起公众的猜疑和不信任,还可能加剧社会紧张,导致原本试图避免的社会冲突反而因此爆发。

综上所述,社会情绪引导在社会治理中面临着信息失真、情绪操控风险以及公共讨论限制等多重挑战。为了应对这些挑战,需要不断完善社会情绪引导的机制和方法,提高引导的效果和影响力。同时,也需要加强公众的信息素养和媒介素养教育,提高公众对社会情绪的认知和应对能力。

(四)社会情绪引导不够有力对社会治理的负面影响

1. 影响社会治理效能

社会情绪引导在社会治理中的缺陷与不足,首先体现在对治理效能的负面影响上。有效的情绪引导能够提升公众对社会政策的认知和支持,进而促进政策的顺利实施。然而,当情绪引导出现问题时,不仅会降低政策的接受度,还可能引发公众的不满和抵制,从而阻碍治理目标的实现。例如,信息失真可能导致公众对政策产生误解，进而影响政策的执行效果；情绪操控风险则可能破坏公众的信任，导致政策难以得到有效执行。这些问题都会在一定程度上降低社会治理的效能，使得社会问题得不到有效解决。负面社会情绪疏导不及时，日久天长就会变成社会的"堰塞湖"，即"结构性怨恨"。这种"结构性怨恨"经过长期淤积、发酵、沉淀，会转化为社会化激情的土壤，易形成舆论波澜，甚至会兴起舆论风暴。①

2. 影响社会稳定和谐

社会情绪引导也会对社会稳定产生深远影响。社会稳定是一个国家发展的基础，而公众的情绪状态则是社会稳定的重要影响因素。当社会情绪引导出现问题时，可能会导致公众情绪的波动和失控，进而引发社会矛盾和冲突。例如，公共讨论限制可能会剥夺公众的言论自由，从而激发公众的不满和抗议；情绪操控则可能加剧社会矛盾，导致社会的不和谐与不稳定。这些影响都可能对社会稳定构成一定的威胁，影响社会的正常秩序和发展。

3. 限制公民参与的效果

社会情绪引导的问题还可能对公民参与产生限制效果。公民参与是社会治理的重要组成部分，它能够增强公众对社会政策的认同感和归属感，提升社会治理的效能。然而，当社会情绪引导出现问题时，可能会限制公民的参与热情和积极性。例如，信息失真可能导致公民对参与社会治理产生疑虑和担忧；情绪操控则可能使公民在参与过程中感到被操纵和利用。这些限制效果都可能降低公民参与社会治理的意愿和动力，影响社会治理的民主性和有效性。

综上所述，社会情绪引导在社会治理中的缺陷与不足不仅会对治理效能产生负面影响，还会对社会稳定和公民参与产生限制效果。因此，我们必须重视社会情绪引导的问题，积极寻求解决之道，以提升社会治理的效能和民主性，维护社会的稳定和发展。

① 参见张涛甫：《当前舆论治理的瓶颈和突破路径》，《新闻与写作》2018 年第 6 期。

第三节　我国公众参与社会治理的制约因素

随着人民生活水平的提升和民主意识的觉醒，公众对于参与社会治理的需求和期望日益增强。然而，尽管我们一直倡导"共建共治共享"的社会治理理念，推进公众参与的过程仍然遭遇了不少制约因素。这些障碍不仅限制了公众参与的广度和深度，也成为了影响社会治理创新及其效能提升的瓶颈。要实现真正的社会共治，我们亟须正视并突破这些障碍，以释放社会治理中的公众力量。

一、制度因素

制度是社会治理的基石，它规定了公众参与的方式、渠道和效果。公众参与社会治理的制度壁垒表现为多个方面，这些壁垒不仅限制了公众参与的深度和广度，也影响了社会治理的效率和效果。当前，公众参与在制度层面存在的问题主要表现在以下几个方面：

（一）公众参与的法律制度不够健全

"在法治基础上推进社会治理，有利于合理调整各种社会关系，平衡各种利益关系，促使全社会共享改革发展成果，保障社会成员既充分享有权利、依法行使权利，又能够切实履行各自应尽的法律义务，推动构建良好的社会秩序。"①公众参与法律制度不仅是现代社会民主化进程的体现，也是推进法治建设、提高法治水平的重要途径。尽管我国宪法和相关法律对公众参与社会治理有所规定，但具体的实施细则和程序性规定还不够完善，导致公众在参与过程中面临一定法律障碍。

---

① 李坤轩：《法治政府理论热点与实践进路研究》，人民出版社 2023 年版，第 9 页。

1. 公众参与同法律制度的关联

二者之间存在密切的关联，相辅相成，共同构成了现代社会治理的基石。公众参与法律制度，既是民主原则的具体体现，也是法治原则的重要要求。

首先，公众参与是民主原则的核心要素。民主的本质就是人民当家作主，而公众参与则是实现这一目标的重要手段。在法治建设中，公众参与不仅能够体现人民的意志和利益，还能够促进决策的民主化和科学化，提高法治的公正性和权威性。

其次，公众参与也是法治原则的重要要求。法治原则强调法律的至上性和权威性，而公众参与则是保障法律实施和监督法律运行的重要力量。公众参与能够促进法律的有效实施，提高法律的公信力和执行力，同时也能够监督和制约权力的运行，防止权力的滥用和腐败。

最后，公众参与同法律制度相互促进、共同发展。一方面，法律制度的完善为公众参与提供了更加广阔的平台和更加有力的保障；另一方面，公众参与的广泛深入也推动了法律制度的不断完善和创新。因此，深入研究公众参与同法律制度的关联性，对于推进我国的法治建设具有重大的理论和实践意义。

2. 法治原则对公众参与社会治理的促进

法治原则作为现代政治文明的核心价值之一，对公众参与提供了重要的支持和保障。公众参与不仅是民主理论的要求，更是法治原则在实践中的具体体现。

首先，法治原则要求法律面前人人平等。这意味着无论公民的社会地位、财富状况如何，都有平等的权利和义务参与到法治制度的完善过程中。法治原则通过保障公民的平等参与权，为公众参与提供了公平的环境和机会。

其次，法治原则强调权力的制约和平衡。在法治社会中，政府的权力受到法律的严格限制和约束。公众参与法律制度的完善，可以对政府权力的行使进行监督和制约，防止权力的滥用和腐败。这种制约和平衡的机制，为公众参与提供了有效的途径和手段。

此外,法治原则还注重程序的正当性。公众参与法律制度的完善,必须遵循一定的程序和规则。这些程序和规则保证了公众参与的合法性和有效性,防止参与的混乱和无序。同时,正当的程序还能够增强公众对法律制度的信任和认同感。

最后,法治原则鼓励公民通过法律途径解决纠纷和争议。公众参与法律制度的完善,不仅可以通过提出意见和建议来影响政策的制定和实施,还可以通过法律途径来维护自己的合法权益。这为公众参与提供了实质性的支持和保障。

3. 现有法律框架的规定与限制

公众参与作为一种民主实践,其法律框架涉及多个层面和领域。在我国,宪法作为根本大法,明确规定了公民的基本权利和义务,为公众参与提供了根本性的法律依据。然而,具体到公众参与的实践层面,还需依赖于其他相关法律法规的细化规定。

目前,我国公众参与的法律框架主要由《宪法》《环境保护法》《城乡规划法》《政府信息公开条例》等构成。这些法律法规在一定程度上保障了公众的知情权、参与权和监督权,为公众参与提供了法律保障。例如,《环境保护法》规定了公众参与环境保护的权利和义务,明确了公众在环境影响评价、环境保护规划等过程中的参与地位和程序。

然而,现有法律框架在公众参与方面的规定和限制也存在一些问题。首先,一些法律法规对公众参与的规定过于笼统和模糊,缺乏具体的操作性和可执行性。这导致公众在实际参与过程中难以准确把握自己的权利和义务,也难以有效维护自己的合法权益。例如,《突发事件应对法》第六、十一条中规定了社会力量参与救援,基本做到了有法可依,但是仅仅是从社会动员角度号召公民参与。第六条规定:"国家建立有效的社会动员机制,增强全民的公共安全和防范风险的意识,提高全社会的避险救助能力",是以义务形式规定公民参与;第十一条规定:"公民、法人和其他组织有义务参与突发事件应对工作”,则从动员的角度规定公众参与,缺乏制度性的操作规范。以这种社会动员的模式规定公众参与,使公众参与危机治理陷入合法性危机,其有效性也受到社会的普遍质疑。① 其次,一些法律法规对公众参与设置了过高的门槛和限制,如参与资格的限制、参与方式的限制等,这在一定程度上限制了公众参与的广泛性和深入性。

4. 法律框架的不足与矛盾之处

尽管现有法律框架在一定程度上为公众参与提供了保障,但仍然存在一些不足和矛盾之处。首先,不同法律法规之间在公众参与方面的规定存在不一致甚至冲突的情况。这导致公众在参与过程中可能会面临多重标准和要求,难以有效行使自己的参与权利。其次,一些法律法规的制定和实施过程中缺乏公众参与和协商的机制,导致公众的利益诉求难以得到充分反映和体现。这在一定程度上削弱了公众参与的积极性和有效性。

此外,现有法律框架在应对新型公众参与形式时也显得捉襟见肘。随着网络技术的快速发展,公众参与的形式和手段也在不断更新和变化。然而,现有法律框架往往难以适应这些新型参与形式的需求和发展趋势,导致公众在参与过程中可能面临法律空白和法律风险的困境。

5. 公众参与社会治理过程中可能遇到的法律障碍

在实施公众参与的过程中,可能会遇到一些法律障碍,这些障碍不仅影响公众参与的积极性和效果,还可能导致公众参与的实践受到阻碍。

(1)法律条款的不明确

公众参与社会治理的法律障碍首先体现在法律条款的不明确上。现有的法律法规往往未能详细界定公众参与的具体方式、范围以及相应的权利义务,导致公众在实际参与过程中缺乏明确的指引和保障。例如,在一些地方,虽然法律上规定了公众参与的权利,但对于如何行使这些权利、参与的具体途径和

① 参见高斌:《公众参与社会治理的路径选择和政策激励》,《世纪桥》2018 年第 10 期。

步骤却缺乏具体的规定,使得公众在参与时感到困惑和迷茫。

此外,法律不明确还表现在对公众参与社会治理的定位不明确。目前,公众参与社会治理主要依赖的是地方政府的规范性文件和政策性文件,这些文件往往缺乏法律上的强制力和稳定性,导致公众参与的法律地位得不到有效的保障。这种法律定位的不明确性,不仅影响了公众参与的积极性和有效性,也增加了社会治理的不确定性和风险性。

(2)法律执行存在一定难度

公众参与社会治理的法律障碍还体现在法律执行的难度上。由于公众参与社会治理涉及多个部门和领域,需要各部门之间的协同配合和共同努力。然而,在实际执行过程中,往往存在部门之间职责不够清晰、信息不够通畅等问题,导致法律执行难度较大。此外,一些地方政府在执行公众参与社会治理的相关法律时,由于缺乏有效的监督和制约机制,容易出现执行不力、执行偏差等问题,使得公众参与的法律效果大打折扣。

同时,公众参与社会治理的法律执行还面临着一些实际困难。例如,一些地区的公众参与意识不强,参与能力有限,导致法律执行的效果不佳。此外,一些公众参与的方式和渠道不够畅通,也增加了法律执行的难度。

(3)法律适用问题

公众参与社会治理的法律障碍还体现在法律适用的问题上。由于公众参与社会治理涉及的领域广泛、情况复杂,导致在实际操作中有时难以找到完全适用的法律依据。一些现行的法律法规在公众参与社会治理方面的规定过于笼统和模糊,缺乏具体的操作性和可执行性。这使得在实际操作中,往往需要根据具体情况进行法律解释和适用,增加了法律适用的难度和不确定性。

另外,由于公众参与社会治理的方式和途径多种多样,不同的参与方式可能涉及不同的法律法规和政策规定。这使得在实际操作中,需要根据具体的参与方式和情况来选择合适的法律依据和规定,进一步增加了法律适用的复杂性。

(4)法律救济不完善

当公众在参与过程中遇到不公正待遇或权益受损时,他们往往需要寻求法律救济。然而,在某些情况下,法律救济的缺失可能会使公众感到无助和失望。这可能是由于相关法律制度的不完善,也可能是由于司法实践中存在的问题。无论是哪种情况,都会影响到公众对于参与公众活动的信心和热情。

(二)公众参与的政策和决策不够透明

1. 政策和决策透明度的重要性

政策和决策在社会发展中具有重要意义。它是国家、地区或组织在面对复杂多变的社会问题时,通过分析和综合考量,制定出合理的行动方案的过程。有效的政策和决策不仅能够推动社会经济的稳步发展,还能够保障人民群众的切身利益,促进社会的公平与和谐。政策和决策的透明度是指政策制定、执行和评估过程中,公众能够获取、理解和评估政策信息的程度。这包括政策文件、相关数据、决策过程和决策结果的公开。透明度的实现依赖于多个方面,包括政府信息公开的法规、媒体对政策报道的自由度以及公众参与的机会和渠道。政策和决策的透明度对政策有效性具有显著影响。它有助于增强公众对政策的理解和接受度。当公众能够充分了解政策的背景、目的和预期效果时,他们更有可能支持政策的实施,从而提高政策的执行效率和社会效果。

2. 公众参与政策和决策不够透明的主要表现

首先,政策和决策的过程有时不够透明。在一些情况下,公众无法了解到真实的决策过程。这种情况下,公众参与的效果就会大打折扣,甚至可能产生误导。

其次,政策和决策的结果有时不够公开。在一些情况下,政策和决策的结果可能只对一部分人公开,而大部分公众可能并不清楚决策的具体内容和结果。这种情况下,公众的知情权和参与权就无法得到有效的保障。

最后,公众参与的方式和渠道有时也不够透明。一些公众可能不知道如何参与政策和决策，或者无法找到合适的参与方式。这种情况下，公众参与的广度和深度就会受到限制。

（三）公众参与的社会监督机制不够完善

社会监督作为民主社会中不可或缺的一环，对于维护社会秩序、保障公民权益以及推动社会公正具有至关重要的作用。社会监督不仅涉及对政府行为的监督，还包括对企业、非政府组织以及个人行为的监督。一个健康的社会监督机制能够促进信息公开透明，防止权力滥用，增强公民的社会责任感，从而构建一个公正、公平、和谐的社会环境。在全球化、信息化的大背景下，社会监督的重要性更加凸显。

1. 社会监督机制的方式

在现行的社会监督机制中，多种监督方式并存，包括政府内部监督、媒体监督、社会组织和公民个体的监督等。这些监督方式在一定程度上构成了我国社会监督的体系。

政府内部监督方面，我国设立了监察机关、审计机关等专门的监督机构，负责对行政机关和公务员的行政行为进行监督。此外，各级人民代表大会及其常务委员会也承担着对政府工作进行监督的职责。

媒体监督在当今社会发挥着越来越重要的作用。媒体舆论对行政行为的监督作用具有独特的优越性，一方面，媒体反映着公众对行政行为的反应，有利于公共管理人员全方位掌握决策信息，对规范行政行为，公平公正开展行政行为起到重要作用；另一方面，通过舆论的监督公众可以很容易地进入监督主体角色，简单易行地唤醒公众监督意识，有效保证了权力在阳光下运行。在有些西方国家，媒体是被誉为与立法、行政、司法三大权力并立的第四种监督权力。① 作为公众利益代言人，专业支持和智力优势使媒体具备治理的意愿和

① 参见郭时旺：《公众参与社会治理路径研究——以福州市为例》，福建农林大学硕士学位论文 2015 年，第 51 页。

能力。同时，媒体具备信息中介、公共议程设置能力。① 新闻媒体、社交媒体等多元化的信息传播平台，使得舆论监督的力度不断增强。媒体通过报道、评论、调查等多种形式，揭露社会问题，引导公众关注，进而推动问题的解决。

社会组织和公民个体的监督则通过提出建议、参与听证、举报违法行为等方式实现。随着公民权利意识的提升，越来越多的公民开始参与到社会监督中来，发挥了越来越重要的作用。

2. 社会监督机制存在的问题与不足

一是监督碎片化问题。不同监督主体之间缺乏有效的协调机制，导致监督资源分散，监督效果难以最大化。例如，政府内部监督、媒体监督、社会组织和公民个体监督之间缺乏沟通与合作，没有形成合力。

二是监督手段单一化问题。目前的社会监督机制主要依赖于传统的监督手段，如信访、举报等，这些手段在一定程度上能够满足监督需求，但效率较低，且容易受到人为因素的干扰。同时，随着科技的发展，新的监督手段如大数据分析、网络舆情监测等尚未得到充分应用。

三是监督时效性不足。一些监督主体在发现问题后，处理问题的速度较慢，导致问题得不到及时解决，损害了社会监督的有效性。此外，一些监督主体还存在对问题视而不见、敷衍了事的现象，严重影响了社会监督的权威性。

四是监督能力参差不齐。不同监督主体的监督能力存在差异，一些监督主体由于缺乏专业知识、技能或资源支持，难以有效地履行监督职责。同时，一些监督主体还存在滥用监督权力、侵犯公民合法权益的现象。因此，尽管大众媒体在环境治理中的功能和价值毋庸置疑，但仍需注意科学控制自媒体的舆情走势。另外要谨防“媒体腐败”，防止企业操纵媒体以获取额外收益。②

① 参见华智亚：《风险沟通与风险型环境群体性事件的应对》，《人文杂志》2014 年第 5 期。

② 参见才国伟、邵志浩、徐信忠：《企业和媒体存在合谋行为吗？——来自中国上市公司媒体报道的间接证据》，《管理世界》2015 年第 7 期。

二、文化因素

文化是影响公众参与社会治理的重要因素之一。在中国传统文化中,强调的是集体主义和权威主义,这在一定程度上限制了公众的主体性和参与意识。长期封建主义思想传统在我国民众心理上积淀成了“权威崇拜”“清官思想”“与世无争”等复杂的政治意识。① 一方面,精英政治理论有着较为广阔的社会基础,不少民众习惯于尽量远离政治,而精英阶层则谋求“修身齐家治国平天下”,精英政治意识铸成了一些人的附庸意识和卑微心理,表现在政治上即普遍的非参与倾向。另一方面,“与世无争”的政治哲学渗透到民众心灵深处则扼杀了政治责任感和历史使命感,最终遏制了公民主体意识的生成。从总体上看,“顺从型”的公民在我国目前的政治生活中仍然占了很大比例,民众对自身公民角色的认知程度还比较低,一般民众缺乏参与政府行政决策的意识,政治能力感和效应感相对贫弱,尤其是在心灵深处还潜藏着不少保守和僵化的政治准则和政治情感,这些都成为公众参与政治生活和社会治理的桎梏。②

(一)传统的官本位思想影响了公众的参与意识

1. 官本位思想的核心内容

邓小平同志在反思中国法制传统时曾说过:“旧中国留给我们的,封建专制传统比较多,民主法制传统很少。”③官本位思想,作为一种历史悠久的政治文化观念,其核心在于将官职和权力作为衡量个人价值和社会地位的主要标准。这种思想强调官员的地位和权力,使得官员在社会生活中占据中心和主导地位。在这种思想的影响下,人们往往将获取官职和权力视为人生的主要

---

① 参见邓伟志:《变革社会中的政治稳定》,上海人民出版社 1998 年版,第 137 页。

② 参见赵刚印:《公众参与的应然与实然——增强公众参与社会治理有效性的路径选择》,《理论探讨》2006 年第 3 期。

③ 《邓小平文选(1975—1982)》,人民出版社 1983 年版,第 292 页。

追求，将权力视为实现个人利益和价值的工具。

官本位思想的核心内容可以概括为以下几个方面：首先，它认为官职是人生的最高追求，将权力和地位视为人生价值的唯一体现。其次，它强调官员的特权和尊严，认为官员应该享有高于普通民众的特权和待遇。最后，它倡导服从和尊重权威，要求民众对官员的绝对服从和尊重。

2. 官本位思想的演变

官本位思想在我国历史中源远流长，其演变过程与社会的政治、经济、文化发展紧密相连。从古代的封建王朝到现代的社会主义建设，官本位思想在不同的历史阶段呈现出不同的特点和影响。

在封建王朝时期，官本位思想主要表现为“学而优则仕”的观念。当时，读书做官被认为是人生的最高追求，官员享有极高的社会地位和特权。这种思想在科举制度中得到充分体现，科举考试成为选拔官员的主要途径。在这一时期，官本位思想对社会的影响是深远的，它促进了社会的稳定和文化的繁荣，但同时也导致了官僚主义的盛行和权力的滥用。

进入近代以后，随着社会的变革和西方思想的传入，官本位思想开始受到挑战。辛亥革命推翻了封建王朝，建立了中华民国，提出了一系列民主政治的理念。然而，在实际政治运作中，官本位思想仍然根深蒂固。抗战时期和解放战争时期，中国共产党领导人民进行了艰苦卓绝的斗争，推翻了官僚资本主义的统治，建立了新中国。在这一历史进程中，官本位思想受到了巨大的冲击和削弱。

新中国成立后，我国开始了社会主义建设的新时期。在这一时期，官本位思想虽然得到了一定程度的抑制，但在实际政治生活中仍然有所体现。改革开放以来，随着市场经济的发展和民主政治的推进，官本位思想逐渐受到批判和反思。党和政府提出了一系列加强民主政治建设、推进反腐倡廉的措施，以遏制官本位思想的滋生和蔓延。

3. 官本位思想在当代社会的表现形式

在当代社会,官本位思想虽然自五四运动以来受到了民主思想的冲击和限制,但仍然在一定程度上存在并影响着社会。

首先,在公务员制度和干部选拔上,官本位思想仍然存在一定的影响。一些地方和部门在选拔干部时,有时过于注重官员的职务级别和权力大小,而忽视了其实际能力和工作表现。

其次,在公众参与和政治决策上,官本位思想也在一定程度上限制了民众的有效参与。在一些地方和部门,官员们将自身利益和权力置于公众利益之上,忽视了民众的意见和需求。官本位思想强调政府的主导地位,影响了公众的参与意识。“大政府”容易养成个体从属于社会的心理惯性,公众遇事找政府的依赖心强,长期将自己置于社会责任之外。① 一些公众往往认为政府是治理的主体,自己只是被动的接受者,缺乏主动参与社会治理的意识和动力,并且容易导致政府部门对公众参与的忽视或者轻视。这种思想在一定程度上制约了公众参与机制的发展和完善,导致公众参与机制的形同虚设,削弱了民众对政治决策的信任和支持。

最后,在社会价值观上,官本位思想也产生了一定的负面影响。一些人将权力和地位视为衡量个人价值和社会地位的唯一标准,忽视了其他方面的价值和贡献。这种价值观的扭曲不仅导致了社会的不公平和不平等,也阻碍了社会的健康发展和进步。

4. 官本位思想对公众参与的制约

首先,官本位思想限制公民意识。官本位思想强调官员的地位和权力,使得公众在潜意识中认为官员是社会的主导者,而自身则处于被动服从的地位。这种思想导致公民意识受到压制,人们缺乏参与公共事务的主动性和积极性。在官本位思想的影响下,公民往往对政治权力持有敬畏之心,认为政治是官员

---

① 参见周文翠、于景志:《新时代公众参与社会治理的推进路径》,《学术交流》2023 年第 2 期。

的专属领域，自己难以涉足。这种心态限制了公民对政治的认知和了解，使得公民意识难以形成。同时，官本位思想还导致公众对公共事务的冷漠和忽视，认为与自己无关，从而进一步削弱了公民意识。此外，官本位思想还通过一系列的制度设计和安排来限制公民意识。例如，在一些地方，公众参与公共事务的渠道不够通畅，公民的意见和建议难以得到重视和回应。这种制度安排使得公众感到自己的参与无法产生实质性的影响，从而进一步抑制了公民意识的发展。

其次，官本位思想抑制公众表达的方式。在官本位思想的支配下，有时公众的表达受到一定程度的限制和约束。政府官员在处理公共事务时，采用行政命令和强制手段，忽视公众的意愿和诉求。同时，官本位思想还导致公众在表达时缺乏自由和安全感。公众害怕自己的表达会引起官员的不满或反感，从而遭受打压或报复。这种心理压力使得公众在表达时变得谨小慎微，甚至选择沉默不语。此外，官本位思想还通过媒体审查和舆论控制来抑制公众的表达。在一些地方，公众的意见和声音难以通过媒体传播出去，这些都在一定程度上限制了公众的表达自由，使得公众参与公共事务的难度加大。

最后，官本位思想影响社会动员的途径。社会动员是公众参与公共事务的重要手段之一，但在官本位思想的束缚下，社会动员的途径受到严重的限制。官本位思想导致一些公众对社会动员的认识不足，认为社会动员是政府和组织的责任，与自己无关。这种心态限制了他们对社会动员的参与和支持。官本位思想还通过法律和政策来限制社会动员的途径。在一些地方，政府对社会组织的注册和管理进行严格的控制，使得社会组织的发展受到限制。同时，政府还对社会动员活动进行审查和限制，使得社会动员难以发挥作用。此外，官本位思想还导致对社会动员的不信任。在官本位思想的支配下，他们认为政府和组织的社会动员活动是为了维护自身利益而进行的，而非真正为了公众利益。这种不信任限制了社会动员的效果和影响力。

（二）公众的文化素质和教育水平的影响

1. 文化素质对公众参与的影响

文化素质作为个体对文化知识的掌握和理解程度，深刻影响着公众参与社会活动的态度。

首先，较高的文化素质能够增强个体的社会责任感，激发其对公共事务的关注和参与。对于具有较高文化素质的公众而言，他们往往拥有更广泛的知识面和更深入的洞察力，能够更全面、更准确地理解社会问题，从而更加积极地参与到社会活动中来。他们对于社会事务的理解不仅局限于个人利益，更能够从宏观的角度看待问题，理解个人行为与社会整体的关联。对于文化素质较低的公众而言，他们在参与社会活动时可能表现出更多的被动性和盲目性。由于缺乏足够的文化知识和信息处理能力，他们可能更加依赖于他人的意见和决策，缺乏独立思考和判断的能力。同时，他们可能更容易受到不实信息或误导性信息的影响，导致参与行为的盲目性和不理性。

其次，文化素质的提升也意味着公众对于信息的获取、理解和处理能力增强。在高度信息化的社会中，公众参与社会事务需要具备一定的信息处理能力，而文化素质的提升正是这种能力的基础。具备较高文化素质的公众，能够更好地理解政策信息，更加准确地判断信息的真伪和价值，从而更加理性、负责任地参与到社会活动中。

最后，文化素质还通过影响公众的审美观、价值观和道德观，进一步塑造其参与社会活动的态度。具有较高文化素质的公众，往往更加注重社会公正、和谐和进步，他们更加倾向于以积极的态度参与到社会活动中，为推动社会进步贡献力量。

2. 教育水平对公众参与的影响

教育水平作为个体发展的重要因素，对公众参与度具有显著影响。不同教育水平的群体在公众参与方面表现出明显的差异。一般来说，教育水平较高的群体往往具有更高的公众参与度。

随着教育水平的提高，个体的知识储备、认知能力、价值观等都会发生变化，从而影响其参与社会活动的意愿和能力。教育不仅提供了参与所需的知识和技能，还培养了批判性思维和社会责任感，这些因素都有助于个体更好地参与社会生活。

一般而言，接受过高等教育的群体通常表现出更广泛的参与范围和更深度的参与程度。他们可能更关注社会问题，积极参与政策讨论，更愿意通过投票、志愿服务等方式参与公共事务。而教育水平较低的群体可能由于缺乏必要的知识和技能，对公共事务的关注度和参与度相对较低。

3. 教育与文化素质的协同效应

公众参与本质上既是一种政治文化，也是一种社会交往的方式。“动之以情”是社会治理的重要手段。① 教育水平与文化素质在影响公众参与度时，往往呈现出一种协同效应。这意味着，随着个体在教育水平和文化素质上的提升，他们的公众参与度也可能相应地提高。这种协同效应源于教育和文化素质的相互促进关系。

首先，教育水平的提高有助于增强个体的文化素养。通过系统的学习和教育，个体能够接触到更广泛的知识领域、培养批判性思维，提升审美能力和文化素养。这些素养的提升使得个体在参与社会活动时，能够更深入地理解问题，更准确地表达观点，从而更有效地参与公共事务。

其次，文化素质的提升又能够反作用于教育，促进教育的深化和扩展。文化素质高的个体往往对学习有着更强烈的兴趣和需求，他们更可能主动寻求教育机会，拓展自己的知识领域。这种对教育的积极态度和行为，又能够进一步提升他们的教育水平，形成教育与文化素质之间的良性循环。

因此，在教育水平与文化素质的共同作用下，公众参与度得以提升。这种协同效应不仅体现在个体层面，也体现在社会层面。当越来越多的个体通过

---

① 参见陈成文、赵杏梓：《社会治理：一个概念的社会学考评及其意义》，《湖南师范大学社会科学学报》2014 年第 5 期。

教育和文化素质的提升，积极参与到社会活动中时，社会的民主化进程和公民社会的建设也将得到推动。

三、经济因素

社会治理是一个多层次、多维度、动态而复杂的概念，涉及社会公共事务的组织、管理、调节和决策过程。它不仅关乎社会的安定与和谐，更是影响着一个国家经济持续、健康发展的基石。在现代社会，公众因经济、政治、文化等方面的差异而分化为不同的社会阶层。社会阶层属性强调公众的社会经济地位，例如收入、受教育水平、职业等方面。① 公众参与不仅需要理论支撑，还必须有经济基础。② 在现代社会中，社会治理的重要性日益凸显，因为它在很大程度上决定了公共资源的配置效率、社会的公正性，以及政府、市场和社会组织之间的互动效果。良好的社会治理体系可以有效化解社会矛盾，促进社会进步，维护社会稳定，为经济发展提供有力的支撑。

（一）经济因素影响公众参与社会治理的程度

传统社会公众是不参与社会治理的，而现代社会公众是参与社会治理的，经济水平愈高，参与水平也愈高。③ 经济因素是影响公众参与社会治理程度的重要因素之一。公民参与政治活动和社会治理的强度与一个国家的经济社会发育程度密切相关，因为"权利决不能超出社会的经济结构以及由经济结构制约的社会的文化发展"④。公众的经济状况不仅决定了其参与社会治理的物质基础，还影响其参与社会治理的意愿和能力。例如，收入水平的高低直接影响公众参与社会治理的时间和精力投入；就业状况的好坏关系到公众的

---

① 参见陈丽君、胡晓慧、顾昕：《社会流动感知和预期如何影响居民幸福感？——公共服务满意度的中介作用和社会公平感的调节作用》，《公共行政评论》2022 年第 1 期。

② 参见宋煜萍：《公众参与社会治理：基础、障碍与对策》，《哲学研究》2014 年第 12 期。

③ 参见［美］塞缪尔·亨廷顿、琼·纳尔逊：《难以抉择——发展中国家的政治参与》，汪晓寿等译，华夏出版社 1989 年版，第 46 页。

④ 《马克思恩格斯全集》第 25 卷，人民出版社 2001 年版，第 19 页。

社会地位和参与社会治理的机会；而经济发展阶段的不同则决定了社会治理的模式和公众参与的方式。

具体来说，经济发展水平较高的地区，往往拥有更加完善的社会治理体系和更高的公众参与程度。这是因为经济发展水平高，意味着社会资源丰富，公共服务体系健全，公众的生活水平较高，从而有更多的时间和精力参与到社会治理中来。同时，经济发展水平高也意味着社会的开放度和包容性较强，公众的政治参与意识较强，更加愿意参与到社会治理中来。

相反，在经济发展水平较低的地区，由于社会资源的有限性和公共服务体系的不完善，公众的生活水平较低，参与社会治理的物质基础相对薄弱。此外，经济发展水平低也可能导致社会的封闭性和排他性较强，公众的政治参与意识较弱，从而影响到公众参与社会治理的程度。

（二）经济因素对公众参与社会治理的影响机制

马克思主义认为，经济基础决定上层建筑，社会治理作为上层建筑的一部分，必然受到经济基础的制约。"高水平的政治参与总是与更高水平的发展相伴随，而且社会和经济更发达的社会，也趋向于赋予政治参与更高的价值。"①经济发展水平直接决定公众参与社会治理的内容、层次和条件。因此，经济因素是影响社会治理参与度的决定性因素。经济因素对公众社会治理的影响机制主要体现在以下几个方面：

第一，收入水平。公众参与社会治理的程度并非均衡分布，而是受到诸多因素的影响，其中最为显著的莫过于个人的收入水平。收入水平的高低不仅直接关系到一个人的基本生活品质，还在很大程度上决定了他们参与社会治理的机会、意愿以及方式。收入水平是影响公众参与社会治理的重要因素之一。收入水平往往决定了个人的教育机会和质量。教育是提升公民意识、增强政治和社会参与能力的重要途径。那些受教育程度较高的个体，通常能够

① ［美］塞缪尔·亨廷顿、琼·纳尔逊：《难以抉择——发展中国家的政治参与》，汪晓寿等译，华夏出版社1989年版，第102页。

更好地理解复杂的社会问题，拥有更强的批判性思维能力，从而更可能积极参与到社会治理中来。相反，低收入群体往往因为教育机会的匮乏，而难以形成足够的参与意识和能力。经济条件在一定程度上影响了人们的闲暇时间，这是参与社区活动或公共事务讨论的必要条件。较高收入群体通常拥有更多的自由支配时间，可以参与各类社会活动、志愿服务或是政治运动；而较低收入者往往需要投入大量时间进行工作，以满足基本生计的需求，这无疑限制了他们在社会参与方面的空间。然而，收入水平并不是决定公众参与程度的唯一因素。社会文化背景、政治环境、个人经历等都扮演着不可忽视的角色。例如，在一些社会主义国家，即使低收入群体也享有通过工会、社区组织等渠道表达意见和参与决策的权利。在民主体制更为成熟的社会中，政策制定者可能更注重于吸纳广泛的意见，包括低收入群体的声音。

第二，就业状况。就业状况直接关系到个人的经济基础和社会身份。稳定的就业不仅为个人提供了经济来源，保障了基本生活需求，还能够增强个人的自信心和社会地位。这种经济基础和心理满足感是公众参与社会治理的物质和精神前提。相反，失业或就业不稳定的人群往往被生计所迫，无暇顾及社会公共事务，更难以承担起参与社会治理的责任和义务；就业质量也对公众参与社会治理产生深远影响。高质量的就业意味着良好的工作环境、合理的工作时间和体面的收入水平，这些都有助于提高个人的幸福感和满足感，从而激发其参与社会治理的积极性。相反，低质量的就业往往伴随着恶劣的工作条件和低廉的薪酬，这不仅消耗了个人的时间和精力，还可能引发社会不满和抗议行为，影响社会的和谐稳定；就业类型也是影响公众参与社会治理的一个重要因素。例如，自由职业者和灵活就业者拥有更多的时间和自主权，他们更有可能关注和参与到社会治理中来。而传统行业的从业者，由于工作性质和企业制度的约束，可能在参与社会治理方面存在一定的局限性。

第三，经济发展水平。经济发展水平是影响社会治理参与度的宏观因素。经济是社会发展的基础。一个国家的经济发展水平直接关系到其居民的生活质量和幸福感。随着经济的持续增长，人民的物质生活水平得到提升，基本生存需求得到满足后，公众开始追求更高层次的精神文化生活和更加公平、公正的社会环境。这种转变使得公众对于社会治理的需求和期望也随之提高。他们不再满足于被动接受管理和服务，而是希望能够主动参与到社会治理中来，以实现自身利益的有效表达和维护；经济发展水平的提高，带来了教育水平的普遍提升。受过良好教育的公众，具备了更强的社会责任感和公共事务处理能力。他们能够理性地分析社会问题，提出建设性的意见和解决方案。这样的公众群体是社会治理不可或缺的参与者。他们通过参与社区事务、公共政策的讨论和制定、志愿服务等多种形式，为社会治理注入了活力和创新；此外，经济发展促进了信息技术的进步和应用，这对于公众参与社会治理具有重要意义。互联网和移动通信技术的普及，打破了信息传播的地域和时间限制，使得公众可以随时随地获取社会动态，参与到在线讨论和决策过程中。这种技术的赋能作用，极大地增强了公众的参与意识和能力，使得社会治理变得更加透明和高效。

第三章 公众参与社会治理的实践模式

社会治理,作为现代社会管理的重要组成部分,其重要性不容忽视。社会治理突破了将政府看作是社会治理唯一主体的传统观点,有效容纳了社会各方参与,体现了共同参与、共同承担责任的改革取向。[①] 一个高效、公正、民主的社会治理体系,能够确保社会的稳定与和谐,保障人民的合法权益,推动社会经济的持续健康发展。社会治理是推动社会进步和发展的重要力量,通过创新社会治理模式,可以激发社会活力,促进社会公平与正义,推动社会经济的持续健康发展。良好的社会治理实践不仅能够维护社会秩序、提升公共安全,还能促进经济的可持续发展和人民福祉的提升。然而,由于文化背景、社会结构和发展阶段的差异,不同国家和地区在社会治理上采取了不同的实践模式。研究公众参与社会治理的实践模式具有重要的现实意义,有助于我们发现现有治理模式的不足和局限性,推动社会治理模式的创新和改革。

第一节 政府主导下的公众参与模式

政府在社会治理中扮演着举足轻重的角色。作为公共利益的代表,政府负有维护社会秩序、保障公众权益、促进经济社会发展的职责。政府主导的社

① 参见王锡锌:《参与失衡与管制俘获的解决:分散利益组织化》,《广东行政学院学报》2008 年第 6 期。

会治理模式强调的是政府在决策、规划、执行和监管等环节的主导作用。在这一模式下，政府通过制定和实施政策、提供公共服务和引导社会发展方向，发挥着核心的领导和组织功能。政府主导不仅体现了政府的权威和责任，也是确保社会秩序、公正和稳定的重要手段。政府主导理论的依据在于政府拥有公共权力、资源和信息优势，能够通过集中决策和统一行动，快速而有效地应对社会问题和挑战。在复杂多变的社会环境中，政府的主导作用能够减少社会资源的浪费和冲突，提高社会治理的效率和效果。

一、政府与公众的关系

（一）政府与公众管理的理论基础

1. 社会契约理论

在探讨人类文明和社会秩序的根基时，我们不可避免地会触及一个历史悠久的概念——社会契约。这一理念源自于对自然界“自然状态”的人类生活的想象，它主张人们在某种形式上放弃了他们的某些自由，以换取更有保障和有组织的共同生活。这一概念最早可以追溯到古希腊哲学家，如柏拉图和亚里士多德。但它真正得到充分发展是在启蒙时期的欧洲，尤其是通过霍布斯、洛克和卢梭等思想家的著作。霍布斯描述了一个悲观的自然状态，其中的生活是孤独、贫困、卑鄙、野蛮且短暂的，而人们为了避免这种状态，同意赋予一个拥有绝对权力的君主来维持秩序。相比之下，洛克则认为人们在自然状态下拥有一定的基本权利，包括生命权、自由权和财产权，他们将这些权利部分转让给政府以保护自己免受侵害。卢梭的观点更为激进，他相信人们生来自由平等，社会契约的目的是创建一个共同体，在这个共同体内每个人都能通过普遍的意志行使主权。

社会契约理论是探讨政府与公众关系的重要理论基础之一。该理论主张，政府与公众之间的关系建立在一种隐性的、普遍接受的契约之上。在这种契约中，公众通过让渡部分权利给政府，期望政府能够代表公众利益，维护社会秩序,提供公共服务。政府则负有责任和义务,按照公众的意愿和利益来行使权力,确保公众的权益不受侵犯。

社会契约理论的核心观点在于,政府与公众之间的关系是一种相互依赖、相互制约的关系。政府需要公众的授权和支持才能存在和运作,而公众则需要政府来保障其权益和提供必要的公共服务。这种契约关系的稳定性和持久性,取决于政府与公众之间的信任和理解。

在现代社会中,社会契约理论仍然具有重要的指导意义。政府与公众之间的关系不是简单的统治与被统治的关系,而是一种基于契约和信任的合作关系。政府应该尊重公众的意愿和利益,确保政策的制定和执行符合公众的期望和需要。同时,公众也应该积极参与政治生活,通过合法的渠道表达自己的意见和需求,监督政府的行为,确保政府的权力不被滥用。

2. 公共选择理论

公共选择理论是经济学和政治学的交叉学科,它以经济学的方法来分析政治决策过程,特别是政府与公众之间的关系。公共选择理论强调个体在选择公共政策和制度时的自主性,以及政府在制定和实施公共政策时应该遵循的经济原则。

根据公共选择理论,政府并不是一个简单的公共利益的代表者,而是由具有不同利益诉求的个体组成的政治机构。政治决策过程是一个复杂的博弈过程,各种利益集团通过政治手段来争取自己的利益。因此,公共选择理论主张通过市场机制、投票机制等制度设计来确保公共政策的公正性和效率性。

公共选择理论对于政府与公众关系的理解具有重要意义。政治决策过程并不是一个简单的公共利益最大化过程,而是各种利益集团之间的博弈过程。因此,公众应该积极参与政治生活,通过投票、游说等方式来表达自己的利益诉求,影响政治决策过程。同时,政府也应该尊重公众的自主性和选择权,确保政策的制定和实施符合公众的意愿和利益。

3. 公众参与理论

公众参与理论是探讨政府与公众关系的又一个重要理论基础。它强调公众在政治生活中的积极参与和主动性，认为公众的参与是民主政治的核心要素。公众参与理论主张，政府应该为公众提供参与政治生活的机会和平台，激发公众的参与热情，提高公众的政治素质和责任感。

公众参与理论认为，公众的积极参与可以促进政府的决策更加民主、科学和公正。公众通过参与政治生活，可以了解政策的制定过程和执行情况，提出自己的意见和建议，监督政府的行为，确保政府的权力不被滥用。同时，公众的参与也可以增强政府的合法性和公信力，提高政府的治理效能。

在现代社会中，公众参与理论具有重要的实践意义。它鼓励公众积极参与政治生活，通过合法的渠道表达自己的利益诉求和意见建议。政府也应该为公众参与政治生活提供便利和支持，推动公众参与的政治化和制度化。通过公众与政府的良性互动，可以建立更加和谐、稳定和繁荣的社会。

（二）政府与公众关系的演变

1. 传统君主制时期

在传统君主制时期，政府与公众的关系主要体现为权力的高度集中和严格的等级制度。君主作为国家的最高统治者，拥有绝对权威，而公众则处于相对弱势的地位。在这种体制下，政府决策往往由君主或少数贵族掌控，公众对政治事务的参与有限。

政府与公众的沟通渠道有限，主要通过官方公告、宫廷传令等方式传达信息。这些沟通方式缺乏透明度，公众难以了解政府的决策过程和意图。此外，公众对政府决策的影响力微弱，往往只能通过示威、请愿等方式表达不满。

在这种情况下，政府与公众的关系呈现出明显的单向性，即政府主导、公众服从。这种关系模式导致了公众对政府的不信任和疏远感，为后来的社会变革和民主化进程奠定了基础。

2. 现代民主制时期

随着现代社会的发展，民主制度逐渐成为主流政治体制。现代民主制强调公众权利、政治参与和权力制衡，对政府与公众关系产生了深远的影响。

首先，现代民主制赋予了公众更多的政治权利和参与机会。通过选举、投票等方式，公众能够直接参与政治决策过程，表达自己的利益诉求。政府则需要关注公众的意见和需求，制定更加符合民意的政策。

其次，现代民主制促进了政府与公众的双向沟通。政府信息公开、媒体监督等机制使得政府决策过程更加透明，公众能够更加全面地了解政府的工作和决策。同时，公众也可以通过各种渠道表达意见、提出建议，与政府进行互动。

最后，现代民主制强化了政府对公众的责任和义务。政府需要为公众提供高质量的公共服务，保障公众的基本权利和自由。公众则有权监督政府的行为，要求政府履行职责、改进工作。

（三）当前政府与公众关系的现状

1. 政策制定过程中的公众参与

当前，公众参与政策制定的过程已经成为衡量政府与公众关系的重要指标之一。公众通过不同的渠道和方式，积极参与到政策的制定过程中，对政策的出台和实施产生了深远影响。

首先，公众可以通过民意调查、公众投票、听证会等方式直接参与政策制定。这些方式使得公众能够直接表达自己的意见和诉求，使得政策更加符合公众的期望和需求。例如，在一些重大政策的制定过程中，政府会提前公布政策草案，并通过网络、媒体等渠道广泛征求公众的意见和建议。这种方式不仅提高了政策的透明度，也增强了公众对政策的认同感和满意度。

其次，公众还可以通过利益团体、社会组织等渠道间接参与政策制定。这些团体和组织通常具有一定的代表性和影响力，能够通过与政府部门的协商和谈判，为公众争取更多的利益。例如，在环境保护、教育改革等领域，一些非营利组织和民间团体经常与政府合作，共同推动相关政策的出台和实施。

然而，尽管公众参与政策制定的机会和方式越来越多，但在实际过程中仍然存在一些问题和挑战。一方面，公众参与的广度和深度仍然有限，尤其是在一些敏感和复杂的政策领域，公众往往难以获得充分的信息和参与机会。另一方面，公众参与的质量和水平也有待提高。一些公众在参与政策制定时缺乏专业知识和经验，难以提出具有建设性和可行性的意见和建议。

针对这些问题和挑战，政府需要采取积极措施来加强公众参与政策制定的力度和效果。例如，政府可以进一步完善民意调查、听证会等公众参与机制，提高公众的参与率和影响力；同时，政府还可以加强对公众的政策宣传和教育，提高公众的政策素养和参与度。

2. 公共反馈机制下的公众参与

公共反馈机制是政府与公众之间沟通的重要桥梁，它使得公众能够及时反馈对政策的意见和建议，政府则能够据此进行调整和改进。公共反馈机制的有效运作对于改善政府与公众关系至关重要。

在现代社会中，公共反馈机制的形式多种多样，包括民意调查、公众投票、社交媒体互动等。这些机制为公众提供了表达意见的渠道，同时也为政府提供了获取公众意见和需求的途径。政府通过收集和分析这些反馈信息，可以更好地了解公众的需求和期望，从而制定出更加符合公众利益的政策。

然而，公共反馈机制的实际效果往往受到多种因素的影响。一方面，反馈渠道的畅通与否直接影响着公众是否能够顺利表达自己的意见。如果反馈渠道不够畅通或者存在一些阻碍，公众的意见就可能无法及时传达给政府，导致政策制定过程中的信息失真和偏差。另一方面，政府对反馈信息的处理和回应也是影响公共反馈机制效果的重要因素。如果政府对于公众的反馈置若罔闻或者处理不及时，那么公众就会对政府的回应能力和诚信度产生怀疑，从而影响政府与公众之间的信任关系。

为了提高公共反馈机制的效率和效果，政府需要采取一系列措施。首先，建立健全的反馈渠道和机制，确保公众的意见能够顺畅地传达给政府。同时，政府还需要加强对反馈信息的收集和分析能力，以便更好地了解公众的需求和期望。其次，加强对公众反馈的回应能力和诚信度。政府应该认真对待公众的反馈意见，并及时进行回应和处理。在处理公众反馈时，政府需要保持透明和公开的态度，让公众了解政府的处理过程和结果。最后，加强对公共反馈机制的宣传和教育力度。通过宣传和教育，可以让公众更加了解公共反馈机制的作用和意义，提高公众的参与意识和能力。同时，也可以让政府更加了解公众的需求和期望，从而更好地制定和调整政策。

二、公众参与模式的过程与机制

（一）政策制定过程

在政府主导的公众参与模式下，政策制定过程通常由政府主导，公众则通过各种渠道和方式参与进来。这一过程的开始往往源于政府对某一社会、经济或环境问题的关注。随后，政府会组织专家团队进行深入研究和分析，提出政策建议和方案。在这个阶段，公众参与的机会通常较少，但政府会通过公开征求意见、举行听证会等方式，为公众提供参与政策制定的机会。

在方案形成后，政府会将政策草案公之于众，进一步征求公众的意见和建议。这个阶段是公众参与政策制定的关键时期，公众可以通过网络、信函、座谈会等多种渠道提出自己的看法和建议。政府会收集并整理这些意见和建议，对政策草案进行修改和完善。

最后，政府会将修改后的政策提交给立法机构进行审查和批准。在这个过程中，公众可以通过选举代表、参与公开辩论等方式进一步影响政策的制定。一旦政策获得批准，政府就会开始实施这一政策。

在整个政策制定过程中，政府主导的角色十分明显。政府在关注问题、组织研究、制定方案、征求意见和修改完善等各个环节都发挥着主导作用。同时，政府也通过多种方式引导公众参与政策制定，确保政策的合理性和可行性。

（二）实施过程与反馈机制

政策的实施过程是政府主导公众参与模式的另一重要环节。在这个阶段，政府负责将政策转化为具体的行动和措施，以确保政策目标的实现。同时，政府还需要建立有效的反馈机制，以便及时了解政策的执行情况和公众的反应，对政策进行必要的调整和优化。

在实施过程中，政府通常会成立专门的执行机构或部门，负责政策的具体执行工作。这些机构或部门会根据政策的要求和目标，制定详细的实施方案和计划，并组织相关资源进行实施。同时，政府还会通过媒体、官方网站等渠道及时公布政策的实施情况和进度，以便公众了解政策的实施状况。

为了确保政策的顺利实施和公众的满意度，政府还需要建立有效的反馈机制。这个机制通常包括公众意见征集、社会评估、执行效果监测等环节。政府可以通过问卷调查、座谈会、公开听证会等方式收集公众对政策实施的意见和建议，了解公众对政策的满意度和期望。同时，政府还会定期对政策的执行效果进行评估和监测，以确保政策目标的实现和公众利益的保障。

如果在实施过程中发现问题或公众的反应不佳，政府会及时调整政策或采取补救措施。这种灵活的反馈和调整机制是政府主导公众参与模式的重要优势之一，它有助于确保政策的合理性和可行性，提高公众的满意度和信任度。

总的来说，政府主导的公众参与模式下的实施过程与反馈机制是确保政策有效执行和公众利益保障的关键环节。政府需要充分发挥主导作用，确保政策的顺利实施和公众的广泛参与，同时也需要灵活应对实施过程中可能出现的问题和挑战，不断优化和完善政策实施方案和反馈机制。

三、公众参与模式的优势

政府主导下的公众参与社会治理模式，对于推动我国社会治理现代化具有重要意义。

（一）提高政策实施效率

政府主导下的公众参与是一种有效的实践模式，而提高政策实施效率是其中的关键。政府可以通过多种方式引导和促进公众参与，以提升政策实施的效果。公众参与能够提高政策的科学性和民主性，通过吸纳公众的意见和建议，政府能够更全面地了解社会各界的利益诉求和需求，制定出更加符合实际情况的政策措施，从而提升社会治理效能。

首先，政府可以制定明确的政策实施计划和时间表，确保资源得到合理分配和有效利用。政府的角色不仅仅是法律的制定者和社会秩序的守护者，更是推动社会前进的强大引擎。如何确保资源的合理分配和有效利用，不仅考验着政府的智慧，也关乎着国家及公众的福祉。一方面，明确的政策实施计划需要基于对国情、民情的深刻理解和精确把握。这要求政府部门必须进行充分的前期调研工作，收集和分析相关数据，以确保制定的计划切实可行、符合实际需要。另一方面，合理的时间表能够为政策的执行过程设定清晰的时间节点，有助于监督和评估工作进展，同时也能为政策调整提供依据。例如，若政策旨在推动新能源发展，那么可以设置阶段性目标，如技术研发、试点应用、普及推广等，并围绕每一阶段设定预期完成时间。这样，政府相关部门就能有的放矢，逐步推进政策实施。

其次，政府可以通过建立有效的沟通渠道和反馈机制，及时了解公众的需求和反馈，调整政策实施方案，提高政策的针对性和有效性。政府的职能不仅仅是制定和执行政策，更重要的是要确保这些政策能够真正地服务于公众，满足他们的需求。为了实现这一目标，建立一个有效的沟通渠道和反馈机制是至关重要的。这样的系统不仅能够帮助政府及时了解公众的意见和需求，还能够使政策实施更加精准、高效，从而提升政府工作的透明度和公信力。沟通渠道的建立应该是多方面和多层次的。政府可以通过社交媒体、公共论坛、民意调查、座谈会等多种方式来收集公众意见。例如，社交媒体平台可以提供一个即时交流的平台，让民众能够在任何时间、任何地点向政府提出自己的意见和建议。而公共论坛和座谈会则可以为民众提供一个面对面交流的机会，让他们能够直接向政府官员表达自己的想法。此外，政府还可以定期进行民意调查，通过数据分析来了解公众对特定政策的接受程度和满意度。民意调查主要是了解公众对某一事物或问题的看法及态度、意见和建议的一种公众参与途径。当管理者需要从大范围的公众那里获取更具代表性的信息的情况下，这种方式最为恰当。① 除了建立沟通渠道之外，有效的反馈机制也是必不可少的。这个机制应该能够确保公众的意见和建议被妥善记录和处理。政府部门需要设立专门的机构或职位来负责收集、整理和分析这些反馈信息，并根据这些信息来调整政策实施方案。同时，"对于通过各种制度化渠道汇集起来的公民诉求，政府必须及时回应并把这些诉求纳入到政府机构改革中来。民意反映了公民对政府的期待，是政府管理的出发点，也是政府正常运转的原始动力。为公民建立方便可行的利益表达机制、鼓励其表达自己的利益要求，不仅能增强他们对政府的认同与支持，而且能够及时根据公民需要更好地推进政府的改革"②。政府还应该向公众通报他们对反馈信息的回应和采取的措施，这样可以增强公众的信任感，让他们知道自己的声音是被听到并且得到重视的。

最后，政府还可以通过开展宣传和教育活动，提高公众的政策认知度和参与度，增强政策的执行力和影响力。政府有责任将政策的内容、目的以及预期的影响向公众进行必要的说明，这就需要依靠系统的宣传和教育活动来完成。宣传活动的形式可以多样化，例如新闻发布会、社交媒体互动、官方网站信息发布等。以我国近年来大力推进的健康中国战略为例，政府通过电视广告、网络短视频、社区讲座等多种渠道普及健康知识，引导公众树立正确的健康观念，这不仅加深了民众对相关政策的理解，还有效提高了政策的参与度，使得

① 参见孙柏瑛、杜英歌：《地方治理中的有序公民参与》，中国人民大学出版社 2013 年版，第 145 页。

② 谢庆奎、佟福玲主编：《服务型政府与和谐社会》，北京大学出版社 2006 年版，第 248 页。

健康中国建设得以深入人心，收获了显著成效。

以城市环境治理为例，公众参与城市治理是行使民主权利的重要途径，是城市建设和发展的持久动力和源泉，是形成共建共治共享城市环境治理新格局的关键之举。推动公众参与城市市容环境治理，增强公众自治意识，提升公众参与能力，对于实现公众参与有序发展具有重要意义。2022 年河北省保定市政府通过《保定市城市市容和环境卫生条例》，指出："城市市容和环境卫生工作，坚持统一领导、分级管理、公众参加、社会监督相结合的原则，实行依法管理，科学管理，文明管理。""市、县（市、区）人民政府及其相关部门应当引导公众有序参与城市市容和环境卫生管理。加强城市市容和环境卫生法律、法规和科学学问的宣扬教化，增强公众文明意识。"由此可见，城市市容环境治理是政府的重要职能，公众作为城市市容环境治理的主体之一，具有参与治理的权利和义务。保定市城市管理综合行政执法局聚焦城市管理短板，借鉴先进地区经验，积极转变城市管理理念，主动作为，勇于担当，构建城市管理"大城管"兜底服务格局，组织开展"城管进社区"活动，实现街区"吹哨"、部门报到。建立"城管+物业+社区"共管共治机制，主动上门服务，有效提升基层治理能力和治理水平，提高城市管理共治共管、共建共享水平，探索"马路办公""圆桌对话"等新的城市管理形式，鼓励公众参与到城市管理中。自"城管进社区"工作启动实施以来，保定市城市管理综合行政执法局已组织干部职工先后 4 次深入包联的 30 个乡（镇）政府、街道办事处，解决了一大批群众关心关注的问题。①

（二）增强公众对政府的信任和支持

公众对政府的信任是政策实施和社会稳定的重要基石。在政府主导的公众参与模式下，增强公众对政府的信任和支持，需要多方面的策略和行动。公众参与有助于增强政策的可接受性和执行力。在政策实施过程中，公众与政

① 参见《保定："大城管"兜底服务　打造现代化品质生活之城》，中华人民共和国住房和城乡建设部网站，https://www.mohurd.gov.cn/xinwen/dfxx/202207/20220718_767233.html。

府之间的沟通和互动增加，相互理解和信任得以加深，这有助于形成和谐稳定的社会氛围，减少社会矛盾和冲突，从而减少阻力，提高政策的执行效率。

首先，政府应积极履行其职责，确保公众参与渠道的畅通和政策的公平公正。这包括及时回应公众诉求、加强信息公开、保障公众的知情权和参与权等。

其次，政府应积极引导和支持社会组织的发展，提高公众参与的组织化程度。通过社会组织，公众可以更加有序地参与到政策实施的过程中，从而提高其对政府的信任和支持。

最后，政府还应加强与公众的沟通交流，建立互信关系。这需要政府在决策过程中充分听取公众意见，尊重公众参与的权利，并通过多种渠道与公众进行互动，增强其对政府决策的理解和认同。政府还应积极探索和创新公众参与模式，提高政策实施的透明度和公开性。例如，可以采用电子政务、网络调查等方式，让公众更加方便地参与到政策实施的过程中，从而提高其对政府的信任和支持。

综上所述，增强公众对政府的信任和支持需要政府和社会各界的共同努力。政府应积极履行其职责，加强与公众的沟通交流，探索和创新公众参与模式；同时，公众也应更加积极地参与到公共事务中，提高自身素质和能力。只有这样，才能实现政府与公众的良性互动，推动社会的和谐稳定发展。

（三）维护社会和谐稳定

政府主导下的公众参与对于维护社会和谐稳定具有重要意义。政府是社会治理的核心，它通过制定和执行法律法规，维护社会秩序，保障公众权利，以及通过政策引导和公共资源的合理分配来促进社会公平正义。在政府的领导下，公众参与可以被有效地引导和规范，确保其活动方向与社会发展的大局相一致。通过公众参与，政府能够更广泛地收集民意，了解社会各界的利益诉求，从而更好地协调各方利益关系，减少社会矛盾和冲突。同时，公众参与能够增强公众的主体意识和责任感，培养公众的公共精神和社会责任感，促进公众与政府之间的互信和合作。一般而言,公众参与程度较高的地区,社会稳定性更强,社会和谐程度更高。

四、公众参与模式存在的不足

(一)信息不对称问题

在政府主导公众参与的模式中,信息不对称问题是一个显著的挑战。这主要体现在公众对于政府决策和公共事务的信息获取上。在政府主导的公众参与中,政府相对于公众拥有更多的决策相关信息。这种不平衡状态可能导致公众无法作出基于充分信息的选择,从而影响公众参与的效果和决策的公正性。由于政府在信息掌握、处理和传播方面具有天然的优势,而公众处于信息的劣势地位,这导致公众在参与决策过程中不能充分了解真实情况,难以作出准确和有效的判断。

首先,政府作为决策主体,通常拥有更多的信息和资源,政策制定过程中涉及复杂的技术细节和专业术语,而这些信息有时可能不会完全公开给公众。即使公开,也可能因为渠道有限、语言晦涩等原因,使得普通公众难以获取和理解。在决策过程中,政府可能会选择性地披露信息,以维护自己的利益或避免公众的不理解和反对。这导致公众在参与决策时,有时只能依据有限的信息作出判断,无法全面了解和评估政策的真实情况和潜在影响。

其次,由于公众在信息获取和处理能力上的限制,他们往往难以有效地理解和分析政府发布的信息。这可能导致公众在参与决策时,无法准确地理解政府的意图和政策的内涵,从而无法作出有效的反馈和建议。

针对信息不对称问题,政府需要采取一系列措施来增加信息的透明度和公开性。例如,政府可以完善信息公开制度,及时发布政策制定和实施的相关信息,确保公众能够充分了解政策的背景和细节。同时,政府还可以通过媒体、网络等渠道,积极与公众进行沟通和交流,解答公众的疑问和困惑,帮助公众更好地理解和参与决策过程。

(二)公众参与度不足问题

政府主导下的公众参与模式,旨在通过民众的智慧和力量促进政策的透明度和公正性,提高政策的接受度和执行效率,同时也能够激发社会的活力和创造力。然而,现实情况往往是,尽管政府提供了参与的平台和机会,但有时公众的参与热情并不高涨,参与程度也不够深入。公众参与度不足的现象却时常成为制约这一模式成效的关键问题。这主要体现在公众对于政府决策和公共事务的参与意愿和程度上。虽然政府采取了各种措施来鼓励公众参与,但实际效果有时并不理想,公众的参与程度仍然较低。

造成公众参与度不足的原因有多方面。首先,公众对于政府决策和公共事务的关注度可能不高,他们可能认为这些问题与自己的生活关系不大,因此缺乏参与的动力和兴趣。由于缺乏足够的信息和知识背景,公众很难对政策有深入的理解和判断,自然也就难以参与到决策过程中。其次,公众可能对于参与决策的过程和机制缺乏了解和信任,认为即使参与了也无法真正影响决策结果,那么他们参与的动力就会大打折扣。最后,公众可能还面临着时间、精力等方面的限制,无法充分参与到决策过程中。

为了提高公众的参与度,政府需要采取一系列措施来激发公众的参与意愿和热情。例如,政府可以通过宣传教育等方式,提高公众对于政府决策和公共事务的关注度和认识水平。同时,政府还可以建立更加开放和透明的决策机制,让公众能够更加方便地参与到决策过程中来。此外,政府还可以通过奖励、激励等方式,鼓励公众积极参与到决策过程中来。

(三)对政策效果的负面影响

政府主导公众参与模式中存在的问题不仅影响了公众的参与度和满意度,更对政策效果产生了负面的影响。

首先,在政策制定阶段,由于公众参与不足和信息不对称等问题,政府可能无法充分了解公众的需求和意愿,导致政策制定偏离实际。这可能导致政策缺乏针对性和有效性,无法满足公众的实际需求。

其次，在实施阶段，公众参与的问题也可能导致政策的执行效果不理想。例如，由于缺乏公众的支持和监督，政策的执行过程可能出现偏差或延误，甚至可能被滥用或误用。这不仅损害了政策的权威性和公信力，也可能引发公众的不满和抵制。

最后，在反馈阶段，公众参与的问题可能导致政策无法及时获得公众的反馈和建议，从而无法及时调整和优化。这可能导致政策滞后于社会的发展和变化，无法满足公众的新需求和期待。

因此，政府主导公众参与模式中存在的问题对政策效果产生了极大的负面影响。为了优化这一模式并提升政策效果，我们需要重视公众参与的重要性并采取相应的措施来改进和完善。这包括加强信息公开和透明度、拓宽公众参与的渠道和方式、提升公众参与的能力和素质等。只有这样，我们才能充分发挥公众参与在政策制定和实施中的作用，提升政策的针对性和有效性，实现更好的政策效果。

（四）过度干预的问题

在一个有效的社会治理体系下，政府能够有效地整合社会资源，提供优质的公共服务，保障社会的公正、公平和稳定。但实践中有时会存在政府过度干预的情形，例如过度控制市场准入，过度干预企业经营决策，过度扩张公共职能等。政府过度干预在社会治理中往往会导致一系列负面效应，这些效应不仅影响社会的正常运转，还可能削弱社会治理效能。

首先，过度干预可能导致资源配置的失效。在市场经济中，资源配置主要由市场机制完成，政府过度干预可能破坏市场的信号传递，导致资源分配偏离最优状态。例如，政府对特定行业的过度扶持可能导致产能过剩和资源浪费，而对某些领域的过度管制则可能抑制创新和竞争。

其次，过度干预会抑制市场和社会自我调节能力的发展。社会治理是一个复杂的系统工程，需要政府、市场和社会三方共同发力。政府过度干预可能削弱市场和社会组织在治理中的作用，导致社会自我调节能力下降。这种情况下，一旦政府干预失效或出现问题，社会治理体系可能会陷入混乱。

最后，过度干预还可能加剧社会不公和腐败现象。当政府过度介入经济活动时，可能会为权力寻租和利益输送提供空间，导致资源配置的不公平和腐败现象的滋生。这不仅会破坏社会的公平正义，还会损害政府的公信力和形象。

五、公众参与模式存在不足的原因

首先，从制度设计层面来看，政府主导公众参与的模式会受到传统行政体制的影响，决策过程缺乏透明度和公开性。这导致公众难以了解政策制定的全貌，也无法有效参与到决策过程中。此外，政府部门的职能划分和权力配置也可能影响公众参与的广度和深度，如果政府部门的职能过于集中或分散，可能导致公众参与的机会和渠道受到限制。

其次，文化观念也是影响公众参与的重要因素。在一些传统观念中，公众往往被视为政策的接受者而非参与者，这种观念限制了公众参与的积极性和主动性。此外，一些地区的文化差异也可能导致公众参与模式的不同，例如在强调集体主义和服从权威的文化中，公众可能更倾向于被动地接受政府的决策。

最后，资源分配的不均衡也是导致公众参与问题的一个重要原因。在一些地区或群体中，由于教育水平、经济条件等方面的限制，公众往往缺乏参与公共事务的能力和资源。这不仅影响了公众参与的效果，也可能导致公众参与的不平等现象。

第二节　社会组织参与模式

社会治理中的公众参与往往分成两大类：个体化的公众参与和组织化的公众参与。在组织化参与方式中，公众首先基于某种特定的身份特征参与到特定社会组织中，而后以社会组织为单位介入到社会治理活动中。“与分散的个体相比，个体利益的组织化可以带来更多的参与资源、更丰富的信息以及对政策制定的更大影响力。”①组织化的参与方式相较个体化的参与方式来说，具有结社化、制度化、秩序化的特征，因此更具有社会治理创新的制度功能。② 一般情况下，公众个人参与社会治理存在利益表达声音微弱、精力有限等不足，若公众成立社会组织并通过社会组织参与社会治理则能避免公众个人参与的不足。③ 通过将众多个体的利益主张和信息在团体内部进行集中、归纳和提炼，使相同的利益主张被叠加，相反的利益主张得到协调，可以使分散的利益得到更加集中的表达，这意味着组织化可以获得更大的“话语权”。在这个过程中，微弱的声音被集中，对抗能力增强。经过提炼和凝聚后的整体利益诉求，将在接下来的利益交涉和博弈过程中更具行动的力量。④

就社会治理而言，自组织是建立在情感性、认同性关系以及共同志业基础上的治理模式。⑤ 社会组织作为公众参与的重要载体，在社会治理中发挥着不可替代的作用。社会组织具有灵活性、草根性和专业性的特点，能够深入社区、贴近群众，及时反映和解决社会问题。通过参与社会治理，社会组织能够搭建起政府与公众之间的桥梁，促进政府与公众的良性互动，提升公众的参与度和满意度。同时，社会组织还能够聚集和整合社会资源，推动社会创新和发展，为社会治理提供有力的支持和补充。

---

① 王锡锌：《公众参与和行政过程——一个理念和制度分析的框架》，中国民主法制出版社2007年版，第83页。

② 参见胡仙芝：《公众参与制度化是我国社会治理法治化的必由之路》，《理论研究》2015年第3期。

③ 参见赖偕：《公众参与社会治理的现实困境及法治化路径》，《领导科学》2020年第14期。

④ 参见王锡锌：《利益组织化、公众参与和个体权利保障》，《东方法学》2008年第4期。

⑤ 参见罗家德、孙瑜等：《自组织运作过程中的能人现象》，《中国社会科学》2013年第10期。

一、社会组织的角色定位和功能演变

（一）社会组织的角色定位

社会组织作为公众参与治理的重要载体，其角色定位和功能发挥在公众治理中扮演着不可或缺的角色。社会组织具有广泛的社会基础和影响力，能够集合和代表不同社会群体的利益和声音，为公众治理提供多元的视角和解决方案。

首先，社会组织作为政府与公众之间的桥梁和纽带，发挥着信息传递和沟通的作用。社会组织通常具有较为完善的组织架构和运行机制，能够通过调研、咨询、论坛等形式，收集和整理社会各界的意见和建议，将其反馈给政府，为政府决策提供参考。“经验表明，那些组织化的、集中的利益主体往往能够有效地对政策制定过程施加影响，从而使政策的制定反映出这些特定利益的‘偏好’。相反各种分散的、没有得到组织化的利益，在参与的过程中对决定和政策的影响却往往令人失望。”①同时，社会组织还能够将政府的政策、法规和决策信息传递给公众，帮助公众更好地理解和执行政策。

其次，社会组织在公众治理中扮演着倡导者和推动者的角色。社会组织通常具有较为强烈的社会责任感和使命感，能够针对社会问题积极发声，倡导公平正义、环境保护、社会福利等公益事业。通过组织公益活动、发起倡议、开展教育培训等方式，社会组织能够激发公众的参与热情和创造力，推动社会问题的解决和公共利益的实现。社会组织能够增强公众的参与意识和能力。社会组织通过组织各类公益活动、发起倡议、开展教育培训等方式，能够激发公众的参与热情和创造力，提升公众的参与意识和能力。公众的广泛参与不仅能够促进政策的民主化和科学化，还能够提升政策的执行力和效果，从而提升治理效能。

---

① 王锡锌：《利益组织化、公众参与和个体权利保障》，《东方法学》2008 年第 4 期。

再次，社会组织还扮演着监督者和评估者的角色，促进政府行为的规范化和公共服务质量的提升。社会组织具有相对独立的地位和自主权，能够对政府行为和公共服务进行监督和评估。通过公开透明的监督机制和评估标准，社会组织能够发现政府行为和公共服务中存在的问题和不足，促进政府行为的规范化和公共服务质量的提升，保障公众权益的实现，促进治理效能的提升。

最后，社会组织能够促进社会问题的解决和公共利益的实现，促进社会的和谐与稳定。社会组织通常具有较为强烈的社会责任感和使命感，能够针对社会问题积极发声，倡导公平正义、环境保护、社会福利等公益事业，可以有效地解决纷争，促进社会内聚、共识及合作的发展，增强制度公平吸纳外部社会力量的能力，实现社会利益组织化。[①] 例如浙江诸暨的"枫桥经验"就是典型的代表。通过组织公益活动、发起倡议、开展教育培训等方式，社会组织能够激发公众的参与热情和创造力，推动社会问题的解决和公共利益的实现。社会组织通过组织和参与各类社会活动，能够促进社会不同群体之间的交流和互动，增强社会的凝聚力和向心力。同时，社会组织还能够通过倡导和平、解决纠纷、提供服务等方式，维护社会的和谐与稳定。

综上所述，社会组织在公众治理中扮演着信息传递者、倡导者、推动者、监督者和评估者等多重角色，发挥着不可或缺的作用。这些角色和功能的发挥，不仅促进了公众治理的民主化、科学化和高效化，也提升了公众治理的水平和效能。

（二）社会组织的功能演变

社会组织在社会发展的不同阶段中，其角色定位经历了显著的变化。这些变化不仅反映了社会组织自身的发展和成熟，也反映了社会对其角色期待的演变。

---

① 参见周庆智：《论基层社会自治》，《华中师范大学学报》（人文社会科学版）2017 年第 1 期。

1. 传统社会中的慈善救济角色

在传统社会中，社会组织主要以慈善救济为主要角色。这些组织通常由宗教团体、富裕阶层或地方精英发起，他们通过募集资金、物资，为弱势群体提供基本的生存保障。在这一阶段，社会组织往往依附于政府或宗教团体等力量，缺乏独立性，社会组织的角色更多地被视为社会的补充，而非主导力量。

2. 近现代社会的多元角色发展

随着近现代社会的到来，社会组织的角色定位开始呈现出多元化的趋势。除了传统的慈善救济角色外，社会组织还开始涉足教育、文化、环保、人权等多个领域。在这一阶段，社会组织开始逐渐发展成为社会变革的重要力量，对社会的各个方面产生了深远的影响。

3. 当代社会的全面参与和协同治理

在当代社会，社会组织的角色定位进一步得到了提升。随着全球化和信息化的快速发展，社会组织开始全面参与社会治理，与政府、企业等其他社会主体形成协同治理的格局。在这一阶段，社会组织不仅在提供服务、推动变革方面发挥着重要作用，还开始参与到政策制定、执行和监督等各个环节中。

二、社会组织参与社会治理的模式

社会组织在公众治理中的参与模式因治理类型的不同而有所差异。

（一）环保类社会组织参与模式

环保类社会组织在公众治理中扮演着重要的角色。它们通过发起环保活动、倡导绿色生活方式、参与环境政策制定等方式，推动环保意识的普及和环境保护行动的实施。在参与环保类公众治理时，环保类社会组织通常采取倡导、教育和合作等模式。它们利用自身的专业知识和网络资源，向公众传播环保知识，提升公众的环保意识；同时，与政府、企业等各方合作，共同推进环境保护事业的发展。

例如，2024 年 3 月 30 日，河北省保定市环保志愿者协会举办“地球一小时"宣传活动,倡导公众减少能源消耗,提高环保意识。活动现场,环保志愿者向来往市民广泛宣传"地球一小时"的活动内容和重要意义,零距离传递绿色健康和低碳环保理念。来自保定市环保志愿者协会、保定市女子职业中专学校、保定理工学院的志愿者和师生还带来了贴合环保主题的精彩文艺演出。保定市环保志愿者协会已连续多年举办"地球一小时"活动,旨在将节能减排理念贯穿到日常生活的方方面面,并带动更多的人参与进来,践行环保、善待地球,守护祖国的绿水青山。①

(二)社区服务类社会组织参与模式

社区服务类社会组织致力于提升社区居民的生活质量,通过提供教育、医疗、文化等方面的服务,满足社区居民的需求。在参与社区服务类公众治理时,社区服务类社会组织通常采取直接服务、志愿者活动和社区建设等模式。它们直接为社区居民提供服务,组织志愿者参与社区活动,推动社区建设和发展;同时,与社区居民密切互动,了解他们的需求,不断优化服务内容和方式。

例如,厦门市湖里区湖里街道着力构建以"社区为平台、社团为载体、服务为导向"的社区社会组织发展格局,努力营造和谐良好的社区社会组织发展环境,引导居民以组织化方式参与社区建设,推进政府和社会协同治理,使社区自治功能明显加强,社会活力得到有效激发。辖区内社区社会组织在社区文化、体育、平安巡查、调解、医疗、科普、志愿服务等各项工作中日益发挥着重要作用。② 该实践证明了社区服务类社会组织参与模式的有效性。社区社会组织的活动范围主要在社区,服务对象主要是社区居民,活动影响主要限于社区,最能体现共同体的思想。③

---

① 参见《保定市环保志愿者协会举办"地球一小时"宣传活动》,保定频道,http://bd.hebei.com.cn/system/2024/04/01/101299012.shtml。

② 参见厦门市湖里区湖里街道办事处:《大力培育社区社会组织　不断增强参与社区治理能力》,中国社区工作网,http://www.zhongguoshequ1990.org/Con2017SH_list.asp? id=222。

③ 参见郁建兴、金蕾:《社区社会组织在社会管理中的协同作用——以杭州市为例》,《经济社会体制比较》2012年第4期。

（三）政策倡导类社会组织参与模式

政策倡导类社会组织关注社会热点问题，通过政策研究和倡导，推动政策变革和社会进步。这类组织以其专业性、灵活性和亲民性的特点，成为了政府与社会之间的桥梁和纽带，通常聚焦于特定的社会问题，如环境保护、教育创新、公共健康等，它们通过收集数据、进行研究、提出建议，为政策的形成提供科学依据。

同时，这些组织还能够动员公众参与，通过各种形式的宣传活动和社会运动，增强公众对特定问题的认识和关注，从而推动政策的实施和完善。在参与政策倡导类公众治理时，政策倡导类社会组织通常采取游说、调研和舆论引导等模式。它们深入调研，了解政策实施的效果和问题，向政府提出政策建议；同时，通过舆论引导，影响公众对政策的认知和支持度，推动政策的优化和变革。

三、社会组织参与社会治理的特点

社会组织参与社会治理的特点主要体现在以下几个方面：

一是多元性。社会组织种类繁多，涵盖了社会的各个领域和方面，从非政府组织（NGOs）、慈善机构、社区基金会到行业协会和志愿组织，每一种组织都有其独特的使命和目标。这些组织通常基于某一特定领域或问题，比如环境保护、教育发展、公共卫生、文化推广等。它们拥有专业的知识、技能和经验，能够根据各自领域的具体情况提出定制化的解决方案。它们在参与社会治理时，能够根据不同领域和问题的特点，提供多样化的解决方案和服务。面对复杂的社会问题，社会组织可以提供多元化的解决途径。例如，针对贫困问题，不同的组织可能会采用教育援助、小额贷款或者职业培训等不同手段；在应对环境挑战时，有的专注于法律倡导，有的则致力于公众教育或技术创新。这种针对性的服务不仅更加高效，而且能够满足不同群体的具体需求。

二是灵活性。与政府机构相比，社会组织在参与社会治理时更加灵活和快速。它们能够迅速响应社会变化和需求,及时调整自己的行动策略和服务方式。例如在政府购买公共服务过程中,将社会组织作为政府和公众之间的纽带,社会组织凭借其贴近公众及专业性强的优势,能够将公众的需求偏好信息更为有效地反馈给政府部门,精简了公众参与的烦琐流程。①

三是创新性。社会组织通常具有较强的创新能力和创新意识。它们在参与社会治理时,能够提出新颖的思路和方法,推动社会治理的创新和发展。与政府机构相比,社会组织更接近基层,能够迅速感知到社区和个人的需求变化,这种"接地气"的特性使得它们能够及时提出切实可行的解决方案。同时,社会组织通常规模较小、决策流程相对简单,这为尝试新思路、新方法提供了便利条件,大大降低了创新的门槛。

四是自主性。社会组织在参与社会治理时具有一定的自主性,体现在其能够根据自身专业领域的优势,独立设计和实施项目。例如,环保组织可以根据实际调研情况,制定出符合当地环境特色的保护措施,而不是完全依赖政府的统一规划。这种自下而上的活动模式使得社会资源得到了更加精准和有效的配置。同时,自主性使得社会组织在应对社会问题时更具灵活性和创新性。面对快速变化的社会现象,传统的政府机构往往因为程序繁复而反应迟缓。相比之下,社会组织由于规模较小、决策链短,可以快速地调整策略和方案。它们能够试验新方法,甚至在特定情况下创造出全新的解决方案,从而为社会治理提供新鲜血液。

四、社会组织参与模式的问题与原因

(一)社会组织参与模式的主要问题

1. 法律法规不够健全

社会组织在参与社会治理时面临的首要问题是法律法规的不够健全。虽

---

① 参见张邦辉、李丹姣、蒋杰:《政府向社会组织购买公共服务中的公众需求表达机制探究》,《改革》2020年第5期。

然我国已经出台了不少相关法律法规，但对于社会组织的定位、职责、权利等方面的规定仍显模糊，导致社会组织在参与社会治理时缺乏明确的法律指导。这种法律环境的不确定性使得社会组织在参与社会治理时有时会处于被动地位，难以发挥其应有的作用。

社会组织在社会治理中面临的法律法规不健全主要表现在几个方面：一定的立法空白、个别法律适用的不明确性、法律法规执行力度有时不足以及监管体系存在一些漏洞。这些问题的存在使得社会组织在承担社会责任时有时处于一种"灰色地带"，既无法得到有效的法律支持，也可能因为法律规定的模糊而产生一些误解和冲突。以公益慈善组织为例，虽然《慈善法》的颁布为慈善组织的运营提供了法律基础，但在实际运行中依然存在一些问题。比如，对于慈善募捐的管理规则、资金使用的透明度要求等方面仍缺乏细化的操作标准，这不仅增加了公益组织的运营难度，也削弱了社会大众的信任度。还有行业协会等专业类社团组织，在行业自律管理、行业标准制定等方面，由于相关法律规范的缺失或不完备，使得它们难以有效发挥应有的作用。这种情形在新兴领域表现得尤为明显，比如互联网、大数据等高科技领域的迅猛发展，对相关法律法规提出了更新更高的要求。

2. 资金和资源较为短缺

资金和资源较为短缺是社会组织参与社会治理时面临的另一个重要问题。由于社会组织通常是非盈利性的，其资金来源主要依赖于政府资助、社会捐赠等渠道，而这些资金来源有些不稳定且有限，由于缺乏自我造血的功能，难以保证长期的财务健康和项目的持续运作。同时，由于经费限制，组织无法为员工提供有竞争力的薪酬和职业发展机会，导致专业人才稀缺和流动性大。一些社会组织在资源使用上效率低下，缺乏科学的管理方法和透明的监管机制，造成资源浪费，与其他组织（如企业、政府机构）之间缺乏有效的沟通和协作，限制了资源共享和能力提升，这些都限制了社会组织在社会治理中的作用发挥。

3. 社会信任度有待提升

社会信任度有待提升是社会组织参与社会治理时面临的另一个挑战。由于一些社会组织在运作过程中存在不规范、不透明等问题，导致公众对其信任度降低。这使得社会组织在参与社会治理时难以获得公众的认同和支持，影响了其作用的发挥。

4. 组织能力有待提升

社会组织自身的能力有待提升也是影响其参与社会治理的重要因素。一些社会组织在组织结构、管理体系、人员素质等方面存在缺陷，导致其在参与社会治理时难以有效发挥作用。例如，一些社会组织缺乏专业的项目策划、执行和评估能力，难以承担复杂的社会治理任务。就我国而言，由于长期的计划经济体制影响，社会力量发育不足或受政府影响较深。改革开放以来，随着政府职能调整和改革的不断深入，社会力量得到了长足发展，但是仍然面临一定的问题，主要有政府职能转变不太到位、社会组织发展不成熟、专业化水平低等问题。①

5. 协调与合作难度较大

在参与社会治理过程中，社会组织需要与政府、企业等其他治理主体进行协调与合作。然而，由于各方在目标、利益、理念等方面存在差异，导致协调与合作难度较大。此外，一些政府部门对社会组织的认知和接纳程度有限，这也增加了社会组织参与社会治理的难度。

（二）社会组织参与模式存在问题的原因

首先，制度环境不足是导致社会组织发展受限的关键因素。在很多情况下，政府对社会组织的管理与监管存在过于严格或过于宽松的问题。过于严格的管理可能导致社会组织难以获得合法身份，限制其参与社会治理的机会；而过于宽松的管理则可能导致社会组织参差不齐，一些不良社会组织趁机浑

① 参见杨丽、赵小平、游斐：《社会组织参与社会治理：理论、问题与政策选择》，《北京师范大学学报》（社会科学版）2015 年第 6 期。

水摸鱼，损害公众利益。

其次，政策执行偏差也是一个重要问题。尽管政府出台了一系列支持社会组织发展的政策，但在实际执行过程中，由于各级政府、各部门之间的利益博弈和信息不对称，政策执行往往出现偏差，导致社会组织难以真正受益。

最后，社会认知局限性也是导致社会组织问题的一个重要原因。在很多人眼中，社会组织仍然是“官方”或“半官方”的机构，对其持有一种不信任的态度。这种不信任导致社会组织在筹集资金、招募志愿者等方面面临困难，进而限制了其参与社会治理的能力。

五、社会组织与社会治理的协同发展机制

公众参与的组织化，首先建立在公众参与制度化的基础上，这样社会组织才能在制度化的保障之下发展、壮大，公众才能以社会组织的形式更有效、更规范、更有序地参与到社会治理当中。① 协同机制的建设，是实现社会组织与政府、市场、其他社会组织之间协同合作的基础。为了构建一个高效且可持续的协同机制，可从以下几方面着手：

首先，要明确各治理主体的角色定位与功能优势。政府作为社会治理的主导者，拥有强大的政策制定与执行能力；市场则以其灵活性和创新性，为社会治理提供多元化的解决方案；社会组织则以其贴近民众、专业性强等特点，成为政府与民众之间的桥梁。从政策制定阶段开始，政府需要广泛听取社会组织的意见和建议，确保政策能够真正反映民众的需求和利益。社会组织则可以利用其专业性和贴近民众的特点，为政府提供有针对性的政策建议。在政策执行阶段，社会组织可以发挥其灵活性和创新性，协助政府更好地执行政策。例如，社会组织可以深入社区、农村等基层单位，与民众进行面对面的沟通和交流，了解他们对政策的看法和建议，为政府提供反馈。同时，社会组织

① 参见李营：《公众参与制度化：社会治理创新的突破口》，《领导科学》2018 年第 35 期。

还可以利用其资源和网络优势，为政策的执行提供必要的支持和帮助。在监督与评估阶段，社会组织可以发挥其独立性和公正性，对政府的政策执行情况进行监督和评估。这不仅可以确保政策的有效执行，还可以提高政府的公信力和民众的满意度。同时，社会组织还可以对自身的工作进行反思和总结，不断提高自身的协同治理能力和水平。

其次，建立健全的信息沟通与交流平台是实现协同治理的关键。这些平台可以促进信息在治理主体间的有效流通，减少信息不对称，提高决策的科学性和透明度。例如，可以建立定期的联席会议制度，让各方能够就社会治理的热点、难点问题进行深入讨论，共同寻找解决方案。

再次，完善法律法规体系，为社会组织参与社会治理提供法律保障。通过制定相关法律，明确社会组织的法律地位、权利和义务，为其参与社会治理提供明确的指导。同时，加大对违法行为的惩处力度，确保协同治理的顺利进行。

最后，建立有效的激励与约束机制，激发社会组织参与社会治理的积极性。政府可以通过购买服务、税收优惠等方式，对社会组织进行激励；同时，通过定期评估、信息公开等手段，对社会组织的行为进行约束，确保其在协同治理中发挥积极作用。

社会组织与其他治理主体间的协同机制运作过程是一个相互促进、相互制约的过程。通过建立健全的协同机制，可以充分发挥各方主体的优势和作用，实现社会治理的多元化和高效化。同时，也需要不断完善和优化协同机制，以适应不断变化的社会环境和民众需求。

第三节　公众参与模式

公众参与是社会治理的重要组成部分，它体现了民主精神和人民主权原则，即权力来源于人民并通过人民的参与行使。作为直接民主制的重要表达方式,个体化的公众参与中公众并没有明确主动的组织化倾向,更多的是以个体化的方式介入治理活动中。① 从公众参与的主要领域来看:一是立法领域,二是公共决策领域,三是公共治理领域。② 公众通过参与社会治理,不仅能够表达自身的诉求和意愿,还能监督和推动政府决策的公正性和有效性。同时,公众参与还能增强社会的凝聚力,提高公众的社会责任感和归属感,增强社会的凝聚力和稳定性,促进社会公正。因此,公众参与的价值与影响不可忽视,它是推动社会治理现代化的重要力量。

一、公众参与的历史演变

在古代社会,公众参与的概念尚未形成,社会治理主要由少数精英或统治者承担。随着近代民主制度的兴起,公众参与逐渐受到重视。例如,在 18 世纪的欧洲,启蒙思想家们提出了"人民主权"理论,强调了公众参与政府决策的重要性。这一理念在随后的美国独立宣言和法国大革命中得到了体现,公众开始获得参与政治决策的权利。这一时期的参与模式具有封闭性、不平等性和非制度化的特点。普通公众往往被排除在政治决策之外,缺乏有效的参与渠道和机制。

进入 20 世纪后,公众参与社会治理的模式进一步多样化。随着工业革命的推进,社会结构发生了巨大变化,这一时期的公众参与主要表现为通过选举、议会等方式参与政治决策,行使自己的政治权利。同时,公众也开始通过社区组织、志愿者活动等形式参与社会治理。随着近代民主制度的建立和发展,公众参与开始具有普遍性、平等性和制度化的特点。然而,这一时期的参与模式仍然受到社会经济发展水平的限制,普通公众的参与程度和影响力有限。

① 参见胡仙芝:《公众参与制度化是我国社会治理法治化的必由之路》,《理论研究》2015 年第 3 期。

② 参见蔡定剑主编:《公众参与风险社会的制度建设》,法律出版社 2009 年版,第 5、6 页。

进入21世纪后，随着全球化和信息技术的快速发展，社会多元化和复杂性的增加，公众参与在决策过程中的作用愈发重要，公众参与社会治理的方式发生了革命性的变化，成为衡量一个国家民主程度和社会活力的重要指标。公众参与不仅能够保障公众权利，提高政策的有效性和公正性，还有助于构建和谐社会，增强社会凝聚力。随着互联网、社交媒体等新兴技术的普及，公众可以更加方便地获取信息、表达意见和参与政治。电子政务、在线投票、公共决策咨询等新型参与模式应运而生，公众参与社会治理的广度和深度都得到了前所未有的提升。随着信息技术的发展，公众参与社会治理的模式呈现出多元化、网络化和高效化的特点。这种新型参与模式不仅提高了公众参与的广度和深度，也增强了公众参与的有效性和影响力。

公众参与，通常指公众个人或集体通过一定的途径和方式，参与到公共决策和管理过程中的行为。这个过程旨在影响公共政策的制定、执行和评估，以实现公共利益的最大化。在这种参与方式中，公众以积极行动的方式参与政府治理的决策、执行等活动，发挥个体性的政治功能，如公众听证、公众投诉（举报）、公众接触、公众调查等。① 公众参与涵盖了从政治选举、社区活动到公共论坛讨论等多种形式和层次。

二、当前公众参与的实践模式

（一）社区自治实践

随着现代社会治理模式的转型和民主化进程的加快，社区自治作为基层民主的重要实践形式，日益受到关注。社区作为国家治理体系的基本单元，在推进国家治理能力现代化进程中具有重要作用。② “城市治理的‘最后一公

① 参见胡仙芝、曹胜：《公众参与社会治理制度化创新的思考》，《中国国情国力》2014年第9期。

② 参见闫申：《社区数字治理：提高决策效率和公众参与度》，《榆林学院学报》2024年第1期。

里’就在社区……加强社区治理，既要发挥基层党组织的领导作用，也要发挥居民自治功能，把社区居民积极性、主动性调动起来”①。城乡社区治理政策反映政府价值和公众价值互动衍生的结果。② 社区自治不仅是现代社会治理创新的重要组成部分，也是实现社区和谐、稳定和可持续发展的关键。在这个过程中，公众参与作为社区自治的核心动力，发挥着至关重要的作用。公众的积极参与不仅能够推动社区治理的民主化，提升社区治理效能，还能够增强社区的凝聚力和向心力，促进社区的可持续发展。公众参与社区治理不仅能够培育公众社会参与的意识，同时也能够提高公众参与的积极性，提升公众社会参与能力，对提高社区治理水平乃至社会治理的发展都有重大意义。

1. 社区自治的理论与概念

社区自治理论起源于西方社会学和政治学的研究，它强调的是社区居民通过自主组织、自主管理、自主决策的方式，实现社区的自我管理和发展。这一理论的核心在于“自主”，即社区居民有权参与并决定与他们生活紧密相关的事务。就基层社会治理中的居民个体而言，对于宏观公共政策问题，他可能会非常关注，但极有可能因为高成本或者搭便车心理而不参与，然而对于与他的生活息息相关的社区公共事务，他却不能不参与。③ 在我国，随着城市化进程的加快和社区治理体系的完善，社区自治逐渐成为推动社区发展的重要力量。社区作为社会治理的最小单元，不仅是社会治理的重要场域与基本落脚点，更是激发公众参与社会治理的突破口。④

社区自治是指社区居民在社区范围内，依据法律法规和政策规定，通过民

① 《习近平在上海考察时强调：坚定改革开放再出发信心和决心　加快提升城市能级和核心竞争力》，《人民日报》2018 年 11 月 8 日，第 1 版。

② 参见衡霞、向洪讯：《一致还是冲突：城乡社区治理的政策理性与价值选择》，《行政论坛》2023 年第 1 期。

③ 参见阚为、洪波：《协商民主如何嵌入中国民主治理场域——公众参与的视角》，《浙江学刊》2015 年第 1 期。

④ 参见王德新、李诗隽：《新时代公众参与的社会治理创新》，《哈尔滨工业大学学报》（社会科学版）2022 年第 2 期。

主选举、民主决策、民主管理和民主监督等方式，对社区事务进行自我管理、自我服务、自我教育和自我监督的活动和过程。社区自治的主体是社区居民，其目标是实现社区的和谐、稳定和可持续发展。

在社区自治的框架下，公众参与是不可或缺的一部分。社区自治的实现离不开公众的积极参与和贡献，而公众参与也为社区自治提供了动力和保障。公众参与既是社区发展的动力源泉，也是社区治理的实现路径与最终目标，公众参与的程度关系着国家治理水平、国民素养水平、国家文化软实力水平。①

2. 社区自治的形式

随着社区自治的推进，公众参与成为了不可忽视的重要一环。在当前的社区自治实践中，公众参与度呈现出多元化的特点。

在形式上，公众参与表现为多种形式，例如社区议事会、社区选举、居民代表会议、社区文化活动、志愿服务等。这些参与形式各有特点，反映了公众参与的不同层面和深度。例如，通过社区议事会和居民代表会议，公众能够直接参与社区决策，体现其在社区治理中的话语权；而社区文化活动和志愿服务则更多地体现了公众在社区建设中的贡献和参与意识。

然而，社区自治在实践中也面临一些挑战。例如，居民参与意识不够强、社区资源不太充足等问题。因此，在推进社区自治的过程中，需要加强对居民的宣传教育和培训工作，提高居民的自治意识和能力；同时，也需要加强对社区资源的整合和开发，为社区自治提供有力支持。

（二）公共决策咨询机制

公共决策咨询机制是公众参与社会治理的重要方式之一。它通过建立专家库、智库等机构，为政府决策提供专业意见和建议。这种机制有助于提高决策的科学性和民主性，促进公众与政府之间的有效沟通。公众参与社会治理

---

① 参见袁方成：《增能居民：社区参与的主体性逻辑与行动路径》，《行政论坛》2019 年第 1 期。

的方式方法中，咨询是比较普遍的。①

在公共决策咨询机制中，公众可以通过参与听证会、座谈会等方式，直接表达自己的意见和建议。政府则可以通过这些反馈，了解公众的需求和关切，从而作出更加符合民意的决策。这种互动式的决策过程，不仅增强了公众的参与感，也提高了决策的民主性和科学性。

此外，公共决策咨询机制还推动了公众参与的专业化和组织化。通过参与咨询活动，公众可以不断提升自己的参与能力和专业水平，形成更加有影响力的公众团体。这些团体可以为政府决策提供更加全面、深入的咨询服务，推动社会治理的精细化和专业化。

然而，公共决策咨询机制也存在一些问题。例如，咨询机构的独立性和公正性问题、咨询成果的转化和应用问题等。因此，在完善公共决策咨询机制的过程中，需要加强对咨询机构的监管和评估，确保咨询成果的质量和有效性。

（三）电子治理实践

电子治理，是指利用信息和通信技术来改进和优化政府的管理、决策和服务提供过程。这一概念不仅涉及技术层面的革新，还涉及公共管理、政策制定和实施等多个领域。随着科技的进步和互联网的普及，电子治理已经成为了现代社会发展的重要趋势。美国学者阿尔温·托夫勒夫妇在其著作《创造一个新的文明——第三次浪潮的政治》中认为，公众可以通过网络参与公共治理，就公共治理问题直接向政府表达诉求、发表意见、投票表决等。②

1. 电子治理的发展历程

电子治理的发展，可以追溯到20世纪后期，随着互联网和信息技术的发展，政府开始尝试将这些技术应用到公共管理中，从而产生了电子治理的初步

① 参见吴太胜、陈睿：《民意表达与地方政府的公共决策》，《行政管理改革》2013年第7期。

② 参见［美］阿尔温·托夫勒、海蒂·托夫勒：《创造一个新的文明——第三次浪潮的政治》，上海三联书店1996年版，第141页。

形态。在这一阶段,政府主要利用信息技术提升政府办公的效率和透明度,如电子政务的兴起,为公众提供了线上办事、信息查询等服务。

进入21世纪,电子治理得到了进一步的发展。随着移动互联网、大数据、云计算等技术的兴起,电子治理开始从简单的线上办公向更为复杂、全面的公共服务和管理领域拓展。政府不仅提供线上服务,还开始利用大数据进行决策分析,通过社交媒体等平台与公众进行互动,电子治理的内涵和外延都得到了极大的扩展。

近年来,随着人工智能、区块链等前沿技术的发展,电子治理进入了全新的发展阶段。这些新技术为电子治理提供了更为强大的技术支撑,使得政府能够更为精准地满足公众的需求,提高治理的效率和效果。同时,随着全球化的进程加速,电子治理也开始超越国家的界限,向跨国、跨地区的方向发展。

2. 当前电子治理中的公众参与

当前,电子治理在全球范围内得到了广泛的实践。在发达国家,电子治理已经深入到政府工作的方方面面,为公众提供了高效、便捷的公共服务。在发展中国家,虽然电子治理的发展水平相对较低,但也开始尝试利用信息技术提升政府的治理能力和效率。

(1)电子投票与网上调查

电子投票和网上调查是电子治理中重要的公众参与机制。它们不仅为公众提供了便捷的参与渠道,还使得公众的声音能够更快速、更广泛地传达给决策者。

电子投票是指利用电子信息技术,如互联网技术、移动通信技术等进行的投票活动。它打破了传统投票的时间和地域限制,使得公众可以在任何时间、任何地点参与投票。同时,电子投票还可以大大降低投票成本,提高投票效率。在实施电子投票时,需要确保投票系统的安全性和公正性。这包括对投票系统的技术保障、对投票过程的监督和管理,以及保证投票结果的公开和透明。只有这样，才能确保电子投票的合法性和有效性，真正发挥其在公众参与中的作用。

网上调查是指通过互联网进行的民意调查。通过网上调查，政府可以收集到更广泛、更全面的民意信息，为决策提供更有力的支持。同时，网上调查还可以提高公众参与的积极性和参与度，增强公众的参与感。在实施网上调查时，需要设计科学、合理的调查问卷，并对调查过程进行严格的控制和管理。此外，还需要对调查结果进行客观、公正的分析和解读，以确保调查结果的准确性和可靠性。

（2）社交媒体互动与公众讨论

社交媒体互动和公众讨论是电子治理中另一种重要的公众参与机制。通过社交媒体平台，公众可以发表自己的观点和意见，与他人进行交流和讨论，从而影响决策过程和结果。

社交媒体互动是指公众通过社交媒体平台与政府或其他公众进行的交流和互动。通过社交媒体互动，公众可以及时了解政府的工作动态和政策信息，也可以向政府表达自己的意见和建议。同时，政府也可以通过社交媒体平台了解公众的诉求和需求，及时回应社会关切。在社交媒体互动中，政府需要建立完善的互动机制和管理制度，确保互动的有序和有效。同时，还需要加强对社交媒体平台的监管和管理，防止虚假信息和不良言论的传播。

公众讨论是指公众通过社交媒体平台或其他渠道进行的公开讨论和辩论。通过公众讨论，公众可以就某一议题进行深入的分析和探讨，形成共识或提出解决方案。同时，公众讨论还可以提高公众的政治素养和参与能力，增强公众的社会责任感和归属感。在公众讨论中，政府需要提供必要的支持和引导，鼓励公众积极参与讨论并提出建设性意见。同时，还需要加强对讨论过程的监管和管理，确保讨论的公正和有序。此外，政府还需要及时回应公众的讨论结果和意见建议，推动决策的科学化和民主化。

三、公众参与模式的问题与影响因素

(一)公众参与模式的问题

1. 公众参与度较低

在公众参与模式中,参与度较低是一个普遍存在的问题。这一问题主要体现在公众对于政治决策、社区活动和社会事务的参与度不高。

2. 信息不够对称

信息不够对称是指在公众参与过程中,信息的获取和传递存在不平等的现象。这可能导致公众在参与决策时缺乏足够的信息支持,从而影响决策的科学性和合理性。信息不够对称问题主要源于信息获取的不平等和信息传递的不畅通。一方面,由于信息获取的成本较高或者信息渠道的限制,一些公众可能无法获取足够的信息。另一方面,由于信息传递的不畅通或者信息流通的障碍,一些重要的信息可能无法及时、准确地传递给公众。

3. 决策效率不够高

决策效率不够高是指在公众参与决策过程中,决策过程缓慢、决策效果不佳的现象。这可能导致公众对决策的信任度降低,从而影响决策的实施效果。决策效率不高的问题主要源于决策机制的不完善和决策过程的不合理。例如,决策过程中可能存在过多的环节和程序,导致决策过程烦琐而缓慢;或者决策过程中缺乏科学的评估和论证,导致决策效果不佳。

4. 代表性不足

在公众参与过程中,某些群体或阶层的利益未能得到充分代表的现象。这可能导致决策存在一定的偏颇和不够合理,进而引发社会不公和冲突。代表性不足的问题主要源于社会结构的复杂性和多样性,以及公众参与机制的不够完善。在一些情况下,某些群体或阶层可能因为社会地位、经济条件、文化背景等原因而难以充分参与到决策过程中,导致他们的利益无法得到充分代表。

(二)制约公众参与模式的因素

1. 社会文化背景的影响

社会文化背景是影响公众参与的重要因素之一。不同的社会文化背景孕育出不同的公众参与观念和行为习惯。在传统的社会文化中,公众往往对权威持有一种敬畏和顺从的态度,这在一定程度上限制了公众的参与意愿。然而,随着社会的进步和现代化的发展,公众的权利意识逐渐觉醒,参与公共事务的愿望也越来越强烈。

此外,社区的文化氛围和人际关系也会对公众参与产生直接影响。一个团结、和谐、开放的社区文化能够促进公众之间的互信与合作,从而激发公众参与的热情。相反,一个冷漠、封闭、排他的社区文化则可能抑制公众的参与欲望。因此,在推动社区自治的过程中,必须充分考虑社会文化背景的影响,积极营造有利于公众参与的社会文化氛围。

2. 政策法规的影响

政策法规是公众参与的重要保障和推动力量。一方面,政策法规可以明确公众的权利和义务,为公众参与提供法律保障。另一方面,政策法规还可以通过制定激励措施和约束机制来引导和规范公众参与行为。例如,通过制定税收优惠、奖励表彰等政策来鼓励公众参与社区建设;通过制定处罚措施来约束公众的不当参与行为。政策环境是塑造公众参与模式的关键因素之一。政府的开放程度和透明度,以及其对公众参与的态度和立法支持,都直接影响着公众参与的效果。例如,如果一个国家的政策环境鼓励公众参与,通过立法保障公众的权利,提供参与渠道,那么公众参与的可能性就会大大增加。相反,如果政策环境封闭,公众权利受到限制,那么公众参与就会面临重重困难。此外,政策的连续性和稳定性也是影响公众参与的重要因素。频繁的政策变动和不确定性会使公众对参与失去信心,从而影响公众参与的积极性。

3. 经济条件的影响

经济因素也是影响公众参与的重要因素。经济发展水平对公众参与的影响是多方面的。首先,经济发展水平决定了社区可用于公众参与的资源和投入,经济发展水平的提高会带来社会财富的积累,为公众参与提供更多的物质支持。经济发展水平高的社区通常有更多的资金和资源来支持公众参与活动。其次,公众个人的经济状况也会影响其参与能力。经济状况较好的公众通常有更多的时间和精力来参与社区事务。因此,在推动社区自治的过程中,必须充分考虑政策法规和经济条件的作用,为公众参与创造良好的政策环境和经济条件。再次,经济发展水平会影响公众的教育水平和文化素养,进而影响公众参与的能力和意愿。一般来说,经济发展水平较高的地区,公众的教育水平和文化素养也相对较高,公众参与的能力和意愿也较强。最后,经济发展水平还会影响公众参与的机会和渠道。在经济发展水平较高的地区,公众参与的机会和渠道也会更加多样和丰富。

4. 媒体的影响

媒体在现代社会中扮演着非常重要的角色,它不仅是信息传递的重要渠道,也是公众参与的重要平台。媒体的报道和评论可以引导公众的关注点和态度,从而影响公众参与的方向和效果。例如,如果媒体能够充分报道公众参与的重要性和价值,鼓励公众积极参与,那么公众参与的可能性就会大大增加。同时,媒体的监督和批评也可以促使政府更加开放和透明,为公众参与创造更好的环境。然而,如果媒体被操纵或失去公信力,那么它的作用就会大打折扣,甚至可能阻碍公众参与的发展。

5. 信息技术的影响

随着信息技术的发展,互联网、社交媒体等新型信息传播工具在公众参与中发挥着越来越重要的作用。这些工具不仅拓宽了公众获取信息的渠道,降低了参与成本,还提高了公众参与的效率和影响力。通过社交媒体平台,公众可以实时了解社区动态、发表意见看法、参与讨论决策等。

然而,信息技术的发展也带来了一些挑战。一方面,信息的海量化和碎片化可能导致公众在参与过程中产生信息焦虑和无助感,例如数字鸿沟问题。

另一方面，网络的匿名性和开放性也可能导致一些不负责任的言论和行为影响公众参与的质量和效果，例如信息安全问题、隐私保护问题等。因此，在推动社区自治的过程中，必须充分利用信息技术带来的便利和优势，同时加强信息管理和引导工作，确保信息技术在公众参与中发挥积极作用，确保公众参与的安全性和便利性。除了信息技术，新的通信技术如区块链也为公众参与提供了新的视角。区块链的去中心化、透明性和不可篡改的特点，使得公众参与过程更加公正、公开。例如，通过区块链技术，可以建立一个不可篡改的公众参与记录系统，确保每个公众的参与行为都被准确记录，从而提高公众参与的信心和积极性。

第四节　新时代背景下"枫桥经验"的实践与创新

一、"枫桥经验"的历史背景与影响

"枫桥经验"起源于20世纪60年代初期的浙江省诸暨市枫桥镇，枫桥镇的干部群众创造的发动和依靠群众、矛盾不上交、就地解决的"枫桥经验"，历经各地的坚持和发展，逐步成为新时代做好基层社会治理的"金字招牌"，[①]成为我国基层社会治理的经典范例。其核心理念在于依靠群众、预防矛盾、化解纠纷，强调基层社会的和谐稳定。自那时起，"枫桥经验"便以其独特的魅力和实效，逐渐在全国乃至全球范围内产生了广泛而深远的影响。它不仅为我国基层社会治理提供了宝贵的经验和启示，也为全球社会治理提供了中国智慧和方案。

在"枫桥经验"的引领下，枫桥镇乃至整个诸暨市的社会治安状况得到了

① 参见李坤轩：《法治政府理论热点与实践进路研究》，人民出版社2023年版，第111页。

显著改善，基层矛盾纠纷得到了有效化解，人民群众的安全感、满意度不断提升。同时，“枫桥经验”也推动了基层民主自治的发展，激发了群众参与社会治理的积极性，形成了共建共治共享的社会治理新格局。

随着时间的推移，“枫桥经验”不断丰富和发展，逐步形成了具有中国特色的基层社会治理模式和理论体系。这一经验不仅在浙江省乃至全国范围内得到了广泛推广和应用，而且也为国际社会提供了可借鉴的基层社会治理经验。

二、“枫桥经验”的核心价值与原则

（一）群众参与

群众性是“枫桥经验”的本质特征。① “枫桥经验”的核心价值之一在于强调群众参与。这一价值源于中国共产党长期坚持的群众路线，即一切为了群众，一切依靠群众，从群众中来，到群众中去。在枫桥，群众参与不仅体现在政策的制定和执行过程中，更体现在矛盾纠纷的预防和解决机制中。群众被视为社会治理的主体，而非被动的接受者。他们被鼓励参与到社会管理的各个环节，包括社区治理、矛盾调解、安全维护等。

在新时代背景下，群众参与的价值更加凸显。随着社会结构的多元化和利益关系的复杂化，传统的由政府单一主导的社会治理模式已难以适应。而群众参与则能有效弥补政府治理的不足，提升治理的针对性和实效性。此外，群众参与还能促进社会民主化进程，增强公众的社会责任感和归属感。

在“枫桥经验”中，群众参与的原则主要体现在以下几个方面：一是广泛听取群众意见，确保政策制定符合民意；二是发挥群众的主体作用，鼓励群众积极参与到社会管理的各个环节；三是加强群众教育，提高群众的社会责任感和参与能力。

---

① 参见朱振甫、李鹏展：《群众性是“枫桥经验”的本质特征——“枫桥经验”群众性的哲学思辨》，《公安学刊》（浙江警察学院学报）2013 年第 4 期。

（二）法治先行

“枫桥经验”的另一核心价值是法治先行。法治是社会治理的基础和保障，也是实现社会公平正义的重要手段。在枫桥的社会治理实践中，始终坚持依法治理、依法行政、依法办事的原则，确保各项工作都在法治的轨道上运行。

新时代背景下，法治先行的价值更加凸显。随着社会经济的快速发展和利益关系的深刻调整，社会矛盾和问题日益复杂多样。只有坚持法治先行，才能确保社会治理的公正性和稳定性。同时，法治也是提升社会治理效能的重要手段。通过制定和执行科学、合理的法律法规，可以有效规范社会行为，维护社会秩序，促进社会和谐稳定。

在“枫桥经验”中，法治先行的原则主要体现在以下几个方面：一是坚持依法治理，确保各项工作都在法治的轨道上运行；二是加强法治宣传教育，提高公众的法律意识和法治素养；三是完善法律服务体系，为群众提供便捷、高效的法律服务。

三、“枫桥经验”的实践探索与创新路径

（一）探索制度创新

在新时代背景下，诸暨市在继承和发展“枫桥经验”的过程中，对制度创新进行了积极的探索。他们注重将传统经验与现代治理理念相结合，创造出适应新时代要求的新型制度体系，制定了一系列涉及社区管理、公共服务、矛盾调解等方面的地方性法规和政策。例如，设立了“矛盾调解中心”，采用多元化的纠纷解决方式，包括调解、仲裁、诉讼等，以提高解决社会矛盾的效率和公正性。

此外，还通过制度创新推动基层自治，实施了“社区自治章程”，明确了社区居民的权利和义务，规范了社区管理行为，增强了社区居民的参与意识和归属感。这一对制度创新的探索，不仅使“枫桥经验”在新时代焕发出新的活力，也为其他地区提供了可借鉴的经验。

（二）健全机制建设

在机制建设方面，诸暨市注重建立健全社会治理体系。通过整合政府、社区、社会组织等多方资源，形成了共同参与、多元共治的社会治理格局。诸暨市还通过引入现代信息技术，如大数据、云计算等，建立了社会治理信息化平台，提高了社会治理的精准性和高效性。

在公共安全领域，诸暨市建立了“一中心四平台”的社会治安防控体系，实现了对各类社会风险的实时监控和预警。同时，诸暨市还注重加强基层应急管理体系建设，提高应对突发事件的能力。这些机制建设的探索，使得诸暨市的社会治理体系更加完善、高效。

（三）探索社会治理模式

在社会治理模式方面，诸暨市积极探索符合新时代要求的治理模式，坚持问题导向，注重从实际出发，创新社会治理方式和方法。诸暨市实施了“网格化管理、组团式服务”的社会治理模式，将基层工作人员下沉到网格中，直接对接居民，提供精细化、个性化的服务。

同时，诸暨市还注重发挥社会组织和居民在社会治理中的主体作用，鼓励和支持社会组织参与社会治理，激发社会活力。通过开展各种形式的社区活动，增强社区居民的凝聚力和归属感。这些社会治理模式的探索，使得诸暨市的社会治理更加贴近实际、更加人性化。

（四）利用现代信息技术

在新时代背景下，“枫桥经验”积极吸收运用现代信息技术，实现治理手段的创新。诸暨市通过建立智能化的社区管理平台，将大数据、云计算、人工智能等先进技术与社区治理相结合，提升了治理的精准性和效率。例如，通过搭建社区信息化平台，实现社区信息资源的共享和高效利用，提升了社区治理的透明度和居民的参与度。此外，利用现代信息技术构建线上纠纷调解平台，使居民可以更加便捷地解决矛盾纠纷，提高了纠纷解决的效率和效果。

（五）推动社区自治

社区自治是“枫桥经验”的重要组成部分，也是新时代背景下推动基层社会治理创新的重要途径。诸暨市在实践中，通过完善居民自治制度，激发居民的参与热情，推动社区治理的民主化和自治化。例如，推行社区居委会直选制度，使居民能够直接参与到社区事务的决策和管理中，增强了居民的归属感和责任感。同时，通过培育社区自治组织，鼓励居民自发组织起来参与社区治理，形成了政府主导、居民参与、社会协同的治理格局。

（六）构建多元化纠纷解决机制

在新时代背景下，诸暨市不断创新纠纷解决机制，形成了多元化的纠纷解决体系。除了传统的诉讼解决方式外，诸暨市还积极探索非诉讼纠纷解决途径，如调解、仲裁、协商等。通过建立多元化的纠纷解决机制，有效地缓解了司法资源紧张的问题，提高了纠纷解决的效率和效果。同时，还注重发挥社区调解的作用，通过培养专业的社区调解员，使居民在发生纠纷时能够第一时间得到调解和协助，维护了社区的和谐稳定。

第四章　公众参与社会治理的评估机制研究

随着社会的快速发展和转型，社会治理面临着前所未有的挑战和机遇。一方面，公众对参与社会治理的期望和需求日益增强；另一方面，传统的社会治理模式已经难以适应复杂多变的社会环境。因此，如何有效地促进公众参与社会治理，提高治理的效率和质量，成为当前亟待解决的问题。

对社会治理而言，要实现社会公众的有效参与，就必须要构建起多元化的社会治理绩效评估机制，以保证社会各界的充分参与。[①] 评估机制在社会治理与公众参与之间起到了桥梁和纽带的作用。它通过对社会治理过程和结果的评估，为公众参与提供了有效的途径和方式。评估机制不仅可以帮助公众了解社会治理的现状和问题，还可以促进公众与政府、社会组织等多元主体之间的沟通和合作，推动社会治理的改进和创新。

第一节　评估机制的功能

社会治理评估机制，简而言之，是对社会治理活动进行系统性、定期性评估的一套机制。它的核心目的在于通过收集、分析和反馈社会治理过程中的信息，以评估治理效果，进而优化治理策略，提升治理质量。这套机制能够帮

---

① 参见傅利平、涂俊：《城市居民社会治理满意度与参与度评价》，《城市问题》2014 年第5 期。

助决策者更好地理解公众的需求和期待，同时使得公众参与社会治理的渠道更为畅通，参与过程更为透明。

评估机制作为一种监督和管理工具，在社会治理中发挥着不可或缺的作用。它通过定期或不定期的评估活动，对公众参与社会治理的效果进行量化或定性的分析，从而为政策制定者提供反馈，指导他们调整策略，优化决策。

评估机制可以根据不同的标准进行分类。按照评估的主体划分，可以分为内部评估和外部评估。内部评估主要由政府部门或相关组织自行进行，主要关注治理行为的合规性和效率性；外部评估则主要由第三方机构或公众进行，更强调治理行为的公正性和满意度。按照评估的时间划分，可以分为事前评估、事中评估和事后评估。事前评估主要用于预测和规划，事中评估用于监控和调整，事后评估则用于总结和反馈。

评估机制作为社会治理的重要工具，其理论基础主要包括绩效评估理论、公共管理伦理理论以及利益相关者理论等。这些理论为评估机制的构建提供了理论支撑和实践指导。

绩效评估理论关注于如何通过定性和定量的方法，对社会治理的效果进行客观评价。这一理论认为，绩效评估不仅可以帮助政府了解社会治理的实际效果，还能为公众提供参与社会治理的激励和约束。

公共管理伦理理论则强调在社会治理过程中，政府、社会组织和公众都应该遵循一定的伦理规范，确保社会治理的公正性和有效性。这一理论认为，公众参与社会治理的过程也是一种伦理实践的过程，公众应该通过参与评估机制，对政府的行为进行监督和评价。

利益相关者理论则认为，社会治理是一个涉及多方利益主体的复杂过程，政府、社会组织和公众都是其中的利益相关者。在这一理论框架下，评估机制应该充分考虑各方的利益诉求，确保公众参与的有效性和治理效果的可持续性。

公众参与和评估机制之间的关系是相辅相成的。一方面，公众参与是评估机制的基础和前提,没有公众的广泛参与,评估机制就失去了存在的意义。另一方面,评估机制又是公众参与的重要保障和激励,通过评估结果的反馈和应用,可以激发公众参与社会治理的积极性和创造性。因此,在构建社会治理的理论框架时,必须充分考虑公众参与和评估机制之间的相互关系和作用机制。

一、引导与规范公众参与行为

评估机制在公众参与社会治理中起着至关重要的作用。它不仅是一套标准和规则,用于衡量公众参与的质量和效果,更是一种激励机制,鼓励公众积极、有效地参与到社会治理中来。评估机制的核心在于其引导性和规范性。

(一)评估机制对公众参与行为的引导作用

1. 行为选择的影响

评估机制对公众参与行为的引导,首先表现在对公众行为选择的影响上。在一个健全的评估机制下,公众的行为选择往往会趋向于与社会治理目标相一致的方向。评估机制通过设定明确的标准和期望,为公众提供了参与社会治理的指南。公众在参与社会治理时,会参照这些标准和期望来做出行为选择,以实现自身利益的同时,也符合社会治理的整体利益。

具体来说,评估机制的影响体现在以下几个方面:

一是增加信息透明度。评估机制要求公开透明地展示社会治理的效果和进度,这使得公众能够更全面地了解相关信息。在信息透明的情况下,公众的行为选择会更加理性,避免盲目跟风或做出错误决策。

二是引导预期收益。评估机制往往与奖励和惩罚措施相结合,通过给予积极参与并作出贡献的公众以一定的奖励,同时对消极参与或造成负面影响的公众进行适当的惩罚,从而引导公众根据预期收益来选择自己的行为。

三是强化社会责任感。评估机制强调公众在社会治理中的责任和角色,促使公众更加积极地参与到社会治理中来。公众在意识到自己的行为将受到评估时,会更加注重自身的社会责任感,从而做出更符合社会治理目标的行为选择。

2. 行为效果的影响

评估机制对公众参与行为的引导效果是评估机制设计和实施过程中的重要考量因素。一个有效的评估机制应该能够显著提升公众参与社会治理的积极性和质量。

其一,评估机制有利于提升公众参与的透明度和可信度。当公众清楚地知道他们的参与将如何被评估和利用时,他们更有可能投入到这些活动中。评估机制的存在确保了公众参与不仅是形式上的,而是真正地被纳入到决策过程中。这种透明度和可信度的提升,能够激励公众更加积极地参与,从而提高整体的参与质量。其二,评估机制有利于强化公众参与的结构和目标导向。通过设定明确的评估标准和目标,评估机制能够帮助参与者理解他们的行为和意见是如何对最终结果产生影响的。这种结构化的参与方式有助于引导公众的注意力集中于最关键的议题上,确保讨论和活动能够针对性地解决具体问题。其三,评估机制可以促进持续改进和学习。评估机制提供的反馈不仅对于决策者来说至关重要,对于参与者本人也同样重要。通过对参与过程和结果的评估,可以总结出成功的要素和需要改进的地方。这种持续的学习过程有助于公众在未来的参与中更加有效地表达自己的观点和需求。其四,评估机制能够增强公众参与的责任感和归属感。当公众看到他们的参与被正式评估,并且他们对决策过程的贡献得到了认可时,他们会感到更有责任感和归属感,可以进一步增强他们的参与意愿,因为他们知道自己的努力是被看见并且有价值的。其五,评估机制有利于保障公众参与的公正性和公平性。一个科学合理的评估机制能够确保所有参与者的声音都被平等地听到。它有助于防止某些利益集团的过度影响,确保决策过程中的多元声音得到平衡和尊重。由此可见,在评估机制的引导下,公众的行为选择往往更加理性、有序和高效。公众会更加关注社会治理的整体利益,积极参与并贡献自己的力量。同时,评估机制还能够激发公众的创造性和创新精神，推动社会治理的不断改进和完善。

然而，评估机制对公众参与行为的引导效果也受到多种因素的影响。首先，评估机制的设计和实施必须科学、公正和透明，避免出现不公平、不公正或不合理的情况。其次，评估机制需要与公众的实际需求和利益相结合，避免过于僵化或脱离实际。最后，评估机制需要得到公众的认可和支持，才能够发挥其最大的引导作用。

在实际应用中，评估机制对公众参与行为的引导效果可以通过一系列指标进行评估，如公众参与度、行为质量、社会满意度等。通过对这些指标的分析和比较，可以了解评估机制的实际效果，从而为改进和优化评估机制提供依据。

总的来说，评估机制在引导公众参与行为方面发挥着重要作用。同时，评估机制的设计和实施也需要充分考虑实际情况和公众需求，以确保其能够发挥最大的引导作用。因此，对评估机制的实际效果进行定期总结和调整也是必不可少的。

（二）评估机制对公众参与行为的规范作用

1. 对行为的规定

评估机制在公众参与社会治理中扮演着至关重要的角色，它不仅引导公众的行为选择，更是对公众行为进行规范和约束的重要工具。在行为规定方面，评估机制主要通过制定明确的行为准则和标准来实现。

首先，评估机制通过明确的行为准则来规定公众在参与社会治理过程中应有的行为表现。这些行为准则可以是法律法规、政策文件、道德规范等，它们为公众提供了一个明确的行为导向，使公众在参与社会治理时能够明确知道什么是可以做的，什么是不可以做的。例如，在环境保护领域，评估机制可以规定公众在参与环境保护活动时应遵守的行为准则，如不得乱扔垃圾、不得破坏生态环境等。

其次，评估机制还通过制定行为标准来规范公众的行为。这些行为标准可以是定量的指标，也可以是定性的描述，它们为公众提供了一个可衡量的行为尺度。公众在参与社会治理时，需要按照这些行为标准来约束自己的行为，以确保自己的行为符合社会治理的要求。例如，在公共服务领域，评估机制可以通过制定服务质量标准，规定公众在提供公共服务时应达到的服务水平，如服务态度、服务效率、服务对象满意度等。

通过这些行为规定，评估机制为公众参与社会治理提供了一个明确的行为指南，使公众能够明确知道自己在参与社会治理过程中应有的行为表现和应达到的行为标准。这不仅有助于规范公众的行为，也有助于提高社会治理的效果和公正性。

2. 对行为的约束

评估机制对公众参与行为的规范作用还体现在行为约束方面。行为约束是指通过评估机制对公众行为进行限制和制裁，以确保公众行为符合社会治理的要求。评估机制通过行为约束可以促使公众更加理性、负责地参与社会治理，避免无序和混乱的情况发生。

首先，评估机制通过设立奖惩机制来实现行为约束。在公众参与社会治理的过程中，评估机制会对公众的行为进行监督和评价，并根据评价结果给予相应的奖惩。当公众的行为符合社会治理要求时，例如遵守法律法规、积极参与社区服务或有效节约资源，评估机构会给予正向激励，例如给予金钱奖励、荣誉证书、公开表彰等形式。这样的正向激励不仅能够提高个人的社会地位，增强其社会责任感，还能激发更多人效仿，形成良好的社会风尚。相反，对于那些违反社会治理要求的行为，如破坏公共秩序、环境污染或欺诈等不诚信行为，评估机制可采取负向制裁，以起到警示和威慑的作用。例如信用降级或其他形式的社会排斥。通过这些措施，评估机制有助于抑制不良行为，保护社会秩序和公共利益，从而有效地约束公众的行为，促使公众更加理性、负责地参与社会治理。

其次,评估机制还可以通过社会监督来实现行为约束。社会监督是指公众对他人行为进行的监督和评价。在公众参与社会治理的过程中,评估机制可以通过公开透明的方式将公众的行为暴露在社会监督之下。当评估机制置于公众视野之下时,任何偏离既定规则的行为都有可能受到曝光,从而促使个体和机构更加注重自身行为的规范性和合理性。这样,公众的行为就会受到他人的关注和评价,从而形成一种社会压力,约束公众的行为。

最后,评估机制还可以通过教育引导来实现行为约束。评估机制可以通过宣传教育、培训等方式提高公众的社会责任感和参与社会治理的能力。通过教育引导,公众可以更加深入地理解社会治理的重要性,明确自己在参与社会治理中的责任和义务,从而自觉地约束自己的行为。通过教育引导来实施评估机制,不仅能有效地促进行为规范的内化,还能在长远中培养出积极的社会公民。

总之,评估机制通过行为约束可以实现对公众参与行为的规范和约束。通过设立奖惩机制、社会监督和教育引导等方式,评估机制可以有效地促使公众更加理性、负责地参与社会治理,避免无序和混乱的情况发生。这对于提高社会治理的效果和公正性具有重要意义。

二、监测与反馈公众参与效果

评估机制在监测及反馈公众参与效果方面扮演着重要角色。通过对公众参与过程和结果的评估,可以及时发现存在的问题和不足,为改进社会治理提供科学依据。同时,评估机制还能够激励公众更加积极地参与到社会治理中来,形成良性循环。

(一)评估机制对公众参与社会治理效果的监测

评估机制能够持续监测公众参与社会治理的效果,及时发现问题和不足。通过定期的评估,可以获取关于公众参与活动的反馈信息,进而对参与策略进行调整和优化。

1. 实施步骤与策略制定

要实现公众参与社会治理效果持续监测，首先需要制定详细的实施步骤和策略。在初步阶段，需要建立一个由多部门组成的联合工作小组，负责监测机制的规划和设计。此工作小组应由政府部门、社会组织、研究机构和公众参与代表等成员构成，确保各方利益的均衡和监测机制的有效性。

接下来，需要制定具体的实施步骤。首先，通过问卷调查、访谈和专家评估等方式，收集当前公众参与社会治理的现状和存在的问题。其次，基于前期收集的数据和理论分析，构建具体的监测指标体系。之后，选择合适的数据收集和处理方法，进行数据的收集、分析和解释。最后，根据监测结果，对公众参与社会治理的效果进行评估，提出改进意见和建议。

在策略制定方面，应注重实际操作性和灵活性。根据具体情况，可采用定期监测和不定期抽查相结合的方式，确保监测结果的全面性和准确性。同时，应建立反馈机制，及时对监测结果进行反馈和修正，提高监测机制的科学性和有效性。

2. 角色定位与责任分配

在实施监测机制的过程中，各参与方的角色定位和责任分配至关重要。政府部门应作为监测机制的主导者，负责制定监测政策、提供必要的资源和支持，并推动监测机制的有效实施。社会组织和研究机构可作为技术支持和智囊团，提供理论支持和技术指导，协助政府部门完善监测机制。公众参与代表则应作为监督者和反馈者，参与监测过程，提出改进建议，确保监测机制真正反映公众的需求和利益。

在责任分配方面，应明确各参与方的职责和义务。政府部门应承担起总体规划和监督管理的责任，确保监测机制的正常运行。社会组织和研究机构应负责提供技术支持和咨询服务，协助政府部门完善监测机制。公众参与代表则应积极参与监测过程，提出改进建议，推动监测机制的不断完善。

（二）评估机制对公众参与社会治理效果的反馈

1. 效果反馈的重要性

首先，促进公众与政府间的互动与沟通。评估机制的核心价值在于其提供了反馈。效果反馈为公众提供了发声的平台，使公众能够将自己的意见和建议传达给政府，帮助政府更准确地把握公众需求，提高政策的针对性和有效性。同时，这也为政府提供了一个了解公众反馈的渠道，有助于政府及时调整政策方向，优化治理策略。

其次，提高社会治理的透明度和公正性。效果反馈机制要求政府公开治理过程和结果，接受公众的监督。当公众看到自己的意见和建议得到重视和采纳时，他们会更加信任和支持项目。这种信任和支持不仅有助于提高项目的实施效果，还有助于增强公众对政府的信任度和满意度，也提高了政府工作的透明度和公正性。在公开透明的环境下，公众能够更加清晰地了解政府的工作动态和政策效果，从而更加积极地参与到社会治理中来。

再次，推动社会治理的持续改进。效果反馈机制能够及时发现社会治理中存在的问题和不足，为政府提供改进的依据和方向。政府通过收集和分析公众反馈的信息，可以了解到社会治理的短板和弱项，从而有针对性地制定改进措施，不断提升社会治理水平，更好地满足公众的需求和期望。

最后，增强公众的社会责任感和参与意识。通过参与效果反馈，公众能够更加深入地了解社会治理的重要性和复杂性，增强自身的社会责任感和参与意识。这不仅有助于形成全社会共同参与社会治理的良好氛围，也能够为构建和谐社会、实现可持续发展奠定坚实的基础。

2. 效果反馈的主要途径

在公众参与社会治理的过程中，效果反馈的实现依赖于多种途径和机制的协同作用。

首先，评估机制必须能够全面而准确地捕捉公众参与的多维度信息。这包括参与者的数量、背景多样性、参与方式、讨论的深度与广度，以及最终决策过程中公众意见的实际影响程度。为此，可以设立专门的监测团队，运用定量调查、定性访谈和内容分析等方法，从不同角度综合评价公众参与的实际效果。

其次，评估机制要能及时地提供反馈。一般而言，在公众参与活动结束后不久，相关的评估报告应该能够出炉。快速响应不仅有助于保持公众对参与成效的关注，而且可以让决策者迅速了解并采纳公众的意见和建议。因此，建立一个标准化且自动化的数据收集系统将极大提升效率，保证信息的即时性和准确性。

再次，评估机制应当具有高度的透明度。公众有权知晓他们的参与如何被处理以及其实际效果。为此，评估报告不仅要详细，还应该在适当的平台公开。这种开放性不仅能够提高评估过程本身的可信度，还能激励更多的人参与到未来的活动中，因为他们相信自己的声音会被听到并且有影响力。

最后，评估机制需要具备批判性和建设性。它不应仅仅是一个简单的统计工具，而是应通过深入的分析来判断问题所在，并提出具体的改进措施。例如，如果发现某一参与渠道未能吸引目标群体，评估报告应能指出可能的原因，并建议采取何种策略以增强吸引力和包容性。

同时，评估机制应鼓励跨部门的合作。有效的公众参与往往涉及多个利益相关方，因此评估过程中的协同作用对于理解全局至关重要。通过建立跨职能的工作小组，不仅可以促进资源共享，还可以确保评估结果得到广泛的接受并转化为实际行动。评估机制本身不是一成不变的，也需要不断进化。随着社会的变迁和技术的进步，新的参与方式和工具会持续出现。因此，评估机制要具备灵活性，能够适应这些变化，并在必要时进行更新或重构，从而持续优化和提升参与过程的质量，真正实现公众参与在民主决策中的重要作用。

三、提升公众参与质量

评估机制通常包括一系列的评价标准和方法，这些标准和方法不仅能够衡量公众参与的数量,还能够评估参与的质量和效果。通过这种全面的评估,可以梳理出哪些参与方式和方法更为有效,哪些需要改进,可以引导公众更加理性、有序地参与到社会治理中来,避免盲目和无效的参与行为。

(一)促进透明度和公正性

评估机制可以帮助监督公众参与的过程是否符合程序和规定,确保公众参与的透明度和公正性。通过评估机制,可以及时发现和纠正公众参与中可能存在的问题和不当行为,保障公众参与的公平公正。通过公开的评估结果和反馈,可以增加公众对参与过程的信任和支持。公开评估机制可以让公众了解参与的效果和成效,促进公众对社会治理的监督与参与。

(二)提高效率和结果

评估机制可以评估公众参与的效果和成效,帮助政府和社会组织了解公众参与的实际影响和价值,通过及时发现公众参与的优势和不足,为改进和提升公众参与提供参考和指导。

实践中,评估机制在提高公众参与的效率和结果方面,主要采取以下措施:

其一,评估机制需要确立明确的目标和指标。公众参与的效率和结果评估应当基于具体、可量化的标准,如参与人数、意见反馈的质量、决策的影响等。这些指标不仅为评估提供依据,也为公众提供了明确的参与导向。

其二,评估机制应包含对公众参与流程的全面审查。这包括参与前的准备、参与过程的管理以及参与后的结果分析。通过对流程的每个环节进行评估,可以发现潜在的瓶颈和不足,从而提出改进建议,优化参与流程。

其三,评估机制应强调对参与者的激励机制。公众参与往往需要投入时间和精力,因此,建立有效的激励措施对于提高参与度至关重要。这些激励可以是物质奖励,如奖品、补贴等;也可以是非物质奖励,如表彰、荣誉证书等。通过这些激励,可以显著提高公众的积极性和参与度。

其四,评估机制应采用多元化的参与渠道和工具。随着互联网和社交媒体的发展，公众参与的方式越来越多样化。在线论坛、问卷调查、社交媒体互动等手段能够有效地拓宽参与的范围和深度。评估机制需要对这些工具的有效性进行评估，并选择最合适的工具以促进广泛的公众参与。

其五，评估机制应注重结果的应用和反馈。公众参与的最终目的是影响决策，因此，评估机制需要确保参与结果能够被决策者采纳，并对政策制定产生实质性的影响。同时，对公众的反馈也是必不可少的。通过及时向公众通报参与结果，不仅可以增强公众的信任感，还可以激发更多公众的参与热情。

其六，评估机制应定期进行自我评估和更新。随着时间的推移和社会的发展，公众参与的需求和方式也在不断变化。因此，评估机制本身也需要定期进行审视和调整，以确保其适应时代的需求。

（三）增强参与者的责任感和参与意愿

评估机制不仅仅是一种管理工具，它更是一种激励手段。通过建立一套科学、合理且透明的评估体系，可以对公众参与的行为进行量化和评价，从而让参与者感受到自己的贡献被社会所认可和尊重。这种肯定感会转化为更强烈的责任感和持续的参与动力。

公众在参与社会治理时往往需要明确方向和目标。评估机制通过设定具体的评价指标，如参与频率、质量、影响力等，可以为公众提供清晰的参与指南，帮助他们理解何种行为是被鼓励和期待的。评估机制定期向公众反馈他们的参与效果，并对表现突出的个体或团体给予表扬和奖励，可以有效提高公众的积极性和满意度。这种正向激励机制能够激发公众的内在动机，促使他们更加积极地参与社会治理。评估机制有利于评估过程的公正性和透明性，可以增强公众的信任感。当公众相信自己的努力能够得到公正评价时，他们更愿意承担起社会责任，积极参与到社会治理中来。评估机制可以促进公众参与的持续改进和提升。通过不断评估和反馈，可以发现公众参与的问题和挑战，及时调整和改进公众参与的方式和机制，提高公众参与的质量和效果。

四、增强公众与政府间的互动与信任

（一）公众与政府间互动与信任的重要性

信任，作为一种社会关系的重要纽带，是指个体或组织在面对不确定性时，对另一方所持有的正面期望和信心。在公众与政府的互动中，信任发挥着至关重要的作用。它不仅关系到政府的形象和声誉，影响着政府的决策效率和公共政策的执行，更影响着政策的执行效果和社会的稳定和谐。

公众与政府之间的互动和信任是现代社会民主制度的基石。一方面，互动可以促进信息的交流和共享，使政府更加了解公众的需求和期望，从而制定出更加符合民意的政策。另一方面，信任可以降低社会交易成本，提高政府的公信力，为政策的顺利实施创造良好的社会环境。

（二）评估机制增强公众与政府间互动信任的途径与效果

一是建立公开透明的评估标准和程序，确保评估结果的公正性和准确性。社会公正是社会发展的重要基石。评估机制使得公众能够更加平等地参与到决策和政策制定过程中，表达自己的利益诉求和意见。这种参与权的平等分配有助于减少社会不公和矛盾，促进社会和谐与稳定。

二是鼓励公众积极参与评估过程，提供反馈和建议，促进政府与公众之间的沟通和互动。评估机制能够促进政府部门与公众的信息共享和协作。通过公开评价数据和结果，政府部门和公众可以相互学习和借鉴，共同提高政策制定的质量和效率。这种信息共享和协作有助于形成政策合力，提高政策的整体效能，增加政府与公众间的良性互动。

三是及时公开评估结果和改进措施，让公众了解政府的工作进展和成效。在决策过程中，公众参与不仅为决策者提供了多元的视角和丰富的信息，还促使决策者更加审慎地权衡各种利益。评估机制使得决策者能够量化分析公众的意见和建议，从而更加全面地了解社会需求和民意，减少决策失误的风险。通过公众参与度评价指标的应用，决策者可以及时获得公众对决策方案的反馈和意见，进而对方案进行有针对性的调整和优化。这种互动式的决策过程不仅能够提高决策的科学性和合理性，还能增强决策的可接受性和实施效果。

四是通过评估结果的反馈和监督，推动政府不断改进和提升自身能力，提高公众对政府的信任度和满意度。政策透明度是公众对政策制定和执行过程了解和监督的关键。评估机制通过公开、透明的评价方式，使得公众能够清晰地了解政策制定的背景和过程，以及政策实施的效果和影响。这种透明度的增加有助于消除公众对政策制定的疑虑和误解，增强公众对政策的信任和支持。

五、推动公众参与的制度化进程

评估机制的建立和实施，意味着公众参与社会治理被纳入到了一个更为正式和制度化的轨道。这不仅有助于提升公众参与的稳定性和持续性，也为公众参与提供了更为坚实的制度保障。

首先，评估机制能够促进公众参与社会治理的制度化。通过评估机制的引导和规范，公众参与社会治理的行为更加符合制度要求，形成了一种稳定的参与模式。这种参与模式不仅有利于提高公众参与的效率和效果，还有利于推动社会治理体系的不断完善和发展。

其次，评估机制能够推动社会治理模式的创新。在评估过程中，可以发现和总结公众参与社会治理的成功经验和做法，为社会治理模式的创新提供有益的参考和借鉴。同时，评估机制还能够及时发现和反映社会治理中存在的问题和不足，为改进和完善社会治理模式提供重要的依据和动力。

最后，评估机制还能够提高社会治理的透明度和公信力。通过公开透明的评估过程和结果，可以让公众更加了解和信任社会治理的过程和效果，增强公众对社会治理的信心和支持。这种透明度和公信力的提升，不仅有利于推动公众参与社会治理的制度化进程，还有利于提高社会治理的整体水平和质量。评估机制还可以促进公众参与社会治理的可持续发展。通过不断地评估和反馈，公众和政府可以不断改进和完善公众参与社会治理的机制和模式，使公众参与社会治理成为一种持续、稳定、有效的社会治理方式。

综上所述，评估机制在推动公众参与社会治理中扮演着至关重要的角色。它不仅为公众参与提供了明确的方向和指引，还能够监测和反馈参与效果，提升参与质量，增强公众与政府间的互动与信任，推动公众参与的制度化进程。因此，建立和实施评估机制是推动公众参与社会治理不可或缺的一环。

第二节　评估机制的原则与方法

公众参与社会治理的效果往往受到多种因素的影响，其中评估机制的科学性和有效性是其中的关键因素。评估机制的科学性和有效性，对于指导公众参与实践、优化公众参与流程、提升公众参与效果具有不可替代的作用。因此，构建一套合理的公众参与社会治理评估原则和方法，不仅有助于提高政策的透明度和公众满意度，还能够有效促进社会治理体系和治理能力现代化。因此，构建公众参与社会治理的评估原则和方法具有重要的理论和实践意义。

一、公众参与社会治理评估机制的原则

（一）当前评估机制的现状分析

现有的公众参与社会治理评估机制在一定程度上已经展现出了其独特的优势，为公众参与社会治理提供了有力的支持。

1. 提升政策制定的透明度与合理性

公众参与评估机制使得政策制定的过程更为透明。当政府在制定相关社会治理政策或项目时，通过邀请公众参与讨论和评价，能够使决策过程公开化、透明化。这种开放性不仅让民众了解政策背后的考量因素，也促进了政策的合理性，因为公众可以从不同的视角提供反馈，确保政策更符合社会需求与期待。

2. 增强政策的接受度与执行力

当公众在评估过程中被聆听并见证其意见被采纳，他们对最终形成的政策有更强的认同感。这样的政策更容易得到广泛的支持，从而在执行阶段遭遇更少的阻力，提高政策的执行效率。同时，这种包容性的评估过程也有利于培育公民的责任感和归属感，进一步巩固社会共识。

3. 强化监督与责任追究机制

一个有效的公众参与评估机制为公众监督政府行为提供了平台。公众可以通过各种途径表达不满或提出质疑，政府则需对这些问题作出回应。这样的互动形成了一种软性监督，迫使政府机构必须对自己的决策和执行承担起相应的责任。长期而言，这有助于建立起一套更加健全的责任追究制度。

4. 促进民主政治的深化发展

公众参与社会治理的评估是民主政治实践的重要组成部分。它不仅仅是民主形式的一种体现，更是民主本质的彰显。通过这种方式，每个公民都能有机会参与到国家治理中来，体验到民主权利的实际效用。长此以往，公众的政治参与意识和能力都会得到显著的提升，这对于民主制度的健康发展具有深远的意义。

5. 优化资源配置，提高公共服务质量

在公众参与评估的框架下，资源的配置将更贴近民意。这是因为公众会基于自身的实际需要对不同的社会治理项目进行优先级排序，帮助决策者总结发现最为迫切需要关注的领域，这不仅能更有效地利用有限的资源，还能提高公共服务的质量，使之更加符合民众的期望。

6. 增进社会和谐与稳定

公众参与社会治理评估机制有助于缓解社会矛盾。在评估过程中，不同群体和个人的意见都有机会得到听取和考虑，这有助于平衡不同利益关系，找到最大公约数。通过这种方式，可以及时解决潜在的矛盾和冲突，维护社会的和谐稳定。

尽管现有的公众参与社会治理评估机制具有一定的优势，但也存在一些不足之处。

1. 评估标准不够统一，有时存在模糊

由于各地在公众参与社会治理方面的实践存在差异，导致评估标准难以统一。这使得不同地区之间的评估结果难以进行横向比较和分析。另外，评估标准有时存在模糊性。在实际操作中，公众参与的程度、效果和影响力很难被量化和标准化，这就导致了评估结果的主观性和随意性。缺乏明确的评估标准不仅使得社会治理的效果难以衡量，也让公众对自身参与的价值产生了疑问。这种状况无疑削弱了公众参与的动力，进而影响了社会治理的整体质量。

2. 评估过程透明度不足，有时信息不够对称

一些评估机制在评估过程中缺乏透明度，公众参与的程度和方式有限，容易导致评估结果的不公正和失真。因此，提高评估过程的透明度是现有评估机制亟待解决的问题之一。评估过程中的信息不够对称也是一个不容忽视的问题。在现有的评估机制中，政府和相关部门往往掌握了更多的信息资源，而普通公众则处于信息的下游。这种不平等的信息状态使得公众难以全面了解社会治理的进展和成效，也就无法做出准确有效的反馈和建议。信息的不够对称不仅阻碍了公众参与的深度和广度，也使得评估结果失去了应有的公信力和参考价值。

3. 数据收集和分析方法有限，有时忽视公众参与的多样性

目前一些评估机制在数据收集和分析方面还存在一些局限性，如数据来源单一、数据处理方法不够科学等。这些问题会影响评估结果的准确性和可靠性。同时，目前的评估机制有时会忽视公众参与的多样性。社会治理是一个复杂的系统工程，涉及的领域广泛，参与者的背景各异。然而，评估机制很多时候采取“一刀切”的方式，没有充分考虑到不同群体、不同领域的特点和需求。这种做法不仅无法真实反映公众参与的全貌，也可能忽视或者压制了

一些创新和有益的社会治理尝试。

4. 反馈机制不够完善，时效性存在一定的不足

虽然许多评估机制都建立了反馈机制，但在实际操作中仍存在一些反馈不及时、反馈结果处理不力等问题。这导致评估结果难以真正发挥作用，难以促进社会治理的改进和提升。同时，社会治理是一个动态的过程，需要及时的反馈和调整。但是，现有的评估机制往往存在一定的滞后性，不能及时发现问题和不足，更难以做到实时监控和预警。这种滞后不仅减慢了社会治理的反应速度，也可能导致问题的积累和放大。

综上所述，现有的公众参与社会治理评估机制既有优势也有不足。为了更好地发挥评估机制的作用，需要进一步完善评估标准、提高评估过程透明度、改进数据收集和分析方法以及优化反馈机制等方面的工作。同时，还需要积极探索新的评估方法和手段，以适应公众参与社会治理的新形势和新要求。

（二）评估机制原则应包含的要素

1. 透明度

透明度是公众参与社会治理评估原则的核心要素之一。它要求评估过程和结果必须是公开可见的，以便公众能够了解并参与评估。透明度的重要性体现在以下几个方面。

首先，透明度有助于建立公众对评估机制的信任。当公众能够清楚地了解评估的标准、过程和结果时，他们更有可能相信评估的公正性和有效性。这种信任有助于增强公众对社会治理的参与度和满意度。

其次，透明度有助于促进公众对社会治理的理解和参与。通过公开评估信息和结果，公众可以更好地了解社会治理的现状和问题，从而提出更有针对性的意见和建议。这种参与有助于推动社会治理的改进和创新。

最后，透明度还有助于监督政府行为，防止权力滥用和腐败现象的发生。当政府行为受到公众的监督时，政府会更加谨慎地行使权力，避免滥用职权和滋生腐败。

因此，在构建公众参与社会治理评估原则时，必须强调透明度的重要性，确保评估过程和结果的公开可见。同时，政府和社会组织也应该加强信息公开和透明度建设，提高公众对评估机制的信任度和参与度。

2. 公正性

公正性是公众参与社会治理评估原则的另一核心要素。它要求评估过程必须公平、公正、无偏见，确保所有参与者的权益得到充分保障。公正性的确保对于增强公众对评估机制的信任度和参与度具有重要意义。

首先，公正性有助于确保评估结果的客观性和准确性。当评估过程受到公正性原则的约束时，评估者会更加谨慎地考虑各种因素，避免主观偏见和利益干扰。这有助于确保评估结果的客观性和准确性，提高评估的可信度和有效性。

其次，公正性有助于促进公众的平等参与。在评估过程中，公正性原则要求对所有参与者一视同仁，不因身份、地位、财富等因素而有所偏见。这有助于确保公众的平等参与权，促进社会的公平和正义。

最后，公正性还有助于增强公众对政府的信任和支持。当政府行为受到公正性原则的约束时，公众更有可能相信政府的公正性和合法性。这有助于增强公众对政府的信任和支持，促进社会的稳定和发展。

因此，在构建公众参与社会治理评估原则时，必须确保公正性的原则得到充分体现。这要求评估机构、评估者和参与者都要遵守公正性原则，确保评估过程的公平、公正和无偏见。同时，政府和社会组织也应该加强公正性建设，提高公众对评估机制的信任度和参与度。

3. 包容性

包容性是公众参与社会治理评估原则的重要组成部分，其影响深远且广泛。它要求评估机制能够容纳和尊重各种不同的观点、利益和需求，确保所有相关方都能参与到评估过程中来。

首先，包容性能够促进社会多元化和民主化进程。在一个包容的评估环境中，各种社会群体和个体都有机会表达自己的声音和诉求，这有助于形成更加多元化和民主化的社会治理模式。这种治理模式能够更好地反映社会的多样性和复杂性，提高社会治理的针对性和有效性。

其次，包容性有助于增强社会的凝聚力和稳定性。当评估机制能够容纳和尊重各种不同的观点和利益时，社会中的矛盾和冲突就更容易得到化解和调和。这有助于增强社会的凝聚力和稳定性，促进社会的和谐与发展。

最后，包容性还能够促进创新和进步。在一个包容的评估环境中，不同的观点和思想可以自由交流和碰撞，这有助于激发创新和灵感。这种创新和灵感能够为社会治理带来新的思路和方法，推动社会治理的不断进步和发展。

因此，在构建公众参与社会治理评估原则时，必须强调包容性的重要性。这要求评估机制具有开放性和包容性，能够容纳和尊重各种不同的观点和利益。同时，政府和社会组织也应积极营造包容性的社会环境，促进社会的多元化和民主化进程，增强社会的凝聚力和稳定性，推动社会的创新和进步。

4. 有效性

有效性是公众参与社会治理评估原则的最终目标，它涉及评估机制的实际效果和影响力。提升有效性的过程，实质上就是不断优化评估机制，确保其能够真实反映社会治理的现状和问题，并为社会治理的改进提供有力支持。

首先，需要明确评估的目的和标准。评估的目的应该与社会治理的目标相一致，而评估标准则应该具有可操作性和可衡量性，能够真实反映社会治理的实际情况。同时，评估机制的设计和实施也应该充分考虑各种实际因素，确保评估结果的准确性和可靠性。

其次，加强评估结果的反馈和应用。评估结果应该被及时反馈给相关部门和人员，以便他们能够根据评估结果进行改进和调整。同时，评估结果也应该被广泛应用于政策制定和决策过程中，为政府和社会组织提供有力的参考和支持。

再次，注重评估机制的持续改进和创新。随着社会的不断发展和变化，评估机制也需要不断适应新的形势和需求。因此,政府和社会组织应该加强对评估机制的研究和探索,不断创新评估方法和手段,提高评估机制的科学性和有效性。

最后,加强公众参与和监督。公众参与不仅能够增强评估机制的透明度和公正性,还能够为评估提供更为丰富和全面的信息。而公众监督则能够确保评估机制不被滥用和操纵,保持其独立性和客观性。因此,政府和社会组织应该积极鼓励和引导公众参与和监督评估机制的实施和运行。

综上所述,提升有效性是构建公众参与社会治理评估原则的重要目标。要实现这一目标,需要明确评估的目的和标准,加强评估结果的反馈和应用,注重评估机制的持续改进和创新,以及加强公众参与和监督。只有这样,才能确保评估机制在社会治理中发挥更大的作用,推动社会的和谐与发展。

(三)公众参与社会治理评估机制的具体原则

评估机制的基本原理在于通过一系列科学、客观、可操作的评价标准和方法,对公众参与社会治理的过程和效果进行量化分析和评价。这一机制旨在确保公众参与的广泛性、有效性和持续性,从而推动社会治理的民主化、科学化和规范化。公众参与社会治理的评估机制应遵循以下几个基本原则。

1. 可持续性原则

可持续性是社会治理评估机制设计的核心原则之一。这意味着评估机制不仅要满足当前的需求,还要能够适应未来社会、经济和政治环境的变化。为实现这一目标,评估机制必须建立在可持续的数据收集和分析基础上,确保长期、稳定的数据来源。同时,评估机制的设计应考虑成本效益,避免过高的经济负担影响其实施的可持续性。

为了实现可持续性原则,可以从以下几个方面做出努力。

首先,建立一个长期的数据收集和分析体系。这包括稳定的数据来源、建立数据收集和处理的标准化流程,以及定期更新和维护评估指标体系。通过这些措施，确保评估机制能够持续、稳定地提供有关公众参与社会治理效果的信息。

其次，关注评估机制的成本效益。在评估机制的设计和实施过程中应充分考虑经济因素，避免过高的成本对社会治理的可持续性产生负面影响。例如，可以通过优化数据收集和处理流程、提高数据分析的效率和质量等方式来降低监测机制的成本。

最后，关注评估机制与社会、经济和政治环境的协调性。在评估机制的设计和实施过程中应充分考虑社会环境的变化和影响，确保评估机制能够适应这些变化并为其提供有用的信息。例如，我们可以根据社会环境的变化来调整评估指标体系，以确保其能够准确反映公众参与社会治理的效果。

2. 科学性原则

科学性原则是评估机制设计的基石，它要求我们在设计和实施评估机制时遵循科学的方法和流程，确保评估结果的客观性和准确性。

首先，建立科学的评估指标体系。这个指标体系应该基于深入的理论研究和实证分析，能够全面、准确地反映公众参与社会治理的效果。同时，指标的选择和权重分配应该经过严格的论证和测试，确保它们能够真实反映实际情况。

其次，在数据收集和分析过程中遵循科学的方法，应采用可靠的数据来源和有效的数据分析方法，确保数据的准确性和可靠性。同时，还需要对数据进行合理的处理和解释，避免因为数据解读不当而导致误导性的结论。

最后，在评估机制的实施过程中保持开放和灵活，不断吸收新的科学研究成果和方法论进展，对评估机制进行持续的优化和改进。同时，还需要积极回应社会关切和质疑，及时调整和完善评估机制，确保其始终能够适应社会治理的实际需要。

总之，科学性原则是确保评估机制有效运行的关键所在。只有在科学的基础上设计和实施评估机制，我们才能准确评估公众参与社会治理的效果，为政府决策提供有力支持,推动社会治理水平的持续提升。

3. 公正性与透明性原则

公正性和透明性是评估机制设计的重要原则,它们对于确保评估结果的客观性和公信力至关重要。公正性要求评估机制在设计和实施过程中不偏不倚,平等对待所有参与者;透明性则要求评估机制的运行过程和结果公开可见,便于各方监督和参与。

为实现公正性原则,评估机制需要确保数据的客观性和准确性。在数据收集阶段,应采取多种方式获取全面、客观的信息,避免单一来源的数据导致偏差。同时,在数据分析过程中,应采用科学、规范的方法进行处理和解读,确保结果的公正性。此外,评估机制的决策过程也应公开透明,确保各方利益得到充分代表和考虑。

透明性原则的实现则需要公开评估机制的运行过程和结果。具体而言,应定期发布评估报告,详细披露数据的来源、处理方法和分析结果。同时,评估机制还应建立反馈机制,及时回应社会关切和质疑,增强公众对评估机制的信任度。

通过确保公正性和透明性,评估机制不仅能够为政府决策提供有力支持,还能激发公众参与社会治理的积极性,推动社会治理水平的持续提升。

4. 可操作性与反馈性原则

评估机制应具有实际操作性,能够适应不同地区、不同领域、不同形式的公众参与活动,同时还应具备简便易行、成本效益高等特点。评估机制应注重评估结果的反馈和应用,将评估结果作为改进公众参与社会治理的重要依据,促进公众参与活动的持续改进和发展。

(四)公众参与社会治理评估原则的实施

在实施公众参与社会治理评估原则时,我们须考虑一系列策略,以确保评估过程的有效性、公正性和透明度。这些策略旨在促进公众的广泛参与,确保评估结果的真实性和可信度。

首先,建立一个独立的评估机构以及培养专业的评估文化。该机构应具备专业性和独立性,以确保评估的公正性。该机构应负责收集和分析数据,制定评估标准,并实施评估过程。同时,评估机构应定期向公众报告其工作进展和结果,以增强公众对评估过程的信任。一个成熟的评估环境需要专业人士的引领与示范。因此,对评估人员进行专业培训,提高他们关于数据收集、分析和报告撰写的能力,是非常必要的。同时,也要注重道德规范的树立,确保评估工作的客观性与中立性不受个人或集体利益的影响。

其次,充分利用现代信息技术手段,以拓宽公众参与评估的渠道。技术的进步为我们提供了多样化的沟通工具,从传统的公开听证会到现代的在线论坛和社交媒体平台,都应当成为公众参与的有力支点。此外,为了鼓励更广泛地参与,相关机构应提供必要的资源支持,比如对有意愿但缺乏相应知识的公众进行培训,或者对参与过程中表现突出者给予表彰与奖励。这些手段可以方便公众提供意见和建议,同时也能提高评估过程的透明度和效率。

再次,建立有效的激励机制,以鼓励公众参与评估过程。这些机制可以包括提供奖励、表彰优秀参与者等。通过这种方式,可以激发公众的参与热情,提高评估结果的质量和可信度。

最后,注重培训和教育,以提高公众的参与能力和评估意识。这包括提供培训课程、举办讲座和研讨会等。通过这些活动帮助公众了解评估过程的重要性,掌握评估方法和技巧,从而更好地参与评估过程。

二、常用评估方法和工具

(一)问卷调查法

问卷调查法是一种常用的评估方法,通过设计问卷、收集和分析数据,了解公众对参与社会治理的认知、态度和行为。这是获取公众意见的基础工具,通常用于收集大量数据。在线调查和纸质问卷可以广泛分发,以获取不同人群的意见,具有操作简便、成本低廉、样本量大等优点。问卷调查法的优势还体现在其可重复性和可比较性。标准化的问卷可以在不同时间、不同地点重复使用，这使得跟踪研究成为可能。通过比较不同时间节点或不同地区的结果，政策制定者能够把握社会治理措施的成效，及时调整策略。但同时需要注意问卷设计的科学性和数据处理的准确性。

（二）深度访谈法

不同于定量研究的数据和数字，深度访谈法是一种定性评估方法，通过面对面的对话，让我们得以窥见公众的真实感受、参与经历以及对特定议题或事件的见解与建议。深度访谈法可以获取更丰富、更深入的信息，但需要注意访谈过程的规范性和访谈对象的代表性，要求访谈人必须具备高度的专业性与严谨态度。

（三）案例分析法

案例分析法是一种基于具体案例的评估方法，通过对典型案例的深入剖析，了解公众参与社会治理的实际效果和问题。案例分析法具有针对性强、直观易懂等优点，但需要注意案例选择的典型性和分析过程的客观性。

（四）绩效评估法

绩效评估法是一种量化评估方法，通过设定明确的绩效指标和评估标准，对公众参与社会治理的成果进行量化评价和比较。绩效评估法具有客观性强、易于比较等优点，但需要注意绩效指标的科学性和评估标准的合理性。

（五）定量与定性分析法

定性分析在评估中发挥着重要作用，它能够帮助我们深入理解公众参与社会治理的过程和机制。通过访谈、问卷调查、观察等定性研究方法，我们可以收集到丰富的第一手资料，了解公众对社会治理的感知、态度和期望，这些信息是制定评估标准的重要基础。

定量分析能够提供更加客观和精确的评估结果。通过收集和分析相关数据，如公众参与度、满意度、政策执行效果等，我们可以量化地评估社会治理的效果。这些量化数据有助于我们发现问题、揭示规律，为制定和改进政策提供有力支持。

单纯的定性或定量分析往往难以全面反映社会治理的真实情况。因此，现实中往往需要将定性和定量方法相结合，以更加全面地评估公众参与社会治理的效果。例如，我们可以通过定性分析了解公众对某项政策的看法和期望，然后通过定量分析来验证这些看法和期望是否与实际效果相符。

在实际应用中，可以根据不同的评估需求和条件选择合适的评估方法和工具，也可以综合运用多种方法和工具进行综合评估。同时，还需要注意评估过程的规范性和评估结果的客观性、可靠性，以确保评估机制的有效性和可信度。

第三节　评估标准

一个科学合理的公众参与社会治理的评估标准可以全面、客观地评价公众参与社会治理的现状和效果，发现存在的问题和短板，进而提出改进措施和建议。这对于推动社会治理创新、提高治理效能、促进社会和谐发展具有重要意义。同时还有助于增强公众的社会责任感和参与意识，激发公众参与社会治理的积极性和主动性。通过科学的评估标准，公众可以更加清晰地了解自己在社会治理中的角色和地位，以及自己的参与对社会发展的重要意义。这有助于形成全社会共同参与社会治理的良好氛围，推动社会治理向更高水平发展。

一、参与度

参与度评估指标是衡量公众在社会治理中实际参与程度的重要标准。其核心在于评估公众参与的广泛性、深入性和持续性。广泛性体现在参与人数和参与渠道的多样性上，深入性则表现为公众对政策议题的理解程度和参与决策的深度，而持续性则考量公众参与的稳定性和长期性。

在应用中，我们可以通过问卷调查、访谈和社交媒体分析等方法来收集公众参与的数据。例如，通过问卷调查可以了解公众对政策议题的知晓率和参与度；访谈可以深入了解公众参与的动机、态度和体验；社交媒体分析则可以捕捉公众参与的实时动态和趋势。这些数据可以为我们提供公众参与度的直观评价，从而为改进社会治理提供依据。

二、参与影响力

影响力评估指标主要衡量公众参与对社会治理过程和结果的影响程度。这种影响可以表现为对政策制定的推动作用、对政策实施的监督作用以及对政策效果的反馈作用。

在评估过程中，我们可以关注公众参与后政策变化的情况、政策执行的效果以及公众满意度的变化等。例如，如果某项政策在公众参与后发生了积极的变化，或者政策执行效果得到了显著提升，那么可以认为公众参与具有较高的影响力。同时，公众的满意度也是衡量影响力的重要指标，公众的积极反馈表明其参与对社会治理产生了积极影响。

三、参与公平性

公平性评估指标关注公众参与机会和参与效果的平等性。它要求社会治理过程中的公众参与不应受到性别、年龄、收入、教育水平等因素的限制和歧视，每个人都应有平等的机会参与社会治理并发挥其作用。

在评估公平性时，我们可以关注公众参与的覆盖范围、不同群体参与的比例以及他们参与的质量和效果。例如，如果某项政策在制定过程中广泛征求了不同群体的意见，并且这些意见得到了充分的考虑和回应，那么可以认为公众参与具有较高的公平性。同时，我们还可以通过对比分析不同群体参与的效果来评估公平性，以确保社会治理中的公众参与是全面而平等的。

四、参与透明度

透明度评估指标主要评估公众参与过程中信息的公开程度和公众对信息的获取便利性。透明度高的参与过程能够增强公众的信任感和参与意愿，促进公众与政府之间的有效沟通和合作。

在评估透明度时，我们可以关注政府公开信息的及时性、完整性和准确性以及公众获取信息的便捷性。例如，政府是否及时公开了政策制定和实施过程中的相关信息；这些信息是否全面而详细；公众是否能够通过多种渠道方便地获取这些信息。同时，我们还可以考察公众参与过程中信息公开和获取的反馈机制是否完善，以确保公众参与能够在透明和公开的环境中进行。

第四节　评估指标体系

构建一套科学、合理、有效的公众参与社会治理评估指标体系，对于推动社会治理现代化、提升治理效能具有重大的理论价值和实践意义。通过构建公众参与社会治理评估指标体系，可以帮助政府和社会各界更加全面地了解和评估公众参与社会治理的实际情况和效果，为制定更加科学、合理的政策提供有力支持；通过评估指标的引导和激励作用，可以激发公众参与社会治理的积极性和创造力，推动社会治理体系的完善和创新；通过不断优化和完善评估指标体系，可以为提升社会治理效能、促进社会和谐稳定提供有力保障。

一、评估指标体系的构建原则与方法

（一）评估指标体系的构建原则

评估指标体系的建构以合法性、合理性、可行性、可控性为基础，[①]在构建

① 参见李文姣：《公众参与视域下第三方介入重大决策社会稳定风险评估的困境与路径优化》，《决策科学》2023 年第 4 期。

公众参与社会治理的评估指标体系时，我们应遵循以下几个原则：

一是系统性原则。指标体系应全面、系统地反映公众参与社会治理的各个方面，确保评估结果的全面性和准确性，需要从粗放式向精细化发展，并立足于现实问题采取完善措施。①

二是可操作性原则。评估指标应明确、具体，易于理解和操作，方便实际应用。每个相关者都应清楚地知晓自己的角色以及预期达成的具体目标；评估指标需细化到可以量化分析的程度，能够通过数据和实际结果来衡量进展与成效。

三是科学性原则。指标的选择和计算应符合科学规范，能够真实反映公众参与社会治理的实际情况。公众基于各自立场对经济发展、社会稳定、公共事业建设、环境生态保护以及满足个人多元需求等的认知程度和优先级排序可能会各不相同，因此，评估机制建设也应以提高行政决策的科学化、民主化为基础，②以维护公众的合法权益、引导公众利益诉求有序表达为着力点，促进社会和谐发展。

四是导向性原则。指标体系应具有一定的导向性，能够引导公众参与社会治理的方向，提高治理效能。这就要求治理过程中的信息公开和决策过程的明晰，使每一位公众都能了解治理活动的每一个环节，确保信息的畅通无阻，从而建立起民众的信任感和安全感。同时，关注公众在治理活动中的角色，鼓励公众提出意见和建议，参与到决策制定和执行的各个层面，让每个人都有机会为社会的发展献计献策。此外，明确各级政府部门、社会组织以及公民个体在社会治理中的职责与义务，通过法律和道德的双重约束来保障治理活动的正当性。

---

① 参见张玉磊、徐贵权：《重大决策社会稳定风险评估机制的问题与完善》，《中共天津市委党校学报》2015 年第 4 期。

② 参见杨栋成：《基于社会稳定风险评估公众参与的制度创新——以地方政府重大决策公众参与为视角》，《福建教育学院学报》2014 年第 4 期。

五是可比性原则。指标应具有可比性，既能够在不同地区、不同时间进行比较，也能够在不同社会治理模式下进行比较。这就要求我们不仅要在方法论上下功夫，还需要不断更新以适应社会的变迁。通过科学、客观且包容性强的指标体系，我们可以更好地评估和理解不同地区的社会进步，为全球的持续发展和公平治理提供坚实的数据支撑。

（二）评估指标体系的构建方法

在构建评估指标体系时，可采用以下几种方法。

1. 文献分析法

文献分析法是一种通过阅读、整理、分析和解释现有的文献资料，以获取相关信息和知识的研究方法。这种方法广泛应用于社会科学研究中，能够帮助研究者梳理历史脉络，理解现状，预测趋势。在公众参与社会治理评估的背景下，它为收集民意和反馈提供了一种系统而科学的途径，使得公众的意见能够被更加准确地捕捉和分析。

通过文献分析，可以对分散在不同渠道的公众观点进行整合，形成更为全面和系统的参考依据。专业的文献分析技能可以帮助识别和剔除不可靠或低质量的信息，保证决策依据的准确性。长期积累的文献资料为观察社会治理的发展趋势提供了宝贵的数据支撑，有助于把握公众参与的脉络和方向。通过对文献的分析，可以为制定公众参与的策略提供科学依据，优化参与流程和方法。

2. 专家咨询法

专家咨询法是指利用专业知识和技能来解决复杂问题的一种方法，它通过组织专家学者的讨论、评议或调研来为政府决策提供科学依据和专业建议。作为一种新型的决策支持工具，专家咨询法被广泛应用于社会治理的多个领域，尤其是在评估环节展现出其不可替代的价值。

专家咨询有助于提升政策的透明度和合理性。当政策制定者面临复杂的社会问题时，他们可以借助专家的知识和经验更好地理解问题的本质，并将这些信息传达给公众。这种沟通不仅增强了政策的解释力,还促进了公众信任,为公众参与打下良好的基础。专家咨询法能够确保决策的科学性和前瞻性。专家通过对现有数据的分析预测,能够预见未来可能出现的问题,并提出相应的应对措施。这样的前瞻性规划对于避免潜在的社会冲突具有重要意义,同时也使得公众参与更加具有目的性和效率性。专家咨询法在整合公众意见方面发挥着关键作用。在收集广泛的公众反馈后,专家可以通过专业的分析将这些零散的信息转化为有结构的建议,帮助决策者识别最紧迫和最具代表性的民意。这种筛选和提炼的过程,不仅节省了决策时间,也提高了公共政策的针对性和有效性。专家咨询法在处理复杂和技术性问题时显得尤为有效。面对需要深度专业知识的议题,如环境保护、城市规划等,专家的意见成为连接普通公众与决策者之间的桥梁。专家的分析和建议能够帮助公众理解技术细节,同时使决策者能够在专业指引下作出明智的选择。

3. 实证研究法

实证研究法是一种基于事实和证据的研究方式,通过观察、实验、调查等手段来收集数据,再运用统计学原理对数据进行分析和解释,以期得出可靠的结论。这种方法在自然科学领域得到了广泛的应用,并逐渐被社会科学领域所采纳。

传统的社会治理评估往往依赖主观判断或定性描述,这容易导致评估结果受到个人偏见的影响。而实证研究法通过量化的方式,减少了人为因素带来的误差,使得评估结果更加客观和准确。实证研究法能够为决策者提供基于数据的分析和建议,这些数据直接来源于公众的反馈和意见,更能真实反映社会现状和公众需求,从而增强政策的针对性和有效性。通过问卷调查、访谈等方式,实证研究法为公众提供了表达意见和需求的平台,同时使得政策制定者能够更直接地了解公众的想法,缩短了双方的信息差距,促进了互动交流。一项公共政策的实施效果如何,不能仅凭主观臆断。实证研究法可以通过对比分析政策实施前后的数据变化,客观评价政策的实际成效,为后续的政策调整提供依据。当公众意识到自己的意见能够通过实证研究被采纳并对社会治理产生实际影响时,他们的参与积极性将会得到显著提升。这种正向反馈循环是提高公众参与质量的重要途径。

二、关键评估指标

在构建公众参与社会治理效能评估指标体系时,我们选取了以下几个关键指标:

(一)公众参与广度

该指标用于衡量公众参与社会治理的广泛程度,包括参与人数、参与频率、参与范围等。通过该指标可以了解公众对社会治理的参与程度和热情,以及社会治理的民主化程度。

公众参与的实质在于民众对于公共事务的关注与投入,这种参与可以体现在政策制定、社区建设、环境保护、教育改革等众多领域。广泛的公众参与能够确保决策过程更加透明、更具包容性,从而使得结果更具有代表性和公正性。广泛的社会参与能够激发出多样化的想法和解决方案,尤其是在面对复杂问题时。不同的背景、经验和专业知识的结合往往能够催生出创造性的思维。这种多元化的思维方式是社会进步不可或缺的动力。因此,公众参与广度的提升意味着绝大多数声音都被听见。当人们意识到自己的声音和行动能够影响社会进程时,他们会更加积极地投身于公民责任的履行。这种民主实践的过程促使政府机构和决策者更加关注民意,从而推动政策的透明度和合理性。以社区发展为例,居民对自己居住环境的改善提出建议,不仅能够反映出最迫切的需求,还能够提供切实可行的解决方案。这样的参与过程有助于资源的合理分配,避免浪费。

(二)公众参与深度

公众参与的深度不仅反映了民主治理的成熟程度,也是推动社会创新和持续发展的重要动力。与表面化的、偶尔的意见反馈或简单的投票行为不同,深度参与意味着公众在决策过程中的实质性介入，他们不仅是议题讨论的贡献者，更是解决方案的共同创造者。这种参与形式要求公众对相关议题有深入的了解，能够提出建设性的意见，并在决策实施过程中持续跟进和监督。深度参与让公众感受到自己的声音被重视，自己的行动能对社会产生积极影响，从而增强了他们对社区的责任感和归属感。该指标用于衡量公众参与社会治理的深入程度，包括参与质量、参与效果、参与影响力等。

（三）公众满意度

该指标用于衡量公众对社会治理的满意度，包括对政府工作的满意度、对社会治理效果的满意度等。在众多评估标准当中，公众满意度指标无疑占据了重要的地位。这一指标不仅直接反映了政府或机构服务的实际效果，也是衡量其公信力和社会责任感的关键尺度。通过该指标可以了解公众对社会治理的认可和信任程度，以及社会治理的公众认可度和公信力。

（四）社会治理效能

社会治理效能指的是社会治理活动的有效性，包括政策制定和执行的效率、社会问题的解决能力，以及社会资源的合理配置等。一个高治理效能的社会能够确保公共政策的顺畅实施，有效应对社会问题，同时促进社会的和谐与稳定。该指标用于衡量社会治理的整体效能和成果，包括社会治理的效率、效果、稳定性等。通过该指标可以了解社会治理的整体水平和质量，以及公众参与对社会治理效能的贡献程度。

通过对以上关键指标的选取和定义，我们可以初步构建出公众参与社会治理效能评估指标体系。该指标体系较大程度上反映了公众参与社会治理的各个方面，又具有一定的可操作性和科学性，可以为实际评估工作提供有力的支持和指导。

三、数据收集的方法

数据收集是评估工具开发与应用的基础。为了确保数据的准确性与可靠性，首先需要设计科学、合理的数据收集工具。

（一）问卷设计

问卷设计应遵循明确、简洁、非引导性和中立性的原则。问卷内容应包含两部分：一是基础信息部分，了解参与者的基本信息，如年龄、性别、职业、受教育程度等；二是公众参与社会治理情况部分，详细询问参与者在社会治理中的具体行为、感受、效果等。问卷设计的目的性应明确化。问卷的每一个问题都必须围绕核心的评估目标展开，避免无关的或者模糊的问题设置，以确保收集到的信息是准确和有价值的。问题的表述必须简明扼要且容易理解。避免使用专业术语或者复杂的句式结构，这可能会造成被调查者的困惑甚至误解。此外，为了收集更全面的信息，还可以设计开放性问题，让参与者自由发表对公众参与社会治理的看法和建议。

（二）样本选择与抽样方法

在样本选择上，应确保样本的代表性和广泛性。可以选择不同地区、不同职业、不同年龄段的公众作为样本，以充分反映社会各界的参与情况。在抽样方法上，可以采用随机抽样、分层抽样或整群抽样等方法。随机抽样保证了每个个体被选中的机会均等，但在实践中可能需要非常大的样本量才能保证足够的代表性确保样本的随机性和公正性。分层抽样则可以确保不同子群体都被均衡地代表，特别是当研究涉及多个变量且彼此间差异性大时，这种方法效果明显。整群抽样适用于自然形成的群体，如学校、公司等集体单元，但可能会忽略群体内的差异性。

（三）数据收集方式

数据收集方式可以采用线上和线下相结合的方式。线上调查可以通过网络平台进行，方便快捷，同时可以覆盖更广泛的地域和人群；线下调查可以通过实地走访、面对面访谈等方式进行，以获取更详细、深入的信息。在数据收集过程中，应注意保护参与者的隐私和信息安全。

四、评估指标体系的应用步骤

在评估指标体系的应用过程中,主要遵循以下步骤:

(一)数据预处理

首先需要对收集到的数据进行预处理,包括数据筛查、整理、转换等步骤。数据筛查旨在去除重复、错误或无效的数据,确保数据的准确性和可靠性;数据整理则是将数据进行分类、编码和标准化处理,以便于后续的数据分析;数据转换则是将原始数据转换为评估指标体系所需的格式和形式。

(二)指标计算与评分

根据评估指标体系,对预处理后的数据进行计算和评分。计算过程包括对各指标进行量化处理和综合计算,以得到各评估对象的综合得分或排名。评分过程则需要根据具体的评分标准和方法进行,确保评分的公正性和准确性。

(三)结果分析与解释

在得到评估结果后,需要对结果进行深入的分析和解释。这包括对评估结果的整体趋势、特点进行描述和分析,对评估结果中的异常值、极端值进行解释和说明,以及对评估结果与其他相关因素进行关联分析。通过结果分析和解释,可以深入了解公众参与社会治理的实际情况和问题所在,为改进和提升公众参与社会治理的效能提供科学依据。

(四)结果反馈与应用

最后,需要将评估结果反馈给相关的政府部门和社会组织等利益相关者,以便于他们了解公众参与社会治理的情况和问题所在,并采取相应的措施进行改进和提升。同时,也可以将评估结果应用于政策制定、资源配置、绩效考核等方面,以推动公众参与社会治理的良性发展。

在整个评估指标体系的应用过程中,需要注意数据的准确性和可靠性、评估的公正性和客观性、结果的科学性和实用性等方面的问题,以确保评估结果的有效性和可信度。

第五节　公众参与度的评价指标

公众参与度，简而言之，是指公众在特定议题或事务中的参与程度。它反映了公众对于社会公共事务的关心程度、参与意愿以及实际参与行动的效果。社会治理任务必然要求要有公众参与，但公众参与的深度和广度等是未知的，不可避免地会影响公众参与的有序性和有效性。① 在公众参与社会治理的评估机制中，公众参与度评价指标扮演着不可或缺的角色。它是评估机制的重要组成部分，与其他指标如参与影响力、参与公平性、参与透明度等共同构成了一个完整的评估体系。在这一体系中，公众参与度的高低往往直接关联到决策的合理性和可行性。如果公众参与度低，那么即便该决策在经济或技术上具有优势，也可能因为缺乏公众的认同和支持而难以实施。公众参与度的高低直接影响了公众参与的效果，因此，如何准确衡量和评价公众参与度，成为当前亟待解决的问题。应将公众纳入整个评估过程，并赋予其相应的知情权、参与决策权、建议权、监督权和评价权。②

一、公众参与度界定

首先，公众参与度是一个多维度的概念。它不仅包括公众参与的广度，即参与的人数和范围，还包括参与的深度，即公众对议题的理解程度、参与决策的实质性程度等。同时，参与的频率和持续性也是衡量公众参与度的重要方面。因此，公众参与度是一个综合性的概念，需要从多个维度进行考量。

其次，公众参与度与议题或事务的性质密切相关。不同的议题或事务具

① 参见谢非：《公众参与基层社会治理的困境及破解之道研究——以 w 市 x 社区为例》，安徽工程大学硕士学位论文 2023 年，第 34 页。

② 参见高山、王京京：《社会稳定风险评估的两种模式及其融合》，《湖南师范大学社会科学学报》2015 年第 2 期。

有不同的关注度、复杂性和影响力，因此公众对它们的参与度也会有所不同。例如，涉及公众切身利益的环境保护、城市规划等议题往往能引起公众的广泛关注和积极参与。

此外，公众参与度还受到多种因素的影响。这些因素包括公众的自身素质、信息获取能力、参与渠道等。一个具备良好教育背景、较强信息获取能力和丰富参与渠道的公众往往具有更高的参与度。

高度的参与，是一个国家活力的体现。① 为了更准确地评价公众参与度，我们需要在概念界定的基础上构建具体的评价指标体系。这一指标体系应涵盖公众参与的多个维度，如广度、深度、频率和持续性等。同时，还应考虑议题或事务的特殊性以及影响公众参与度的各种因素。通过这样的指标体系，我们可以对公众参与度进行量化评估，从而为政策制定和公共事务管理提供有力支持。

综上所述，公众参与度是一个多维度、综合性的概念，它涉及公众在特定议题或事务中的参与广度、深度、频率和持续性等多个方面。在构建评价指标体系时，我们需要充分考虑这些方面，并综合考虑议题或事务的性质以及影响公众参与度的各种因素。这将有助于我们更准确地评估公众参与度，为提升公众参与水平和推动公共事务的有效管理提供有力支持。

二、目前公众参与度指标的局限性

尽管现有的公众参与度评价指标体系具有自身的优点并且在实践中发挥了一定的作用，但其同样存在一定的局限性。

首先，部分指标带有主观性。部分指标的评价依赖于主观判断或专家意见，容易受到个人偏见或主观因素的影响。一些指标设计者不可避免地会代入自己的价值观、经验和偏好。例如，在确定哪些行为算作“有效参与”、如何

① 参见涂正革：《公众参与环境治理的理论逻辑与实践模式》，《国家治理》2018 年第 48 期。

给不同形式的参与赋予权重时，都涉及主观判断。某些评价体系可能会偏向于那些声音较大、组织较好的群体，而忽视了边缘化或难以发声的个体和群体。这种偏差不仅影响了评价体系的公正性，而且可能导致政策制定者对公众参与的实际情况产生误判。

其次，部分数据可获取性低、质量不高。公众参与度评价指标体系中数据的获取难度。这些数据通常包括参与者的数量、参与频率、参与深度等多维度信息。在实际操作中，由于参与活动的自愿性质以及公众参与渠道的多样化，导致数据来源分散且不易统一管理。例如，社交媒体平台上的公众讨论可能涉及多个账户和页面，而线下活动中的参与情况则可能因为缺乏有效的记录手段而难以量化。此外，公众参与的动机和背景千差万别，这也增加了数据采集的难度，因为这些因素往往影响着参与者的积极性和参与的质量。同时，数据质量问题也是一个不容忽视的问题。数据的准确性、完整性和时效性是衡量数据质量的关键要素。在公众参与度评价的过程中，错误或不完整的数据会导致评价结果的偏差。例如，如果一个调查问卷设计不当，可能会导致收集到的数据无法真实反映公众的参与意愿。同时，数据的时效性也极为重要，过时的数据不能准确反映当前公众的参与状态，从而影响决策的适时性。

最后，指标体系的动态性不足。公众参与度评价指标体系的动态性不足是一个多维度、多层次的问题。其核心在于评价标准往往固定而单一，侧重于静态的评价，难以适应快速变化的社会环境和多元化的参与需求。例如，随着互联网技术的发展和新媒体的兴起，公众参与的形式更加多样化，传统的线下会议、调查等参与方式已经无法完全涵盖所有参与行为。不同地区、不同群体的参与意愿和能力差异显著，统一的标准很难做到公平合理。此外，评价体系中的指标设置过于僵化，缺乏必要的更新和调整机制。随着时间的推移和社会的进步，一些指标可能已经不再适用，或者需要赋予新的内涵。例如，环保领域的公众参与度评价，过去可能更多关注签名数量或参与人数，而现在则更侧重于参与的质量、深度以及对决策的实际影响。

三、公众参与度评价指标的关键要素

在构建公众参与度评价指标体系的过程中，我们首先需要对公众参与度有一个清晰而全面的理解。公众参与度不仅涵盖了公众对于某一议题或项目的知晓程度，更包括了他们的参与意愿、参与能力以及实际的参与行为。基于此，公众参与度评价指标体系的关键要素应涵盖参与意愿、知晓度、参与广度以及参与深度四个方面。

（一）参与意愿

公众的参与意愿是评价公众参与程度的首要指标。这一指标主要考量公众是否愿意投入时间、精力乃至情感，参与到具体的公共事务中去。影响参与意愿的因素众多，包括个体的社会经济地位、教育背景、信息获取能力，以及对相关议题的认知和兴趣等。因此，构建一个科学合理的参与意愿评价指标，必须综合考虑这些多维度的因素。

在公众参与度评价指标体系中，除了参与意愿外，还包括参与广度、参与深度、知晓度、参与效果等多个方面。参与意愿是推动后续各项指标实现的基础。如果公众缺乏参与意愿，那么即使参与广度再广，也难以保证参与的深入性与实效性。因此，在制定公共政策或开展公共活动时，应首先激发和提高公众的参与意愿，以此为起点展开更为广泛的公众参与工作。

（二）知晓度

这一维度主要衡量公众对于某一议题或项目的了解程度。知晓度不仅反映了信息传播的效率，也是衡量公众能否有效行使参与权利的基础。具体的指标可以包括公众对于相关信息的获取渠道、信息的传播范围以及公众对于信息的理解程度等。首先，信息传播的渠道和效率是基础。如果相关信息无法通过有效的渠道传递给公众，那么知晓度自然无法提高。其次，信息的可理解性也很重要。即使信息被传播出去，如果内容过于复杂或者使用了过多的专业术语，普通公众也难以理解和吸收。最后，公众的兴趣和需求也会影响知晓度。如果公众对某一议题不感兴趣或者认为与自己的生活无关，那么他们了解相关评价指标体系的动力也会降低。

提高公众参与度评价指标体系的知晓度，需要采取一系列措施。首要的是加强信息传播渠道的建设。政府部门和相关机构应该利用多种媒介，如官方网站、社交媒体、新闻媒体等，广泛传播相关信息。同时，信息的内容应当简洁明了，避免过多的专业术语，确保公众能够轻松理解。此外，提高公众的兴趣和参与意愿也至关重要。这可以通过举办公开讲座、研讨会、在线问答等形式的活动来实现。这些活动不仅可以提供信息，还可以激发公众的参与热情，让他们意识到参与的价值和重要性。同时，政府和相关机构还应该建立反馈机制，让公众能够看到自己参与的成果，从而增强他们的信心和动力。

（三）参与广度

这一维度关注的是公众参与社会治理的广泛性和普遍性。具体的指标可以包括参与公众的数量、参与活动的频率以及参与地域的分布等。广泛的公众参与能够保证决策的包容性和多样性，防止特定利益集团或少数人的意志凌驾于公共利益之上。因此，参与广度是评估公众参与成效的一个重要视角。

为促进更广泛的参与，需要提供多种参与方式，包括在线平台、公开会议、问卷调查以及社交媒体互动等手段。这些渠道的设置应考虑到用户的便利性和可访问性，以鼓励更多公众加入讨论。公众参与度评价体系不仅考量单次事件的参与程度，还要关注公众是否能在整个项目周期内持续地参与进来。通过定期更新信息、举办跟进活动，可以维持并增强公众的参与动力。

（四）参与深度

这一维度主要反映公众参与社会治理的深入程度和实质性贡献。它反映了公众在参与过程中的投入程度、影响力和贡献大小。一个具有深度的参与不仅要求公众能够获取充分的信息，还要求他们能够在此基础上提出建设性的意见，并看到这些意见被采纳或讨论的过程。参与深度指标可以包括公众参与活动的质量、持续时间、投入程度、公众参与对政策制定和决策过程的影响程度、公众在参与过程中表现出的主动性和创新性等。通过确保信息的公开透明,提供多样化的参与渠道,以及建立有效的反馈机制,可以有效地提升公众的参与深度,使公众参与不再是形式,而是真正影响决策的重要力量。

四、公众参与度指标的效果及应用领域

(一)公众参与度指标的效果

1. 提升公众参与质量

公众参与度评价指标体系的应用可以显著提升公众参与的质量。通过明确的指标体系和评估方法,公众可以更加清晰地了解自己在参与过程中的角色和责任,从而更加积极、有效地参与到相关决策和行动中来。此外,指标体系的应用还有助于提高公众参与的针对性和有效性,避免无效参与和形式主义。

2. 促进决策的科学性和民主性

公众参与度评价指标体系的应用可以促进决策的科学性和民主性。通过对公众参与程度的量化评估和分析,决策者可以更加全面地了解公众的需求和意愿,从而更加科学、民主地制定决策方案。同时,指标体系的应用还有助于提高决策的透明度和公信力,增强公众对决策的信任和支持。

3. 促进社会的可持续发展

公众参与度评价指标体系的应用可以促进社会的可持续发展。通过鼓励公众积极参与环境保护、城市规划等社会公益事业,指标体系的应用有助于培养公众的社会责任感和公民意识,推动社会的可持续发展。同时,通过收集和分析公众的反馈意见和建议,还可以及时发现和解决社会发展中存在的问题和不足,为社会的可持续发展提供有力的支持。

4. 促进社会公平与公共利益

公众参与度评价指标还能够监督和制约政府行为,防止权力滥用和腐败现象的发生。当公众参与度高时,公众对政府行为的监督力度也会相应增强,

这有助于及时发现和纠正政府行为中的不当之处，维护社会公正和公共利益。因此，公众参与度评价指标的重要性在于它通过促进公众平等参与和监督政府行为，有助于实现社会公正和公共利益的最大化。

总体而言，公众参与度评价指标体系不仅有助于提升公众参与的质量和效果，还可以促进决策的科学性和民主性，推动社会的可持续发展。然而，在实际应用过程中也需要注意指标体系的合理性和有效性问题，避免因为指标设置不当或者评估方法不科学而导致评估结果的失真和误导。因此，在应用该指标体系时需要根据实际情况进行具体的调整和完善，以确保其能够发挥出最大的作用和价值。

（二）公众参与度指标的应用领域

1. 城市规划领域

在城市规划领域，公众参与度评价指标体系的应用方法显得尤为重要。城市规划是一个涉及多方利益、多方参与的过程，公众的意见和建议对于规划方案的优化和完善具有不可替代的作用。因此，利用构建的公众参与度评价指标体系，可以有效地评估城市规划中公众参与的广度和深度。

具体而言，可以通过问卷调查、社区论坛、公众听证会等方式收集公众对于城市规划的意见和建议，然后运用评价指标体系对这些意见和建议进行量化分析。根据分析结果，规划部门可以及时调整规划方案，确保规划方案能够更好地满足公众的需求和期望。

此外，在城市规划实施过程中，还可以利用公众参与度评价指标体系对规划实施过程进行监督和管理。通过定期收集公众对于规划实施效果的反馈意见，运用评价指标体系进行评估，可以及时发现规划实施过程中存在的问题和不足，从而采取相应的改进措施。

2. 环境保护领域

在环境保护领域，公众参与度评价指标体系同样具有广泛的应用前景。环境保护是一个需要全社会共同参与的事业，公众的参与和监督对于环境保护工作的开展具有重要的作用。通过构建和应用公众参与度评价指标体系，可以更加科学地评估环境保护工作中公众的参与程度,为环境保护工作提供有力的支持和保障。

在环境保护领域应用该指标体系时,可以通过开展环保知识宣传、环保志愿者活动等方式提高公众的环保意识和参与度。同时,可以利用评价指标体系对公众的环保行为进行量化评估,以激励更多的人参与到环境保护工作中来。此外,还可以通过收集公众对于环境状况的反馈意见,运用评价指标体系进行分析和评估,为环境保护部门提供决策参考和依据。

第五章　推动公众参与社会治理的路径和策略

中国特色社会主义进入新时代，社会主要矛盾的转化彰显了创新社会治理的时代意义。① 构建政府、社会、公民等多元共建共治共享的社会治理格局，是新时代推进国家治理体系和治理能力现代化的重要内容。共建共治共享符合人全面发展的内在需求，符合中国共产党的根本宗旨，符合风险社会的治理理念。② 在社会治理体系构建中，公众参与是社会治理体系构建的关键所在。③ 当前，公众参与社会治理虽然取得了一定的积极效果，但仍面临诸多挑战和问题。新全球化、新工业革命与社会转型"三重叠加"的历史交汇期预示着一个差异化、复杂化、多样化的时代，这样的时代特点对社会治理体系构建而言既是挑战也是机遇。④ 社会治理是国家治理的重要领域，加强和创新社会治理，逐步实现社会治理结构的合理化、治理方式的科学化、治理过程的民主化，将有力推进国家治理现代化。⑤ 推动公众参与社会治理是一项长期

---

① 参见阚为、钱伟：《基层社会治理共同体构建中的公众参与：理论逻辑与嵌入路径》，《贵州社会科学》2021 年第 8 期。

② 参见邓少君：《公众参与社会治理：理论逻辑及现实路径》，《法治社会》2018 年第 1 期。

③ 参见张成岗、李佩：《科技支撑社会治理体系构建中的公众参与：从松弛主义到行动主义》，《江苏行政学院学报》2020 年第 5 期。

④ 参见张成岗：《人工智能时代：技术发展、风险挑战与秩序重构》，《南京社会科学》2018 年第 5 期。

⑤ 参见中共中央宣传部编：《习近平新时代中国特色社会主义思想三十讲》，学习出版社 2018 年版，第 234 页。

而艰巨的任务，为了更好地推动公众参与社会治理，需要不断总结经验教训，创新思路和方法，凝聚全社会智慧和力量，共同推动社会治理体系和治理能力现代化取得新的更大成就，实现公众参与同社会治理的良性互动。

第一节　提升能力和素质

随着社会的不断发展与进步，公众参与社会治理的能力与素质已成为影响社会发展质量的重要因素。参与能力改善成为公众有效参与社会治理的基本要求。① 在多元化的社会背景下，公众的参与能够使得社会治理更加民主、公正，增强公民的社会责任感和归属感，从而促进社会的团结与和谐，推动社会的创新与发展。公众通过积极参与社会治理，能够为社会带来新的思想、新的方法和新的动力，推动社会的进步与发展。公众参与社会治理的能力与素质的提升有助于增强社会的凝聚力。在全球化、信息化的大背景下，社会治理面临着前所未有的挑战与机遇。公众作为社会治理的重要参与者，其能力与素质的高低直接影响着社会治理的成效。

一、加强和完善党对公众参与社会治理的领导

社会治理既具有鲜明的社会属性，又具有突出的政治属性。在我国，党的领导是全面性的，体现在国家现代化建设的各个领域，具有动员公众参与市域社会治理的先天性优势。② 党的生命在于不脱离民众和尊重民众，如果没有公众参与治理的推进，党的执政就会遇到艰难险阻。一个政府的法治控制既可以来自正式的政府体制之内，也可能存在政党之内。③ 中共十九届四中全

① 参见蔡定剑主编：《国外公众参与立法》，法律出版社2005年版，第48页。

② 参见蔡书芳：《公众参与市域社会治理的法治化路径探析》，《陕西社会主义学院学报》2021年第4期。

③ 参见[美]弗兰克·J.古德诺：《政治与行政：一个对政府的研究》，王元译，复旦大学出版社2011年版，第21页。

会《公报》提出，“加强和创新社会治理，完善党委领导、政府负责、民主协商、社会协同、公众参与、法治保障、科技支撑的社会治理体系”①。公众参与是推进社会治理现代化的必然要求，但公众参与社会治理必须坚持党的领导。“我国的治理体系不仅强调程序与规则，且对治理绩效也极为关注，国家始终把人民群众幸福感放在首要位置，尤其是从战略高度强调秩序与活力的有机结合。这就需要治理体系在充分发挥不同主体优势的同时，还要尽可能控制其间的矛盾与冲突。”②我国社会治理的实践表明，党的领导是公众参与社会治理取得成功的根本保证。在我国，党的领导始终是推动社会治理创新的关键力量。新时代的党建引领与多元主体的有机互动，共同激发了社会自治、自主、能动力量，促进政府、市场、社会分工合作、优势互补。③

（一）党在公众参与社会治理中的领导核心作用

在我国，党的领导是公众参与社会治理的根本保证。党的领导地位决定了其在社会治理中的核心作用，具体表现在以下几个方面。

首先，党的领导为公众参与社会治理提供了理论支撑。党的理论体系始终坚持以人民为中心的发展思想，强调人民当家作主，“维护人民根本利益，增进民生福祉，不断实现发展为了人民、发展依靠人民、发展成果由人民共享，让现代化建设成果更多更公平惠及全体人民”④，这为公众参与社会治理提供了坚实的理论基础。

其次，党的领导为公众参与社会治理提供了政策支持。党通过领导制定一系列法律法规和政策文件，保障公众参与社会治理的合法性和权益，为公众参与社会治理提供有力保障。

---

① 《中国共产党第十九届中央委员会第四次全体会议公报》，人民出版社2019年版，第13页。

② 黄晓春：《党建引领下的当代中国社会治理创新》，《中国社会科学》2021年第6期。

③ 参见柳娟、田志龙等：《中国情境下企业深度社区参与的社区动员、合作模式与绩效研究》，《管理学报》2017年第6期。

④ 《习近平著作选读》第一卷，人民出版社2023年版，第22页。

再次,党的领导为公众参与社会治理提供了实践平台。党通过组织各类活动、建立各类组织、提供各类服务等方式,为公众参与社会治理提供了广泛的实践平台,使公众能够在实际行动中发挥作用、展现价值。

最后,党的领导在推动社会治理创新中发挥着核心作用。党始终站在时代前沿,把握社会治理发展的新趋势、新要求,推动社会治理理念、方式、手段等方面的创新发展,为公众参与社会治理创造更好的条件和机遇。

(二)党领导公众参与社会治理的历程

自中国共产党成立以来,其在社会治理中的领导角色与公众参与的关系始终紧密相连。这一关系经历了多次历史性变革,不断适应着国家和社会发展的需要。

在新民主主义革命时期,党通过广泛的群众运动,动员和组织广大人民群众参与到革命斗争中来。这一时期的公众参与主要体现在农民运动、工人运动、学生运动等方面,党的领导确保了公众参与的广泛性和深入性。

在社会主义建设初期,党面临着全新的社会治理任务。在计划经济体制下,公众参与主要体现在集体化生产、社会事务管理等方面。党通过加强党的建设、推进政治运动等方式,确保了公众参与的有序性和稳定性。

改革开放以来,我国社会治理进入了一个新的阶段。党提出了以经济建设为中心的发展思路,公众参与也逐渐向着多元化、民主化的方向发展。党通过推进政治体制改革、加强民主法制建设等措施,为公众参与提供了更加广阔的空间和更加坚实的保障。

进入新时代,党提出"人民至上"的发展理念,强调社会治理要以人民为中心。"人民至上"不仅是一句口号,也是一种行动指南。在这一理念的指导下,党推动了"互联网+政务服务"的创新模式。这一模式通过利用现代信息技术,打破了传统的政务服务壁垒,让信息流动更加畅通,服务更加透明高效。公众可以通过网络平台轻松获取政府信息,办理各项事务,这不仅大大节省了时间和精力,也提升了政府工作的透明度和公信力。例如,当前许多城市已经建立了全面的在线政务服务系统，覆盖了从户籍管理到税务申报，再到社会保障等各个方面。居民可以不出家门，就完成过去需要跑多个部门、排队等候半天才能办成的事情。这种服务模式的创新，正是"人民至上"理念的具体体现，它让政府服务更加贴近人民的实际需求，更加便捷和人性化。社区治理创新是另一个重要的领域。社区是社会治理的基本单元，也是公众参与最为直接和广泛的平台。在这方面，党组织发挥了领导核心的作用，引导和支持社区探索多元化的治理模式。比如，通过建立居民议事会、志愿者服务团队等形式，让居民直接参与到社区事务的决策和管理中来。这样不仅增强了社区的凝聚力和归属感，也让居民的意见和建议能够得到有效的反映和采纳。同时，党还注重对公众参与社会治理的引导和支持。通过法律、政策以及各种宣传教育活动，鼓励公众积极参与到社会治理中来。这种参与不仅限于传统的选举投票，还包括对社会问题的讨论、监督、建议等多种形式。党的领导和引导确保了公众参与的方向和质量，为构建和谐社会提供了坚实的基础。每一个公民都是社会建设的参与者和推动者，只有充分调动公众的积极性，才能形成全社会共同参与的良好氛围。

（三）当前党领导公众参与社会治理面临的挑战

随着社会的快速发展和转型，党在引导公众参与社会治理的过程中面临着多重挑战。这些挑战主要体现在以下几个方面：

1. 社会多元化带来的挑战

随着社会的多元化，公众的利益诉求和价值观日益多样化，这对党的领导提出了更高的要求。社会多元化是历史发展的必然结果。它带来了不同文化的交流与融合，不同利益群体的形成与发展，以及不同价值观念的碰撞与融合。这种多元化为社会的进步提供了动力和源泉，同时也给传统的社会治理模式带来了挑战。如何在多元化的背景下，统一思想、凝聚共识，成为党引导公众参与社会治理的重要挑战。在此背景下，党的领导不仅要尊重差异、包容多样，更要通过有效的沟通与引导，实现思想的大团结和行动的大协同。

2. 技术变革带来的挑战

在21世纪的信息时代,互联网、大数据、人工智能等前沿科技的迅猛发展,正深刻改写着公众参与社会治理的方式和手段。这些技术的广泛应用不仅极大地增强了信息的获取与处理能力,而且为公民提供了更为便捷、直接的参与渠道,从而推动了社会管理方式的根本变革。信息技术的发展使得大量社会治理活动可以在线上进行,政府决策过程变得更加透明,民众意见更容易被听取并加以反映。大数据分析让政府能够准确预测和响应社会问题,实现精准治理。人工智能的应用则提升了公共服务的智能化水平,改善了民众的生活体验。然而,技术发展的同时带来了信息泄露、网络安全等新问题,对传统的社会治理模式提出了更高的要求。如何适应这些技术变革,充分利用新技术提升公众参与社会治理的效率和效果,是党的领导面临的新挑战。

3. 公众参与意识和能力待提升的挑战

虽然公众参与社会治理的重要性日益凸显,但公众的参与意识和能力却参差不齐,这不仅影响了社会治理的效率和质量,也制约了社会主义民主政治的发展。如何提高公众的参与意识和能力,激发公众的参与热情,是党的领导需要解决的重要问题。

4. 制度不够健全的挑战

目前,我国在推动公众参与社会治理方面已经取得了一定的进展。例如,政府信息公开制度的建立、社会听证制度的推广、网络平台的意见征集等方式,都为公众提供了参与决策的渠道。然而,这些制度和措施在实际操作中仍存在不少问题,如信息公开不够全面、听证程序不够规范、公众意见反馈机制不够完善等,这些都限制了公众参与的广度和深度,对党的领导也提出了新的挑战。

(四)加强和完善党的领导的措施

1. 加强思想引领和意识形态工作

通过加强思想引领和意识形态工作,统一思想、凝聚共识。党组织要积极搭建与公众沟通交流的平台，加强对公众的思想政治教育，如社区党建活动、网上党建平台等，让公众有更多机会参与到党的活动中来，增强公众对党组织的认同感和归属感。通过开展各种形式的党建活动和宣传教育，提高公众的政治觉悟和参与度，引导公众更好地理解和支持党的方针政策，形成全社会共同参与社会治理的良好氛围。同时，切实发挥基层党组织的政治引领功能，基层是社会治理的基础，基层社会治理是国家治理的重要构成，在国家治理领域具有重要的价值和作用，①国家治理现代化离不开基层治理现代化。习近平总书记强调："基层党组织就要在贯彻落实中发挥领导作用。要强化政治引领，发挥党的群众工作优势和党员先锋模范作用，引领基层各类组织自觉贯彻党的主张，确保基层治理正确方向。"②新修订的《中国共产党章程》③第三十三条规定，"街道、乡、镇党的基层委员会和村、社区党组织，统一领导本地区基层各类组织和各项工作，加强基层社会治理"。这表明我国已经从制度层面确保了党建引领在基层社会治理中的重要地位。④

2. 推进技术创新和应用

积极适应技术变革，推进技术创新和应用。利用互联网、大数据、人工智能等新技术手段，提升公众参与社会治理的效率和效果。同时，加强对新技术的监管和规范，确保新技术在公众参与社会治理中的正面作用得到充分发挥。

3. 提升公众参与意识和能力

通过宣传教育、培训等方式，提升公众的参与意识和能力。加强对公众参与社会治理的宣传和推广，提高公众对参与社会治理的重要性和必要性的认识。要以党建在社区文化中发挥引领作用，通过基层党组织举办公益宣传，增

① 参见胡仙芝、曹胜：《公众参与社会治理制度化创新的思考》，《中国国情国力》2014 年第 9 期。

② 习近平：《在全国组织工作会议上的讲话》，人民出版社 2018 年版，第 14 页。

③ 2022 年 10 月 22 日中国共产党第二十次全国代表大会通过了关于《中国共产党章程（修正案）》的决议。

④ 参见吴晓林：《从本位主义到体系研究：十八大以来城乡社区治理的研究走向》，《江苏社会科学》2020 年第 4 期。

强公众的文化自信，提高公众的自觉性，培育“全社会发展依靠全民”的务实作风。① 同时，为公众提供参与社会治理的渠道和平台，激发公众的参与热情。同时，党组织还要注重自身建设，提高党员干部的素质和能力。通过加强培训和学习，提高党员干部的业务水平和政治觉悟，使他们能够更好地履行职责，发挥先锋模范作用，为公众参与社会治理提供有力支持。

4. 完善制度和加强执行力

加强公众参与社会治理相关制度的制定及其完善，确保公众的权益得到有效保障。同时，加强制度的执行力度，确保各项制度得到有效落实。对于违反制度的行为要严肃处理，维护公众参与社会治理的秩序和公正性。例如，加强党内监督机制，建立健全党内监督的各项制度，如巡视制度、审计制度、报告制度等，确保党内监督能够全面覆盖党的各项工作和活动。同时，加强对制度执行情况的监督检查，确保制度能够得到有效执行。

二、提高公众参与社会治理的意识

公众参与意识是内隐的，是公众发挥主观能动性的重要动力来源，也是公众参与有效性的内驱力。②

（一）重视媒体宣传

媒体宣传是提高公众参与社会治理意识的重要手段。通过媒体宣传，可以将社会治理的理念、原则和方法传播给广大公众，提高他们对社会治理的认知度和关注度。

首先，传统媒体如电视、报纸、广播等应发挥其覆盖面广、影响力强的优势，定期报道社会治理的最新动态和典型案例。通过这些报道，公众可以了解

① 参见谢菲:《公众参与基层社会治理的困境及破解之道研究——以 w 市 x 社区为例》，安徽工程大学硕士学位论文 2023 年，第 36 页。

② 参见南锐、陈蒙:《基于扎根理论的城市基层社会治理公众参与有效性研究——来自北京市垃圾分类治理经验的证据》，《行政论坛》2022 年第 3 期。

社会治理的最新进展和成效，从而增强他们参与社会治理的信心和动力。

其次，新媒体如网络、社交媒体等也应发挥其传播速度快、互动性强的优势，加强对社会治理的宣传。新媒体对社会生活的强势介入，不仅带来了人们信息沟通方式的改变，而且带来了生活方式乃至社会关系的显著变化，推动了新型社会治理体系的建构进程。新媒体是网络技术，更是网络化社会结构和蕴含在网络逻辑中的具体的关系组合。① 我们可以通过微博、微信等平台发布相关信息和文章，引导公众关注社会治理问题。同时，我们也可以通过设置话题、开展讨论等方式，鼓励公众积极参与社会治理的讨论和建议。

最后，媒体宣传还应注重客观性和公正性。在宣传社会治理时，应真实反映实际情况和问题，避免夸大或歪曲事实。同时，我们也应尊重不同观点和意见，为公众提供一个开放、包容的讨论环境。

（二）制定政策激励

政策激励是提高公众参与社会治理意识的重要措施。通过制定合理的政策，我们可以激发公众的参与热情和积极性，推动社会治理的良性发展。

首先，我们可以制定相关奖励政策，对积极参与社会治理的公众给予一定的奖励和荣誉。例如，我们可以设立“社会治理优秀个人”“社会治理优秀团队”“社会治理优秀案例”等奖项或活动，对在社会治理中表现突出的个人和团队进行表彰和奖励。这样不仅可以激发公众的参与热情，还可以树立典型和榜样，带动更多人参与社会治理。例如，2021 年 3 月 26 日，湖北省武汉市江汉区举办党建引领基层社会治理优秀案例评审会。经过 2 个多小时的激烈角逐，万松街“‘五步工作法’激活下沉党员红色动力”与民权街“匠造社区‘铱’心共治全周期社区治理工作法”从全区 16 个优秀案例中脱颖而出，并列获得第一名。参选的案例涵盖了小区党建、红色业委会、三方联动、党员干部下沉等多个领域，比较全面地反映了过去一年以来，该区深化新时代党建引

① 参见［美］曼纽尔·卡斯特：《网络社会的崛起》，夏铸九、王志弘等译，社会科学文献出版社 2001 年版，第 111 页。

领、加强基层社会治理的创新探索和实践成果。此次获得第一名的“五步工作法”被进一步应用到街道区域化党建、产业集聚区建设方面，以项目化的方式，把党建工作做实、做细、做精。①

其次，制定相关优惠政策，鼓励公众参与社会治理相关活动和项目。例如，为参与社区建设、环境保护等项目的公众提供税收减免、资金扶持等优惠政策。这样可以降低公众参与社会治理的成本和风险，提高他们的参与意愿和动力。

最后，政策激励还应注重针对性和实效性。在制定政策时，应充分考虑不同公众的需求和特点，制定符合他们实际情况的政策。同时，也应定期对政策进行评估和调整，确保其能够有效地促进公众参与社会治理。

（三）完善法律支持

法律是保障公众参与社会治理权利的基础。因此，完善相关法律制度，为公众参与提供法律支持，是提升公众参与能力的重要策略。首先，应明确公众参与社会治理的法律依据和权利保障，制定详细的操作规范和程序指引。其次，要加大对违法行为的惩治力度，维护公众参与社会治理的合法权益。

此外，还应建立健全法律援助和咨询机制，为公众提供及时、有效的法律帮助。通过设立专门的法律咨询窗口、开通在线法律服务平台等方式，方便公众获取法律信息和寻求法律帮助。同时，还可以组织法律宣传教育活动，提高公众的法律意识和维权能力。

（四）建设公共讨论平台

公共讨论平台是公众表达意见、参与社会治理的重要渠道。建设一个开放、包容、有序的公共讨论平台，有助于提升公众参与社会治理的能力和素质。

首先，应充分利用互联网等现代信息技术手段，搭建便捷、高效的在线讨论平台。通过社交媒体、论坛、博客等平台，为公众提供一个畅所欲言的空间。

---

① 参见《江汉基层社会治理哪家“强”？16项优秀案例登台角逐，街道社区秀出“看家法宝”》，荆楚网，http://news.cnhubei.com/content/2021-03/27/content_13701341.html。

其次，要建立健全公共讨论平台的运行规则和管理机制，确保讨论的秩序和质量。可以制定讨论主题、引导公众理性发言、设立版主或管理员进行监督管理等措施，避免恶意攻击、造谣传谣等不良行为的发生。

最后，还要注重公共讨论平台的宣传推广和影响力提升。通过组织线上线下活动、邀请知名人士参与讨论等方式，吸引更多公众关注和参与公共讨论，推动社会治理的民主化、科学化进程。

（五）培育公民的公共精神和社会责任

公民个体自觉行动的深层持久动力最终还是源自基于公共精神的公共利益理解和社会责任担当。① 公共精神是指公民在参与公共事务、维护公共利益、促进社会发展过程中表现出的积极态度和行为。它体现了公民对社会的责任感、使命感和奉献精神，是现代社会公民必备的基本素质。社会责任则是指公民在享受权利的同时，积极履行对家庭、社会、国家乃至全球的责任和义务。这种责任包括对个人行为的负责、对社会公共利益的贡献以及对自然环境的保护等。公共精神和社会责任紧密相连，互为支撑。公共精神是社会责任得以实现的精神基础，而社会责任则是公共精神在实践中的具体体现。两者共同构成了现代公民的基本素养，对于促进社会和谐、提升国家竞争力具有重要意义。

公共精神与社会责任的理论来源深厚且多元，根植于伦理学、政治学、社会学等多个学科领域。在古代，儒家思想中的“仁爱”和“天下为公”的理念，就为公共精神提供了重要的思想基础。孟子云：“老吾老以及人之老，幼吾幼以及人之幼”，这句话体现了对公共利益的关注和对他人的责任感。在西方，从古希腊哲学家亚里士多德提出的“公民德行”到启蒙时代社会契约论者的“公共意志”，都为公共精神与社会责任提供了理论基础。随着近代社会的变革，我国公民意识开始觉醒。辛亥革命后，国家提出“民主共和”的理念，鼓励

① 参见周文翠、于景志：《新时代公众参与社会治理的推进路径》，《学术交流》2023 年第 2 期。

公民参与国家事务。新文化运动进一步推动了公民意识的普及，提倡科学、民主、自由等价值观。这一时期，公民公共精神与社会责任得到了进一步的关注和培养。新中国成立后，我国社会主义制度的确立为公民公共精神与社会责任的培养奠定了新的基础。国家倡导集体主义精神，强调个人与社会的统一。在教育领域，德育被赋予重要地位，旨在培养社会主义新人。同时，社会实践活动、志愿服务等形式也逐渐兴起，为公民公共精神与社会责任的培育提供了有力支撑。改革开放以来，公民公共精神与社会责任的培养也进入了新的发展阶段。市场经济的发展促进了公民社会的形成，人们的自主意识、权利意识不断增强。“权利意识是指社会主体对于自身和他人权利的认知、情感、理解、态度和意志等的总和。”①它既体现为人们对权利现象的理性探索，又包括人们对权利的社会规范意义、范围和实现手段的认知。② 同时，国家高度重视公民道德教育，将社会主义核心价值观融入国民教育全过程，推动公民公共精神与社会责任的培养向更高水平发展。

然而，我们也应看到当前公民公共精神与社会责任培养存在的问题。首先，部分公民对公共事务漠不关心，缺乏参与意识和责任感。其次，一些领域存在道德失范、诚信缺失等现象，影响了公民对社会责任的认同感。此外，公民教育在某些方面仍显得滞后和不足，无法满足现代社会对公民公共精神与社会责任的要求。

针对这些问题，我们需要进一步加强公民公共精神与社会责任的培养工作。一方面，要深化公民道德教育，引导公民树立正确的价值观和责任感。在各级教育中融入公共精神和社会责任的内容，从小培养学生的公共意识和责任感。此外，还应加强对成年人的公共精神和社会责任教育，通过社区、单位等途径，让更多人了解公共精神和社会责任的重要性。另一方面，要完善社会参与机制，为公民参与公共事务提供更多渠道和平台。媒体和文化在塑造公

① 李文利、征汉年：《权利意识：现代法治的内在动因》，《经济与社会发展》2007 年第 7 期。

② 参见吴斌：《我国公民权利意识现状述评》，《云南社会科学》2009 年第 3 期。

民公共精神和社会责任方面发挥着重要作用。我们应倡导媒体和文化机构传播积极向上的价值观,通过优秀的文艺作品、新闻报道等形式,引导公民增强公共精神和社会责任感。应加强对不良媒体和文化的监管,防止其对公民价值观的负面影响。同时,应加强法治建设,为公民履行社会责任提供有力保障。应完善相关法律法规,明确公民在公共事务中的权利和义务,为公民履行社会责任提供法律保障。此外,还应加强对法律法规的宣传和执行力度,确保公民在享有权利的同时履行相应的义务。

三、加强公众参与社会治理的教育与培训

(一)教育培训的必要性

针对当前公众参与社会治理的现状和挑战,加强教育与培训显得尤为必要。

首先,教育与培训能够提升公众对社会治理的认知和理解。通过系统的教育和培训,可以帮助公众了解社会治理的基本理念、原则和方法,以及公众在社会治理中的角色和责任。这有助于增强公众的社会责任感和参与意识,提高公众对社会治理的认同感和满意度。

其次,教育与培训能够提高公众的参与能力和水平。通过教育和培训,可以培养公众的政策分析能力、决策参与能力和社会监督能力,使公众能够更加有效地参与到社会治理中来。这不仅可以增加社会治理的透明度和公正性,还能够推动社会治理的创新和发展。

最后,教育与培训是构建和谐社会的重要途径。通过教育和培训,可以培养公众的公民意识、民主意识和法治意识,提高公众的社会责任感和参与能力。这有助于增进社会的团结和稳定,推动社会文明和谐发展。

因此,加强公众参与社会治理的教育与培训是十分必要的。通过构建完善的教育与培训体系,可以提高公众的参与意识和参与能力,推动公众参与社会治理的深度和广度不断提升,为实现社会和谐稳定、公平正义和可持续发展奠定坚实的基础。

（二）当前公众参与社会治理中教育与培训的现状

1. 相关政策规定

在当前的政策环境中，对于公众参与社会治理的教育与培训的支持已经初见端倪。各级政府逐步认识到公众参与社会治理的重要性，并在相关政策中有所体现。例如，近年来国家层面出台的多项关于社会治理的政策文件中，都强调了公众参与的重要性，并提出了要加强公众的社会责任感和治理能力。

在地方层面，一些城市也相继出台了相关政策，鼓励公众参与社会治理。这些政策不仅为公众参与社会治理提供了法律依据，还通过设立专项资金、搭建参与平台等措施，为公众参与社会治理提供了实际支持。此外，各级政府还通过开展各类宣传教育活动，提高公众对社会治理的认知度和参与度。

2. 不足之处

在公众参与社会治理的教育与培训方面，当前存在的不足主要表现在以下几个方面：

首先，教育培训内容针对性不够。现有的教育培训内容有些宽泛，缺乏针对不同群体、不同需求的精细化设计。这导致教育培训的实际效果不佳，难以满足公众在参与社会治理过程中的实际需求。

其次，教育培训方式较为单一。目前的教育培训方式主要以课堂讲授为主，缺乏实践性和互动性。这种传统的教育方式难以激发公众的学习兴趣和参与度，也无法满足公众在实践中学习和成长的需求。

再次，教育培训资源不够充足。由于资金、人员等方面的限制，现有的教育培训资源无法满足公众广泛参与社会治理的需求。一些偏远地区或弱势群体难以获得有效的教育培训机会，导致他们在参与社会治理过程中面临更大的困难。

最后，教育培训评估机制不够完善。现有的教育培训评估机制往往只关注培训过程的完成情况，而忽视了培训的实际效果和对公众参与社会治理的影响。这种不完善的评估机制无法为教育培训的持续改进提供有效依据。

综上所述，虽然现有政策对公众参与社会治理的教育与培训给予了一定支持，但仍存在一些不足之处。为了加强公众参与社会治理的能力和水平，需要进一步完善相关政策，优化教育培训内容和方式，增加教育资源投入，并建立完善的评估机制。这将有助于推动公众参与社会治理的深入发展，实现社会治理的现代化和民主化。

（三）教育与培训的重点内容

1. 理论知识设计

在设计与公众参与社会治理相关的教育培训内容时，理论知识的学习是基础且至关重要的。这部分内容应当包含对社会治理基本概念的阐述，帮助参与者理解什么是社会治理、它的重要性以及他们作为公民在社会治理中的角色。同时，应介绍公民参与社会治理的历史演变、不同国家的实践案例以及这些实践对社区和国家的深远影响。此外，为了增强公众的理论素养，还应涵盖民主原则、权利与义务、法律法规等基础知识，以便公众在参与社会治理时能够明确自己的定位和行为准则。

2. 实践技能设计

实践技能是公众参与社会治理过程中不可或缺的一部分。因此，教育培训内容应着重培养公众的实践技能。这包括如何参与社区活动、如何提出政策建议、如何进行有效的沟通协商等。通过模拟实践活动、角色扮演、案例分析等方式，帮助公众提升实际操作能力。同时，应教授公众如何运用现代科技手段，如社交媒体、在线平台等，来增强参与社会治理的效率和影响力。实践技能设计的目的是让公众具备将理论知识转化为实际行动的能力，从而更加有效地参与到社会治理中来。

3. 社会责任感设计

加强公众的社会责任感是教育培训的重要目标之一。因此，在设计与公众参与社会治理相关的教育培训内容时，应强调社会责任感的培养。这部分内容可以通过讲解公民义务、社会公益事业的重要性等方式来引导公众意识到自己在社会中的责任和使命。同时,可以组织志愿者活动、公益项目等实践活动,让公众亲身参与并体验到为社会作出贡献的成就感。通过社会责任感的设计,旨在激发公众的参与热情,促使其更加积极地投入到社会治理中,共同推动社会的进步和发展。

(四)加强教育与培训的创新措施

1. 线上课程

随着科技的进步和互联网的普及,线上课程已成为公众参与社会治理教育与培训的重要形式。线上课程具有时间灵活、空间自由、资源丰富等优点,能够满足不同群体的学习需求。

首先,要确保线上课程内容的丰富性和实用性。课程内容应涵盖社会治理的基本理论、参与方式、实践案例等,同时结合公众的实际需求,设计具有针对性的教学模块。

其次,注重课程的互动性和参与性。利用在线问答、讨论区、学习社群等交互工具,增强学员的学习体验,激发其参与热情。同时,通过作业、测验等形式,检验学员的学习成果,确保培训效果。

最后,要充分利用现代科技手段,提升线上课程的教学质量。例如,利用虚拟现实(VR)、增强现实(AR)等技术,为学员提供沉浸式的学习体验;通过大数据分析,精准推送个性化学习资源,提高学习效率。

2. 研讨会

研讨会是一种集思广益、深入研讨的培训形式,有助于激发公众的参与意识,提升其参与社会治理的能力。

在研讨会的实施过程中,首先要明确研讨主题和目标,确保与会者能够围绕核心议题进行深入交流。同时,邀请具有丰富经验和专业知识的嘉宾作为主讲人,分享他们的见解和经验,为与会者提供宝贵的参考。其次,要注重研讨会的互动性和开放性。鼓励与会者积极发言、提问,营造宽松、自由的讨论氛围。同时,通过小组讨论、角色扮演等形式,激发与会者的参与热情,提升研讨效果。最后，要做好研讨会的后续工作。整理并发布研讨会的成果和观点，供公众参考和学习。同时，对与会者的反馈和建议进行收集和分析，以便对研讨会的内容和形式进行持续改进。

3. 工作坊

工作坊是一种实践性强、参与度高的培训形式，有助于公众通过亲身实践来理解和掌握社会治理的知识和技能。

在工作坊的实施过程中，首先要明确工作坊的主题和目标，确保参与者能够有针对性地学习和实践。同时，提供必要的学习材料和工具，为参与者的实践活动提供支持。其次，要注重实践活动的多样性和趣味性。设计具有挑战性和趣味性的实践任务，激发参与者的兴趣和动力。同时，通过小组合作、角色扮演等形式，促进参与者之间的交流和合作，提升实践效果。最后，要做好工作坊的总结和反思。引导参与者分享自己的实践经验和心得体会，整理并发布工作坊的成果和案例，供公众参考和学习。同时，对参与者的反馈和建议进行收集和分析，以便对工作坊的内容和形式进行持续改进。

综上所述，线上课程实施、研讨会实施和工作坊实施是加强公众参与社会治理教育与培训的重要策略和方法。通过综合运用这些策略和方法，可以有效提升公众的社会治理能力和参与水平，推动社会治理的现代化和民主化进程。

四、创新多元化和包容性的公众参与方式

在现代社会，随着全球化的深入发展和科技的快速进步，社会结构变得越来越复杂和多元。不同文化、不同阶层、不同群体之间的交流和互动日益频繁，社会多元化趋势日益明显。同时，随着人们对公平、公正和尊重的追求，包容性也成为社会发展的重要需求。随着社会的日益多元化，传统的公众参与模式已经难以适应复杂多变的社会需求。在这种背景下，多元化与包容性策略的引入显得尤为重要。它们不仅有助于促进公众参与，还能增强社会的凝聚力和稳定性。

多元化意味着公众参与的主体更加广泛和多元,能够反映社会各个阶层和群体的声音和诉求。这有助于提升公众参与的全面性和代表性。包容性意味着公众参与的过程更加公正和公平,能够尊重和保护不同群体的权益和利益。这有助于增强公众参与的积极性和有效性。民主的本质在于人民的参与。一个多元化且包容的社会能够让更多的人群参与到政治过程中。这不仅能够提高政策的质量和有效性,还能够增强民众对政府的信任和满意度。多元化和包容性有助于建立一种共同体意识,使得不同群体之间能够相互理解和支持,增强社会的整体稳定性。

(一)多元化和包容性的体现

多元化是公众参与理论框架中的重要组成部分。它强调在公众参与过程中,应当充分考虑不同群体的需求和利益,以促进各个群体的积极参与。这种多元化体现在参与主体的多样性、参与方式的灵活性和参与内容的丰富性等方面。

首先,参与主体的多样性意味着不同性别、年龄、文化背景和社会地位的人都有机会参与到公共事务中来。这种多样性不仅有助于反映社会的多元性,还能促使不同群体之间的相互理解和尊重。

其次,参与方式的灵活性要求公众参与不仅限于传统的线下形式,还应当利用现代技术手段,如社交媒体、网络论坛等,为公众提供更多便捷的参与渠道。这种灵活性有助于提高公众的参与热情和参与度。

最后,参与内容的丰富性意味着公众参与应当涵盖政治、经济、文化、社会等各个领域。这有助于保障公众对各类事务的知情权、参与权和表达权,进而促进社会的民主化进程。

(二)多元化参与方式的运用

1. 不同群体的多元化参与方式

要实现公众参与的多元化,就必须重视并采取措施来促进不同群体的参与。这包括了不同年龄、性别、种族、文化背景、经济地位等各个维度的群体。

在这个过程中，需要了解不同群体的需求和特点，设计符合他们实际情况的参与方式。

（1）针对不同年龄群体的策略

公众的参与方式应多样化，以适应不同群体的需求和偏好。对于年轻一代，他们通常更倾向于使用数字化和社交媒体平台进行互动和参与，可以通过开发移动应用程序、社交媒体挑战、在线论坛等方式来吸引他们的参与。而对于老年群体，他们可能对这些新兴技术不太熟悉，更偏好传统的参与方式，如面对面的社区会议、电话咨询等，可以为他们提供易于理解和使用的参与渠道。

（2）性别平等与女性参与

在促进公众参与的过程中，需要特别关注性别平等问题，应设计相应的措施来消除性别偏见和障碍，鼓励女性更积极地参与到公众事务中来。实践中应提供针对性的培训、指导和激励机制，以增强女性的领导力和参与度。

（3）种族和文化多样性

对于种族和文化多样性，应尊重并包容各种文化背景，避免刻板印象和歧视。可以通过举办文化交流活动、翻译多语种的信息资料、设立多元文化咨询服务等方式，来鼓励各种族和文化背景的人参与到公众事务中来。

2. 少数群体和边缘化社区的多元化参与

少数群体和边缘化社区的参与对于公众参与的多元化和包容性至关重要。这些群体往往因为种种原因（如社会地位、经济条件、地理位置等）而面临更大的参与障碍。因此，应设计专门的策略来吸引和支持他们的参与。

（1）定向支持和资源分配

为了促进少数群体和边缘化社区的参与，可以为他们提供更多的资源和支持。这可能包括资金援助、技术支持、人力帮助等。同时，还需要为他们提供定向的培训和教育，以帮助他们提升参与公众事务的能力和信心。

(2)建立合作和联络网络

少数群体和边缘化社区往往有自己的社交网络和组织结构,可以通过建立合作和联络网络,与这些组织和网络建立联系,以便更好地了解他们的需求和期望,并提供更有针对性的支持和服务。

(3)消除歧视和排斥

要实现少数群体和边缘化社区的参与,应坚决反对并消除任何形式的歧视和排斥。应努力建立和维护一个公平、公正、开放和包容的环境,让每个人都能够感到被尊重和接纳,都有机会参与到公众事务中来。

(三)新兴技术在多元化参与方式中的运用

随着科技的飞速进步,创新技术如社交媒体和移动应用等已成为提升公众参与的重要手段。这些新兴技术为公众提供了一个便捷、高效的参与平台,使得公众能够更加方便地参与到各类社会事务中。

1. 社交媒体的应用

社交媒体作为一种新兴的通信工具,为公众参与提供了广阔的空间。例如,微博、微信、Facebook 等平台,使得信息可以迅速传播,让公众能够及时了解社会热点和公共事务。通过社交媒体,公众可以发表自己的观点和看法,参与到社会话题的讨论中。同时,政府部门也可以利用社交媒体平台发布政策信息、征求公众意见,增加政策制定的透明度和公众参与度。

2. 移动应用的作用

移动应用的发展也为公众参与提供了新的途径。通过移动应用,公众可以随时随地参与社会事务,不受时间和地点的限制。例如,一些政府服务类移动应用可以让公众在线办理各类事务,提高政府服务效率。此外,一些公益类移动应用则可以让公众参与到公益事业中,通过捐款、捐物等方式支持社会公益。

第二节　创新方式和方法

一、建立多元化的参与渠道和平台

在现代社会中，公众参与的形式日益多样化，包括听证会、民意调查、在线论坛等。这些渠道和平台为公众提供了发声的机会，使他们能够直接参与到政策制定和执行过程中来。改革开放40多年来，我国在推进社会民主方面取得了巨大成就，“市长热线”“信访机关”以及基于现代互联网新媒体的网络问政平台对增强社会主义民主政治建设，为广大公众勇于问政，积极参与社会治理提供了必要平台。[①] 然而，这些渠道和平台在实际运作中也存在一些问题和挑战，如参与程度不均衡、信息获取不透明、互动性差等。这些问题限制了公众参与的广度和深度，影响了社会治理的效果。

为了推动公众参与的深入发展，需要建立更加多元化、高效、透明的公众参与渠道和平台。这些平台应该能够覆盖不同社会群体，提供多样化的参与方式，确保公众能够充分表达自己的意见和建议。同时，这些平台还应该具备良好的互动性和反馈机制，使公众能够及时了解到政策制定和执行的情况，促进政府与公众之间的有效沟通。

（一）建立多元化参与渠道和平台的迫切性与意义

建立多元化的公众参与渠道和平台是当前社会治理领域的迫切需求。随着社会的快速发展和变革，公众对于参与社会治理的期望和需求也在不断提高。他们希望通过更多的渠道和方式参与到政策制定和执行过程中来，以实现自己的利益诉求和推动社会的进步。因此，建立多元化的公众参与渠道和平台具有重要的现实意义和紧迫性。

---

① 参见马健裕、梁仲明：《刍论我国公众参与社会治理服务平台的构建》，《理论导刊》2017年第10期。

首先,多元化的参与渠道和平台有助于提高公众参与的广度和深度。通过多元化的参与方式,可以吸引更多的公众参与到社会治理中来,增加决策的多样性和包容性。同时,多元化的参与渠道和平台还可以促进公众与政府之间的有效沟通,使政府更加了解公众的需求和期望,从而制定更加科学合理的政策。

其次,多元化的参与渠道和平台有助于推动社会民主化进程,提高应对复杂社会问题的能力。公众参与是社会民主化的重要体现,通过多元化的参与渠道和平台,可以激发公众的民主意识和参与热情,推动社会民主化进程的深入发展。随着社会的不断发展和进步,复杂社会问题的出现越来越频繁。这些问题往往涉及多个领域、多个方面,需要多方面的参与和合作才能有效解决。因此,建立多元化的公众参与渠道和平台对于应对复杂社会问题具有重要的意义。多元化的参与渠道能够汇聚更多的智慧和力量。不同社会群体、不同领域的人往往有着不同的知识和经验,通过多元化的参与渠道将这些智慧和力量汇聚起来,就能够形成强大的合力,为解决复杂社会问题提供有力的支持。多元化的参与渠道能够促进跨领域的合作与协调。复杂社会问题的解决往往需要多个领域、多个方面的参与和合作。而多元化的参与渠道则能够为这种合作与协调提供平台和支持,促进不同领域、不同方面之间的有效沟通和协作。

再次,多元化的参与渠道和平台有助于提高决策包容性和透明度。在当今社会治理的背景下,公众的广泛参与是提高决策包容性和透明度的关键。多元化的公众参与渠道和平台能够确保不同社会群体、不同利益诉求的声音都能被听到和考虑。这种包容性的决策过程不仅有助于减少社会不公和偏见,还能促进决策的科学性和合理性。传统的参与方式如听证会、民意调查等虽然在一定程度上能够实现公众参与,但其参与门槛较高、代表性有限。而数字化平台如在线论坛、社交媒体等则降低了参与门槛,使得更多人能够便捷地表达意见和诉求。这种广泛的参与不仅能够提高决策的包容性,还能增强公众对决策的认同感和满意度。传统的决策过程往往存在着信息不对称的问题，公众往往难以了解决策的背景、过程和结果。而多元化的参与渠道则能够增加决策的透明度，让公众更加清楚地了解决策的全过程。这不仅有助于增强公众对决策的信任度，还能减少决策执行过程中的阻力和障碍。

最后，多元化的参与渠道和平台有助于构建和谐社会。通过多元化的参与方式，可以增进公众与政府之间的理解和信任，缓解社会矛盾和冲突。公众信任是社会治理的重要基础，而多元化的公众参与渠道和平台则是增强公众信任的有效途径。当公众能够通过多种渠道参与到决策过程中来，并看到自己的意见和诉求被认真对待和回应时，他们就会更加信任政府和决策者，就会感到自己是社会的一分子，有责任感和使命感。这种参与感和归属感不仅能够增强公众对政府的信任度，还能促进社会的和谐稳定。当决策过程能够充分吸纳公众的意见和诉求，并经过充分的讨论和协商后形成时，其合法性和正当性就会得到公众的认可和支持。这种合法性和正当性不仅能够增强公众对决策的信任度，还能提高决策的执行效率和效果。

（二）当前公众参与渠道与平台的现状

1. 听证会的优势与局限

听证会制度最早起源于英国，可适用于多个领域，包括司法、立法和行政等，社会治理领域亦是如此，属于一种价值聚合型的公众参与方式。听证会的形式多种多样，但其始终存在一定的共性。[①] “共同意义上的听证会，是指在主持人的主持下，利害关系人提交证据进行辩论、质证，决策人根据或主要根据案卷记录作出决定的程序制度。”[②]听证会作为一种公众参与渠道，其显著优势在于提供了一个直接、公开的对话平台，使得政府或决策者能够与公众面对面交流，了解各方观点。通过听证会，公众有机会对政策或项目提出质疑、建议，从而确保决策更加民主、透明。此外，听证会还能增强公众对决策过程

① 参见杨新元：《论社会治理的公众参与权》，社会科学文献出版社 2021 年版，第 155 页。
② 李凌波、刘勉义：《试论听证会程序的适用范围》，《行政法学研究》2001 年第 1 期。

的理解与信任，因为它提供了一个观察、参与决策过程的窗口。

然而，听证会也存在一些局限性。首先，由于其通常采用现场参与的方式，这限制了参与者的地理范围，使得远离听证会地点的公众难以参与。其次，听证会往往受到时间、地点和资源的限制，导致参与者数量有限，难以代表广泛的社会意见。此外，听证会中的交流往往以口头陈述为主，难以充分展现复杂的政策问题或进行深入讨论。

2. 民意调查的优势与局限

民意调查作为一种公众参与渠道，其效果在于能够系统地收集、整理和分析公众对特定议题或政策的看法和意见。通过民意调查，政府或决策者可以更加准确地了解公众需求，从而制定出更加符合民意的政策。此外，民意调查还能提高公众对政策制定过程的认知度，增强公众的政治参与感。

然而，民意调查也面临着一些挑战。首先，由于样本选择和调查方法的不同，可能导致调查结果的准确性和可靠性受到影响。其次，民意调查通常关注于公众的总体看法和意见，难以深入了解公众对特定政策或议题的具体态度和观点。此外，民意调查往往需要投入大量的人力、物力和财力，这在资源有限的情况下可能成为一个挑战。

3. 在线论坛的优势与局限

在线论坛作为一种新兴的公众参与渠道，其在公众参与中的作用日益凸显。通过在线论坛，公众可以随时随地就各种议题展开讨论、交流意见，形成一个开放、多元的讨论空间。在线论坛不仅为公众提供了一个表达观点、分享信息的平台，还促进了不同群体之间的对话和理解。

然而，在线论坛也存在一些问题。首先，由于缺乏有效的监管和审核机制，可能导致虚假信息、恶意言论的传播，影响公众对议题或政策的正确理解。其次，在线论坛的参与者往往具有特定的背景和观点，这可能导致讨论走向极端化或片面化。此外，由于在线交流的匿名性和间接性，可能降低公众对参与决策过程的责任感和信任度。

（三）多元化参与渠道和平台面临的挑战与措施

在实施多元化公众参与渠道和平台的过程中，会面临多种挑战。首先，资源分配是一大挑战。在有限的预算下，如何公平有效地分配资源，确保每个渠道和平台都能得到足够的支持和发展，是一项艰巨的任务。其次，技术支持也是一个关键挑战。随着科技的快速发展，公众参与平台和渠道需要不断更新和升级，以适应新的技术趋势和公众需求。然而，技术更新换代的成本高昂，而且需要专业的技术支持团队，这对于许多机构来说是一个巨大的挑战。最后，法律政策也是一个不可忽视的挑战。不同国家和地区的法律政策对公众参与有不同的规定和限制，如何确保多元化参与渠道和平台在合法合规的前提下运行，是一个需要认真考虑的问题。同时，如何在法律框架内保护公众隐私和数据安全，也是一项重要的挑战。

完善多元化参与渠道和平台，可以采取以下措施。

1. 提高资源分配与利用效率

为了应对资源分配的挑战，可以采取以下对策。首先，建立明确的优先级评估机制，根据各个渠道和平台的重要性和紧迫性进行排序，确保有限的资源能够优先用于最需要的领域。其次，寻求多元化的资金来源，包括政府拨款、社会捐赠、企业赞助等，以扩大资源基础。此外，建立合作伙伴关系，与其他机构或组织共享资源和经验，提高资源利用效率。

2. 提升技术支持力度

为了克服技术支持的挑战，可以采取以下方案。首先，加强与专业技术团队的合作，引入先进的技术解决方案，提高公众参与渠道和平台的技术水平和稳定性。推动网上和线下的融合，在开通线下参与的前提下，同时将现代科技、大数据、人工智能等现代科技手段纳入到基层社会治理之中，加强社区内部沟通，提高社区治理水平和服务水平。通过手机、电脑等终端构建智能政府网络体系，运用公众常见的 PK 点赞、留言和刷弹幕的形式，让公众参与讨论公共事务、投票公众决策、监督政府行为等活动，从而不断提高公众参与基层社会治理的参与程度和工作效率。① 其次,建立持续的技术更新和升级机制,及时跟进新技术趋势,保持渠道和平台的竞争力和吸引力。此外,加强用户培训和指导,提高公众使用技术平台和渠道的能力和意愿。

3. 完善有关法律政策

在法律政策方面,可以采取以下措施来应对挑战。首先,深入研究相关法律法规,确保多元化参与渠道和平台的设立和运行符合法律要求。其次,积极参与政策制定和咨询过程,为政策制定者提供有益的建议和意见,推动相关法律法规的完善和优化。此外,加强与法律机构的合作,为公众参与渠道和平台提供法律支持和保障,确保公众权益得到充分保护。同时,加强公众教育和宣传,提高公众对法律政策的认识和理解,促进公众有序参与社会治理过程。

二、制定科学合理的公众参与的规则和机制

(一)现行公众参与规则和机制的成效与不足

现有的公众参与规则和机制在一定程度上确实促进了公众与政府的互动,但在实际操作中也暴露出一些问题。现行的公众参与机制有时过于复杂,公众难以理解并参与其中。以城市规划的公众参与为例,尽管政府提供了参与渠道,但有时参与流程烦琐,需要填写大量表格和提交复杂的申请材料,这对于普通公众来说是一个较高的参与门槛。这不仅降低了公众的参与意愿,也限制了公众参与的有效性。

此外,现有的公众参与机制在信息公开和透明度方面也存在不足。虽然政府网站上发布了一些相关信息,但这些信息有时不够详细,公众难以了解项目的全貌和背后的考虑。同时,政府对公众意见的反馈机制也不够完善,导致公众意见有时得不到有效的回应和处理。

在参与渠道方面,现有的机制主要依赖于线下渠道,如座谈会、听证会等,

① 参见谢菲:《公众参与基层社会治理的困境及破解之道研究——以 w 市 x 社区为例》,安徽工程大学硕士学位论文 2023 年,第 39 页。

这些渠道受到时间、地点等限制，无法覆盖所有公众。而且，线下渠道的参与成本较高，对于那些时间和经济条件有限的公众来说，是一个不小的负担。

综上所述，现有的公众参与规则和机制在促进公众参与方面还有很大的提升空间。需要简化参与流程、提高信息公开透明度、拓宽参与渠道、降低参与成本等，才能真正激发公众的参与热情，提高公众参与的有效性和广泛性。

（二）“科学”“合理”原则在公众参与的规则与机制中的运用

1. 坚持科学性

在制定公众参与规则时，科学方法的运用至关重要。科学方法的核心在于基于实证数据、逻辑推理和持续反思来制定决策。在公众参与规则的制定过程中，这可以体现为以下几个步骤：

首先，对现有的公众参与实践进行系统的研究和评估。这包括收集和分析相关数据，了解公众参与的当前状况、存在的问题以及可能的原因。通过这些研究，可以梳理出有效的参与方法和策略，以及需要改进的领域。

其次，运用逻辑推理和理论构建来制定公众参与规则。这包括分析公众参与的动力、机制和影响因素，以及这些因素如何相互作用来影响参与的效果。通过逻辑推理，设计出既符合实际情况又具有可操作性的规则，以引导和促进公众的有效参与。

最后，对制定的规则进行定期的反思和调整。这包括对规则的实施效果进行监测和评估，及时发现和解决问题，以及根据反馈和新的情况进行规则的修订和完善。通过持续的反思和调整，确保公众参与规则的科学性和有效性。

在具体操作中，可以采用定量和定性相结合的研究方法，如问卷调查、深度访谈、案例研究等，以收集全面、准确的数据和信息。同时，也可以借鉴其他领域的成功经验和做法，如社会学、心理学等，以丰富和完善公众参与规则的内容和形式。

2. 坚持合理性

在公众参与的规则和机制中，确保公平和合理至关重要。这不仅关系到公众的信任程度和参与程度,也直接关系到决策的质量和合法性。因此,在讨论保障公众参与公平合理的原则和措施时,须从多个角度进行深入分析。

首先,信息公开和透明是保障公众参与公平合理的基础。公众有权了解与其利益相关的决策信息,包括决策的背景、目的、过程、结果,以及可能的影响。这要求政府部门和相关机构在决策过程中,及时、全面、准确地公开相关信息,确保公众能够在充分了解情况的基础上参与决策。

其次,平等参与权是保障公众参与公平合理的重要原则。任何公民都有权平等地参与公共决策过程,表达自己的观点和利益诉求。这就要求在制定公众参与规则时,必须确保所有公民都能够平等地享有参与权,不得因种族、性别、年龄、社会地位等因素而受到歧视或限制。

再次,有效沟通与反馈也是保障公众参与公平合理的重要措施。政府部门和相关机构应建立有效的沟通渠道,积极听取公众的意见和建议,及时回应公众的关切和质疑。同时,还应建立完善的反馈机制,对公众的意见和建议进行认真分析和处理,确保公众的参与能够真正影响到决策结果。

最后,公众参与的教育与培训也是保障公众参与公平合理的重要手段。通过加强公众参与教育和培训,提高公众的参与意识和能力,使他们能够更好地理解和参与公共决策过程。这不仅有助于提高公众参与的质量和效果,也有助于增强公众对决策的信任和支持。

(三)公众参与规则和机制的标准

第一,规则和机制应当明确、具体、可操作。规则和机制的内容应当清晰明确,避免模糊和歧义;同时,规则的操作流程也应当具体可行,方便公众理解和执行。这样可以确保规则和机制在实际操作中的有效性和适用性。

第二,规则和机制应当符合法律法规和道德标准。公众参与规则和机制的制定和实施应当遵循相关法律法规和道德标准,确保公众的合法权益得到充分保障。同时,规则和机制的内容也应当符合社会公德和公共利益,不得损害社会和谐和稳定。

第三，规则和机制应当经过充分的讨论和协商。在制定公众参与规则和机制时，应当充分听取各方面的意见和建议，确保规则和机制的内容能够反映各方利益和需求。这样可以增强规则和机制的合法性和可接受性，提高其在实际操作中的有效性和适用性。

第四，规则和机制应当进行定期评估和调整。公众参与规则和机制的实施效果应当进行定期评估，及时发现和解决问题。同时，根据评估结果和社会变化的情况，应当及时对规则和机制进行调整和完善，确保其适应性和有效性。

在具体操作中，可以采用专家评审、公众咨询、试点测试等方式来验证和评估公众参与规则和机制的有效性和适用性。同时，也可以借鉴其他领域的成功经验和做法，如环境保护、城市规划等，以丰富和完善相关的评估标准和步骤。通过这些措施来确保公众参与规则和机制在实践中发挥最大的作用，为公众参与提供科学、有效的指导和支持。

三、提升跨领域合作与资源整合

随着环境问题、社会问题、经济问题等的日益复杂化，单一领域或单一组织的解决方案往往难以应对复杂多变的挑战。因此，跨领域合作与资源整合成为一种新的发展趋势。这种合作方式不仅能够集中各方面的资源和优势，形成合力，还能够促进不同领域之间的交流和沟通，拓宽思路，激发创新。跨领域合作与资源整合已成为提升公众参与度、解决公共问题、实现可持续发展的重要手段。

（一）跨领域合作与资源整合的重要性

跨领域合作与资源整合在提升公众参与度方面具有重要意义。

首先，跨领域合作能够促进不同领域之间的交流和合作，打破部门和利益固化的壁垒，形成共同应对挑战的强大合力。通过整合各方面的资源和优势，跨领域合作能够更有效地解决复杂多变的问题，提高公众对解决问题的信心和参与度。

其次，资源整合是跨领域合作的重要组成部分。在资源有限的情况下，如何通过有效的资源整合实现效益最大化成为关键。资源整合能够优化资源配置，提高资源利用效率，降低浪费和冗余。通过整合不同领域、不同组织、不同个人的资源，形成共同行动的基础，从而推动公众参与度的提升。

此外，跨领域合作与资源整合有助于激发社会创新活力。不同领域之间的交流和合作能够带来新的思路和方法，促进创新思维的产生。通过整合各方面的资源和智慧，可以形成更具创造性和实用性的解决方案，推动社会的进步和发展。

（二）跨领域合作与资源整合的要求

跨领域合作是一种旨在促进不同领域之间的协同合作。它强调通过整合各领域的优势资源和专业知识，实现资源共享、优势互补，从而推动整体发展。在跨领域合作中，各方需要明确各自的角色和责任，建立有效的沟通机制，确保合作的顺利进行。

跨领域合作需要具备以下几个要素：一是明确的合作目标和愿景，能够激发各方的合作动力；二是合理的分工和协作机制，确保各方能够充分发挥自己的优势；三是有效的沟通渠道和信息共享平台，促进各方之间的信息交流和知识共享；四是良好的信任基础和合作氛围，减少合作过程中的摩擦和冲突。

资源整合策略是指通过一系列的方法和手段，将分散的资源进行有效整合，实现资源的优化配置和高效利用。在跨领域合作中，资源整合策略扮演着至关重要的角色。它能够帮助合作各方充分利用各自的优势资源，形成合力，共同推动合作项目的发展。

要实现有效的资源整合，首先需要对各方资源进行全面的评估和分析，了解资源的数量、质量、分布等情况。在此基础上，制定出合理的资源整合方案，明确资源的整合方式、整合目标和整合路径。同时，还需要建立起一套完善的资源管理机制，确保资源的有效配置和高效利用。

在实施资源整合策略的过程中，需要注意以下几个问题。一是要避免资源的浪费和重复建设，实现资源的共享和互利共赢；二是要注重资源的可持续利用，避免过度开发和滥用；三是要加强资源的保护和管理，确保资源的长期可持续发展。

通过资源整合策略的应用，可以促进跨领域合作各方之间的深度合作和共同发展。它不仅能够提高资源的利用效率和社会效益，还能够推动社会的创新和发展。因此，在制定和实施跨领域合作与资源整合方案时，应充分考虑资源整合策略的重要性，确保资源的有效利用和可持续发展。

（三）影响跨领域合作与资源整合效果的因素

在实际操作中，许多因素都可能影响到合作与整合的有效性。首先，不同领域之间的利益诉求存在差异，这可能导致合作过程中的矛盾和冲突。例如，在环保领域和经济发展领域之间，就可能存在着保护环境和促进经济增长之间的矛盾。其次，不同领域之间的沟通和协调机制不完善，可能导致信息流通不畅、资源浪费等问题。最后，政策制定和执行过程中的不透明、不公平等问题也可能影响到公众参与的积极性和有效性。

（四）跨领域合作与资源整合的实践：青岛市绿色出行创建项目

在当前的社会背景下，许多城市已经认识到跨领域合作与资源整合的重要性，并采取了一系列措施来提升公众参与。例如青岛市的绿色出行创建工作①，即是其中的典型。

1. 背景

随着城市化进程的加速，交通拥堵和环境污染问题日益严重。绿色出行是加强城市交通拥堵综合治理的重要载体，也是青岛建设现代化国际大都市的题中之义和必然要求。2020 年 9 月，青岛成为全国首批绿色出行创建城市，青岛市从政策机制保障、基础设施建设、交通服务创新、宣传文化建设四个方面着手，认真开展绿色出行创建工作，逐步构建起布局合理、生态友好、清洁

① 参见《青岛：以绿色出行　惠美好生活》，凤凰网青岛，http://qd.ifeng.com/c/8YTy2NH0JUu。

低碳、集约高效的绿色出行服务体系。青岛市绿色出行比例、满意率、公共交通吸引力、适老化、无障碍化水平明显提升，市民对绿色出行的认同感和满意度显著增强，青岛市于2022年10月顺利通过交通运输部专家组复核。2024年，交通运输部、公安部、国家机关事务管理局、中华全国总工会、共青团中央联合发出《关于表扬2023年绿色出行宣传月和公交出行宣传周活动成绩突出集体和个人的通报》。其中，青岛市运输事业发展中心荣获“2023年绿色出行宣传月和公交出行宣传周活动成绩突出集体”。根据国家、省、市有关绿色低碳发展要求，青岛市加大新能源公交车推广力度。2014年以来，全市新增和更新新能源公交车6000余辆，目前，全市运营公交车1万余辆，新能源和清洁能源占97%。同时，青岛市目前在积极推广氢能公交，在西海岸新区先后打造了4条氢能源线路，丰富了青岛市新能源公交的种类。公交基础设施建设方面，为方便市民出行，近年来青岛市积极推动公交基础设施纳入旧城改造和新城建设同步实施，多次将场站建设列入政府“市办实事”有效推进。2022年以来，先后建成投用了国金中心、河套等10处公交场站；2023年底，瑞昌路公交场站开工建设，唐山路公交场站竣工验收。

2. 跨领域合作与资源整合

在项目实施过程中，青岛市政府联合了多个部门和机构，包括交通管理部门、环保部门、城市规划部门以及公共交通公司等。这些部门和机构共同确保了绿色出行规划的顺利实施。

青岛市深入贯彻落实城市公共交通优先发展战略，一直致力于推进公交与地铁的“两网融合”以及公共交通与火车站、机场等交通枢纽的衔接，充分发挥常规公交接驳功能，持续推进公共交通线网和站点优化调整，加快构建“以轨道交通为骨干、常规公交为主体”的公共交通体系。2023年全年新开通8条公交线路、优化公交线路75条、调整站点260余处、优化公交首末班车时间89条；地铁2号线海信桥站、地铁1号线西镇站等运营线路未开通车站相继投用，西海岸快线全线贯通，地铁线网运营长度达318公里，青岛市公共交通服务范围进一步延伸，公共交通出行便捷度及吸引力不断提高，进一步巩固了青岛市公交都市和绿色出行创建成果。

3. 公众参与

“绿色出行”项目通过多种渠道和方式，积极吸引公众参与。市政府开展了广泛的宣传教育活动，向公众普及环保知识和绿色出行的好处。2023 年绿色出行宣传月和公交出行宣传周期间，青岛市积极响应交通运输部深入推进绿色出行行动的号召，开展了丰富多彩的活动及“线上线下”主题宣传，培育和传播绿色出行文化，鼓励和引导广大市民优先选择公交、地铁等绿色出行方式，推动形成绿色低碳生活方式，进一步激发全社会践行绿色出行理念。同时，项目还提供了便捷的公共交通服务和自行车租赁设施，降低了公众参与的成本和门槛。

4. 对公众参与的影响

青岛市“绿色出行”项目的成功实施，对公众参与产生了积极的影响。首先，项目的实施提高了公众的环保意识，使更多人认识到绿色出行的重要性。通过参与项目，公众不仅了解到了环保知识，还亲身体验到了绿色出行带来的便利和好处。

其次，项目的实施提高了公众对政策的信任度和满意度。政府通过跨领域合作与资源整合，成功推动了项目的实施，并取得了显著成效。这不仅展示了政府的能力和决心，也增强了公众对政府的信任和支持。

最后，项目的实施促进了公众参与公共事务的积极性。通过参与“绿色出行”项目，公众不仅关注自身的出行问题，还开始关注城市的可持续发展和环境保护问题。这种积极参与公共事务的态度和行为，为城市的发展和进步注入了新的活力。

综上所述，青岛市“绿色出行”创建工作作为成功的跨领域合作与资源整合案例，对公众参与产生了积极的影响。这一案例为我们提供了宝贵的经验和启示，为今后类似的项目提供了有益的参考和借鉴。

（五）优化跨领域合作与资源整合的策略和方法

1. 优化跨领域合作与资源整合的策略

为了提升公众参与的跨领域合作与资源整合，首先需要明确一系列优化策略。这些策略旨在解决当前存在的问题和挑战，以更有效地促进跨领域合作和资源整合。

（1）建立多元化的合作平台

为了拓宽公众参与的范围和深度，应该建立多元化的合作平台。这些平台可以是线上的社区、论坛，也可以是线下的实体活动、研讨会等。通过这些平台，不同领域的人可以汇聚一堂，分享经验和知识，形成更为丰富的资源库。

（2）强化政策支持与引导

政府应该加大对跨领域合作与资源整合的政策支持和引导力度。例如提供资金支持、税收优惠、法律保障等，以减轻合作过程中的经济压力，降低法律风险。

（3）加强公众教育与培训

提升公众的参与能力和意识也是关键。应加强公众教育和培训，使公众了解跨领域合作与资源整合的重要性，掌握相关知识和技能，从而更好地参与到合作中来。

（4）完善评估与反馈机制

为了确保合作与资源整合的效果，应该建立完善的评估与反馈机制。例如对合作过程、结果以及公众满意度的定期评估，以及根据评估结果进行的及时调整和优化。

2. 具体的措施和方法

（1）建立线上合作平台

可以开发一个专门用于跨领域合作与资源整合的线上平台。这个平台应该具备信息发布、在线交流、资源共享等功能，方便公众随时随地参与合作。服务平台在国内各行业已开始应用，其能够整合基础设施资源和提供相关行业领域应用示范，提高精细化管理水平，并为不同服务对象提供技术支持，降低服务对象的行为成本。例如在民意调查阶段利用多种现代通信手段构建民意信息汇总、分析平台。我国大部分地方政府网站安排有公众留言信箱，为民意征信开辟了公众参与网上通道。因地制宜设置工作场所，用于展示规划、接待群众、收集意见、提供咨询服务。同时方便政府工作人员深入基层，了解现状，完善规划。①

(2)设立专项基金

政府可以设立专项基金，用于支持跨领域合作与资源整合项目。这些项目可以是公益性的，也可以是商业性的，只要符合合作与资源整合的目标和要求，都可以申请资金支持。

(3)开展公众教育活动

可以通过举办讲座、研讨会、培训班等形式，向公众普及跨领域合作与资源整合的知识和技能。这些活动可以由政府、社会组织或企业来组织，也可以邀请相关领域的专家来授课。

(4)设立评估委员会

可以设立一个由多方参与的评估委员会，负责对跨领域合作与资源整合项目进行定期评估。评估结果应该公开透明，以便于公众了解合作与资源整合的进展和效果。

通过以上措施和方法的实施，可以有效地促进跨领域合作与资源整合，提升公众的参与度和满意度。同时，也可以为社会的可持续发展和进步注入新的活力和动力。

四、加强政府与公众的互动和合作

政府与公众的互动合作是社会治理现代化的重要基础。历经了传统官僚

① 参见马健裕、梁仲明：《刍论我国公众参与社会治理服务平台的构建》，《理论导刊》2017年第10期。

制、新公共管理和新公共服务的发展逻辑，政民互动回应建立在责任型政府、服务型政府、开放型政府等理论基础之上。① 随着社会经济的发展和科技的进步，社会治理面临着前所未有的挑战和机遇，传统的由政府单一主导的社会治理模式已经难以适应复杂多变的社会环境。“政府还肩负着道义责任，即确保经由这些程序而产生的解决方案完全符合公正和公平的规范。政府不仅要积极行动以促成公共问题的解决方案，而且有责任确保这些解决方案在实质和程序上都与公共利益保持一致。换言之，政府的作用将是确保公共利益居于主导地位，确保解决方案本身和提出解决方案的过程符合公正、公平和平等等民主价值准则。”②因此，寻求政府与公众之间的有效互动与合作，构建现代化的社会治理模式，成为当前社会发展的重要课题。

政府与公众的互动合作是提升社会治理效能的重要途径。通过公众的广泛参与和政府的积极回应，可以及时发现和解决社会问题，提高社会治理的针对性和实效性。这种合作机制还能够激发社会活力，推动社会创新，为社会治理注入新的动力。政府与公众的互动合作有助于推动民主化进程。公众的参与和表达是民主的重要体现，而政府的回应和协作则是对民主原则的尊重和实践。通过互动合作，政府能够更好地了解公众的需求和意愿，制定更加符合民意的政策，从而提高政府的合法性和公信力。政府与公众的互动合作对于实现社会公正和公平具有不可忽视的作用。在合作过程中，公众能够通过平等对话和协商，为弱势群体发声，争取自身权益。政府则能够通过倾听和回应，调整政策方向，促进社会资源的公平分配和机会的均等化。

（一）政府与公众互动合作的现状

近年来，政府形象的塑造和改善逐渐受到各级政府的高度重视，并通过促

---

① 参见曹帅：《新时代的公共治理与公众参与》，同济大学出版社 2019 年版，第 47 页。

② ［美］罗伯特·B.丹哈特、珍妮特·V.丹哈特：《新公共服务：服务而非掌舵》，刘俊生译，《中国行政管理》2002 年第 10 期。

进政府工作的合规化、标准化以及满足公众需求等方式加以实现。[①] 在公众参与兴趣不断提升和信息技术快速发展的驱动下，拥有良好形象的政府机构会逐步形成和完善多样化的公众参与途径和需求表达机制。[②] 在我国，政府与公众的互动合作已经逐渐从单向的命令传达到双向的沟通协商转变。这主要体现在政策制定过程中公众参与的增加，以及政府回应机制的完善。通过民意调查、听证会、在线互动平台等方式，公众可以更加直接地表达自己的需求和意愿，政府也能更加精准地把握社会脉搏，制定符合民意的政策。

在社会治理的各个领域，政府与公众的互动合作都有不同程度的体现。在环境保护领域，政府通过公开环境信息，鼓励公众参与环保活动，共同维护生态环境。在城市规划领域，公众参与城市规划的讨论和决策，使得城市更加宜居和人性化。在公共服务领域，政府通过民意调查了解公众需求，提供更加精准的公共服务。

政府与公众的互动合作在社会治理中发挥着重要作用，但也存在一些问题和挑战，例如前已述及的信息不对称、参与渠道不够通畅、法律法规不够健全、公众参与度不够高等。

（二）实践案例

在我国，政府与公众的互动合作在社会治理现代化过程中已经有了许多成功的实践。社区治理模式中的“居委会+业委会+物业公司”模式，有效促进了政府与居民之间的沟通与合作。例如，上海市宝山区张庙街道通河七村第一居民区党总支为扎实推进文明创建工作，不断提升社区环境，精心组织、统筹谋划，组织居委会、物业公司、业委会召开动员会，要求全员精准掌握新标准，在思想认识与行动上紧跟工作节奏，努力做好创全工作，积极开展各项整

---

① 参见陈世香、周维、吕志杰：《社会流动感知和预期如何影响居民幸福感？——公共服务满意度的中介作用和社会公平感的调节作用》，《公共行政评论》2022 年第 1 期。

② 参见范柏乃、金洁：《公共服务供给对公共服务感知绩效的影响机理——政府形象的中介作用与公众参与的调节效应》，《管理世界》2016 年第 10 期。

治行动。居委会、物业公司和社区志愿者分组对小区环境进行整治，他们带着垃圾袋、手套、水桶等清洁工具，深入小区的各个角落，对小区内发现的各类垃圾进行清理。居委会协同物业公司对小区内的废旧自行车进行集中清理，有效解决小区内一批废旧自行车长期占用公共空间的问题。在清理的同时，向路过的居民宣传不文明行为对小区环境的不良影响，引导居民从小事做起，共同参与到社区环境整治中。通过采取“线上+线下”相结合的方式，线上通过微信群分享“飞线充电”引发火灾的真实案例，让居民从思想深处认识到飞线充电的危害性，线下通过加强日常巡查的方式，对于“飞线充电”行为，通过耐心劝导的方式，进一步增强居民的安全意识，全力守好安全防线。① 在这一模式下，政府通过与社区组织、居民等合作，共同参与社区治理，有效提升了社区治理水平。在这一模式下，政府提供了政策支持和资源保障，社区组织则负责组织和协调居民参与社区治理。居委会作为居民自治组织，负责协调居民关系，业委会则代表业主利益，物业公司则提供专业的物业管理服务。三者相互协作，共同维护社区的和谐稳定。

（三）政府与公众互动合作机制的原则

1. 平等与尊重

政府与公众在互动合作中应坚持平等与尊重的原则。政府应尊重公众的主体地位和权利，公众也应尊重政府的决策和管理。双方在平等的基础上开展合作，才能实现真正的互动和共赢。

2. 信任与合作

信任是合作的基础，合作是信任的体现。政府与公众应建立相互信任的关系，通过合作解决问题、推进发展。同时，双方应加强沟通与交流，增进了解与认同，为合作打下坚实的基础。

---

① 参见《凝心聚力、统筹谋划！他们助力社区环境换新颜》，人民网，http://sh.people.com.cn/n2/2024/0327/c134768-40790437.html。

3. 责任与担当

政府与公众在互动合作中应各自承担相应的责任和担当。政府应履行职责、保障民生、维护稳定；公众也应积极参与、贡献力量、共建共享。双方共同担当起社会治理的责任和使命，推动社会的和谐与发展。

4. 创新与发展

创新是推动政府与公众互动合作机制发展的关键动力。双方应不断探索新的合作方式、方法和途径，创新合作机制、优化合作模式。同时，应关注社会发展趋势和公众需求变化，及时调整和完善合作机制，以适应时代发展的需要。

总之，构建政府与公众互动合作的机制框架和关键要素需要双方共同努力、协同推进。只有在平等尊重、信任合作、责任担当和创新发展的基础上，才能建立起真正有效、持久的社会治理现代化合作机制。

（四）加强政府与公众互动合作的对策

1. 建立和完善政府与公众互动合作的法律法规

政府应制定和完善相关法律法规，明确政府与公众在社会治理中的权利与义务，规范双方互动合作的行为和程序。这包括制定公众参与社会治理的具体规定，保障公众的知情权、参与权、表达权和监督权。

2. 加强政府与公众的沟通平台建设

政府应推动线上线下相结合的沟通平台建设，如政府网站、政务微博、政务微信等，方便公众表达意见、提出建议。同时，政府应定期举办听证会、座谈会等活动，直接听取公众意见，增进双方的理解和信任。

3. 提升公众的参与能力和意识

政府应加大对公众参与社会治理的宣传力度，提升公众的参与意识和能力。这包括普及社会治理知识，提高公众对社会治理的认识；开展公民教育，培养公众的公民意识和社会责任感；举办培训课程，提升公众参与社会治理的技能和水平。

4. 建立政府与公众互动合作的激励机制

政府应建立相应的激励机制，鼓励公众参与社会治理。这包括设立奖励制度，表彰在社会治理中作出突出贡献的公众；提供优惠政策，如税收减免、贷款优惠等，激励公众积极参与社会治理。

5. 强化政府对公众互动合作的监督和管理

政府应加强对公众互动合作的监督和管理，确保双方互动合作的公平、公正和有效。这包括建立监督机制，对公众参与社会治理的过程和结果进行监督和评估；及时处理公众反映的问题和建议，确保公众的合法权益得到保障。

6. 建立健全政策实施的组织机构

政府应成立专门的组织机构，负责政策实施的组织、协调和监督工作。该机构应具备跨部门、跨层级的协调能力，确保各项政策的顺利实施。

7. 建立政府与公众互动合作的长效机制

社会治理要求突破政府与市场的对立或单方主导的格局，转向发挥社会力量的作用，注重对公众力量的吸纳，从制度上培养和保障公民的参与，要求政府与多元主体以提高社会总体福利为目标，以协商的方式和“伙伴”的关系合作解决问题；要求注重发挥社区的作用，加强社区建设，强化公民的社区意识和社区归属感，并依托社区调动和盘活资源；要求用协同机制打破行政、地域、层级等界限，使各参与主体相互依赖、分享权力，在良性互动的基础上共同作出决策。① 政府应积极探索建立政府与公众互动合作的长效机制，确保双方在社会治理中的合作能够持续、稳定地进行。这包括建立定期沟通机制、合作机制等，推动政府与公众在社会治理中的深度合作。

---

① 参见田闻笛：《城市规划中的公众参与：逻辑、经验与路径优化——以社会治理为视角》，《社会主义研究》2019 年第 1 期。

第三节　建立法治保障

习近平总书记指出:“用法治保障人民当家作主”①,“历史和现实都告诉我们,法治兴则国兴,法治强则国强”,“我们党越来越深刻认识到,治国理政须臾离不开法治”。② 法治是现代社会的重要特征,社会治理目标的实现离不开良好法治的必要支持。③ 一个法治清明、条款完善的社会有利于调动各方力量参与社会治理,有利于形成制度化、理性化、法治化的社会氛围,提高社会整体的法治意识和规则意识。④ 社会治理的核心在于平衡各方利益,促进社会公平正义,维护社会稳定和谐。而法治机制则是社会治理的重要基础和保障,它强调以法律为准绳,通过法律手段来规范和引导社会行为,保障公民权利,促进社会公平正义。“法治应当是一种社会治理的目标,即建成法治国家、法治政府、法治社会,实现国家长治久安,社会和谐有序,人民生活幸福。”⑤

在现代社会,社会治理与法治紧密相连,法治是社会治理的基础和支撑。党的十九届四中全会对社会治理体系的内涵进行了丰富完善,其中“法治保障”依然是社会治理的内在要义和典型属性,充分说明社会治理必须依法为之,必须以法治思维和法治方式加强和创新社会治理。社会治理公众参与问题的解决思路是多元的,包括政治的、经济的、文化的手段等,但以法治思维和法治方式解决社会治理公众参与的矛盾和问题具有独特性和持久性。⑥ 党的二十大报告明确要求:“坚持全面依法治国,推进法治中国建设”,“必须更好

① 习近平:《推进全面依法治国,发挥法治在国家治理体系和治理能力现代化中的积极作用》,《求是》2020 年第 22 期。

② 习近平:《加强党对全面依法治国的领导》,《求是》2019 年第 4 期。

③ 参见胡仙芝:《公众参与制度化:社会治理创新的突破点》,《人民论坛》2014 年第 S1 期。

④ 参见蔡书芳:《公众参与市域社会治理的法治化路径探析》,《陕西社会主义学院学报》2021 年第 4 期。

⑤ 王利明:《法治是我们追求的目标》,《光明日报》2016 年 9 月 5 日,第 14 版。

⑥ 参见赖锴:《公众参与社会治理的现实困境及法治化路径》,《领导科学》2020 年第 14 期。

发挥法治固根本、稳预期、利长远的保障作用,在法治轨道上全面建设社会主义现代化国家”。① 通过法律制度的建立和完善,可以为社会治理提供有力的制度保障,确保社会治理的规范化和有效性。

一、法治原则与公众参与社会治理的关系

(一)法治原则与公众参与社会治理的内在联系

“法治中国建设需要公众参与社会治理的法治化。”②“法治”(rule of law)包含着“良法”(law)和“善治”(rule)两个方面。良法是实现善治的前提,善治是法治追求的目标。实行法治的前提是有法可依,并且所依之法应为良法、可循之法。③ 法治原则作为现代社会的基石,它要求所有公共权力的行使都必须在法律的框架内进行,这不仅限制了政府的权力,同时也为公众参与社会治理提供了有力的制度保障。公众参与是指公民通过各种合法途径和方式,参与到社会公共事务的管理和决策过程中,它是民主社会的重要体现。

首先,法治原则为公众参与提供了制度化的渠道和保障。社会治理离不开公众参与,而公众参与不能是无序的,而应是合法化、有序化、制度化的。在法治社会中,公众参与不再是一种偶然的行为,而是被法律所确认和保护的权利。例如,通过选举、听证、咨询等方式,公众可以参与到政府决策的过程中,表达自己的意见和利益诉求。

其次,公众参与也是实现法治原则的重要途径。公众通过参与社会治理,可以监督和制约政府权力的行使,防止政府滥用权力或偏离法治轨道。同时,公众的参与还可以促进法律的完善和发展,使法律更加贴近社会现实和公众需求。

---

① 习近平:《高举中国特色社会主义伟大旗帜　为全面建设社会主义现代化国家而团结奋斗——在中国共产党第二十次全国代表大会上的报告》,人民出版社 2022 年版,第 40 页。

② 贡太雷:《公众参与社会治理与法治中国建设》,《南海法学》2018 年第 3 期。

③ 参见李坤轩:《法治政府理论热点与实践进路研究》,人民出版社 2023 年版,第 4 页。

（二）法律手段促进公众参与的途径

法律手段在确保和促进公众有效参与社会治理方面发挥着至关重要的作用。以法律手段促进公众参与社会治理可以从以下途径予以考虑。

1. 完善参与机制

“制度化是组织和程序获取价值观和稳定性的一种进程。”①通过制定和完善相关法律法规，为公众参与提供制度化的渠道和保障。例如，可以制定公众参与社会治理的专门法律，明确公众参与的权利、义务和程序，确保公众参与的合法性和有效性。

2. 强化信息公开

信息公开是公众参与的前提和基础。最有效减少信息不对称现象的方式是让公共信息和政府行为处于公众监督之下，使公众清楚了解政府的施政目的。② 政府应当通过法律手段强化信息公开制度，确保公众能够及时获取有关社会治理的信息和数据，为公众参与提供充分的信息支持。社会治理中，“正义不仅应得到实现，而且要以人们看得见的方式加以实现”③。因为信息公开的程度和获取信息的途径直接影响到公众的参与兴趣和能力，治理的公开透明程度直接影响着治理的效果，在一个信息严重不对称的社会里，不可能存在真正的社会治理。④ “如果一个政府真正是民有、民治、民享的政府的话，人民必须能够详细地知道政府的活动。没有任何东西比秘密更能损害民主，公众没有了解情况，所谓自治，所谓公民最大限度地参与国家事务只是一句空话。”⑤

---

① ［美］塞缪尔·P.亨廷顿：《变化社会中的政治秩序》，王冠华等译，生活·读书·新知三联书店 1989 年版，第 11 页。

② 参见郑浩生：《公众参与与农村居民公共服务质量评价》，《华南农业大学学报》（社会科学版）2024 年第 1 期。

③ 陈瑞华：《看得见的正义》，中国法制出版社 2000 年版，第 2 页。

④ 参见赵刚印：《公众参与的应然与实然——增强公众参与社会治理有效性的路径选择》，《理论探讨》2006 年第 3 期。

⑤ 王名扬：《美国行政法》（下册），中国法制出版社 1995 年版，第 959 页。

完善信息公开以健全公众参与制度需要法律保障。《中华人民共和国政府信息公开条例》①颁布实施已经17年了,各级政府信息公开工作成效明显。该条例明确了政府信息公开的主体、范围、方式和责任等方面,具有较强的针对性。未来在公众参与社会治理过程中,要重视制度的落实,尤其对不履行信息公开义务的社会主体要加大处罚力度,依法追究责任,确保信息公开真实可靠。政府主动及时向公众提供重大决策信息,保证公众及时、准确、全面地掌握相关信息。必要的信息公开,不仅是维护国家利益的需要,更是维护社会和公众安全利益的需要。②

3. 加强监督与问责

贯彻落实公众参与制度化,政府起着关键作用,政府行为很大程度上决定公众参与的行为。只有进一步完善相关立法,加强程序建设,建立起责任追究体制,领导及相关公务人员才会从根本上重视社会治理中公众参与必要性及重要性。③ 通过法律手段加强对政府行为的监督和问责力度,确保政府在行使权力的过程中遵循法治原则,保障公众参与的权益。例如,可以建立公众参与社会治理的监督和问责机制,对政府在公众参与方面的失职行为进行追责和处罚。有关接受公众监督的规定,在污染防治领域的法规中较为常见。例如,《河北省港口污染防治条例》④第二十二条规定:"纳入重点扬尘污染源责任单位的港口经营人应当按照规定安装、使用扬尘污染物在线监测设备及其

① 《中华人民共和国政府信息公开条例》经2007年1月17日国务院第165次常务会议通过,自2008年5月1日起施行。2019年4月3日中华人民共和国国务院令第711号修订,自2019年5月15日起施行。

② 参见李文姣:《公众参与视域下第三方介入重大决策社会稳定风险评估的困境与路径优化》,《决策科学》2023年第4期。

③ 参见江必新、李春燕:《公众参与趋势对行政法和行政法学的挑战》,《中国法学》2005年第6期。

④ 该条例于2022年7月28日河北省第十三届人民代表大会常务委员会第三十二次会议通过,自2022年10月1日起施行。

配套设施，与生态环境主管部门的监控设备联网，并保持正常运行，依法向社会如实公开监测数据等有关环境信息，接受公众监督。不得破坏、损毁或者擅自拆除、闲置，不得篡改、伪造监测数据。”《河北省人民代表大会常务委员会关于加强扬尘污染防治的决定》①第二十三条第二款规定：“被确定为重点扬尘污染源的企业事业单位和其他生产经营者，应当按照规定安装、使用扬尘污染物排放自动监测设备及其配套设施，并与环境保护主管部门的监控设备联网，保证监测设备正常运行，依法向社会如实公开自动监测数据等有关环境信息，接受公众监督。不得破坏、损毁或者擅自拆除、闲置扬尘污染物排放自动监测设备，不得篡改、伪造监测数据。”

4. 提升公众法治意识

通过法律教育和宣传等途径，提升公众的法治意识和参与能力。只有当公众具备足够的法治意识和参与能力时，才能够有效地参与到社会治理的过程中，发挥其在法治建设中的积极作用。

5. 建立健全公众参与的反馈制度

明确反馈公众意见的方式，对直接利益关系人或组织要直接回复。如果不进行任何反馈，符合相关条件可以认定该行政决策程序存在重大瑕疵，经由有权机关予以撤销。这样既可以保证公众参与行政决策的真实性，又可以提升公众参与行政决策的积极性。②

综上所述，法律手段在确保和促进公众有效参与社会治理方面发挥着至关重要的作用。通过完善参与机制、强化信息公开、加强监督与问责以及提升公众法治意识等途径，可以有效地推动公众参与社会治理的进程，实现社会的和谐稳定和持续发展。

---

① 该决定于2018年10月19日河北省第十三届人民代表大会常务委员会第六次会议通过。

② 参见姬亚平：《行政决策程序中的公众参与研究》，《浙江学刊》2012年第3期。

二、公众参与社会治理的法律法规梳理

（一）现有法律规定中对公众参与权利的保障情况

社会治理不同于社会管理的一个重要方面就是重视多元主体的作用，公众参与也由此成为现代社会治理格局中不可或缺的一部分。现代化的一个重要方面是人的现代化，而以个体权利意识、民主意识为基础的公众参与，正是人的现代化的体现。[①] 在现行法律体系中，公众参与社会治理的权利得到了一定程度的保障。公众参与权作为现代民主制度的重要组成部分，在法理上享有坚实的保障。

首先，从宪法层面来看，我国宪法作为国家的根本大法，明确规定了公民的基本权利和义务，其中包括了参与国家和社会事务管理的权利。这一规定为公众参与权提供了最高的法律保障，确保公民能够依法参与社会治理过程。我国《宪法》在第二章“公民的基本权利和义务”中明确规定了公民参与国家和社会事务管理的权利。宪法第二十七条规定：“一切国家机关实行精简的原则，实行工作责任制，实行工作人员的培训和考核制度，不断提高工作质量和工作效率，反对官僚主义。一切国家机关和国家工作人员必须依靠人民的支持，经常保持同人民的密切联系，倾听人民的意见和建议，接受人民的监督，努力为人民服务。”这一规定为公众参与社会治理提供了宪法基础。同时，宪法还通过其他条款间接保障了公众参与权，如言论自由、出版自由、集会自由等。

除了宪法，行政法也在不同层面对公众参与权进行了规定和保障。例如，行政处罚法、行政许可法等都明确规定了公众参与的相关程序和机制，如听证会、公示等，以确保公众能够在行政决策过程中发表意见、维护自身权益。行政决策，是指“国家行政机关执行宪法、法律，发挥行政管理职能做出的处理

① 参见周文翠、于景志：《新时代公众参与社会治理的推进路径》，《学术交流》2023 年第 2 期。

国家公共事务的决定”①。行政法在宪法的基础上，对公众参与权进行了更为具体和细致的规定。《行政处罚法》②第四十四条规定：“行政机关在作出行政处罚决定之前，应当告知当事人拟作出的行政处罚内容及事实、理由、依据，并告知当事人依法享有的陈述、申辩、要求听证等权利。”这一规定确保了公众在行政处罚过程中的参与权利。《行政许可法》③第五条规定：“设定和实施行政许可，应当遵循公开、公平、公正、非歧视的原则。有关行政许可的规定应当公布；未经公布的，不得作为实施行政许可的依据。行政许可的实施和结果，除涉及国家秘密、商业秘密或者个人隐私的外，应当公开。……符合法定条件、标准的，申请人有依法取得行政许可的平等权利，行政机关不得歧视任何人。”这一条款规定了公众参与行政许可的权利。这些规定不仅细化了公众参与权的具体内容，还为其在实践中的落实提供了法律保障。

在环境保护领域，1996 年国务院颁布的《国务院关于环境保护若干问题的决定》④首次提出公众参与环境保护。2015 年《环境保护公众参与办法》⑤正式出台，确立了公众参与环境保护的法律地位。在司法领域，《环境保护

---

① 杨海坤、李兵：《建立健全科学民主行政决策的法律机制》，《政治与法律》2006 年第 3 期。

② 该法于 1996 年 3 月 17 日第八届全国人民代表大会第四次会议通过。根据 2009 年 8 月 27 日第十一届全国人民代表大会常务委员会第十次会议《关于修改部分法律的决定》第一次修正。根据 2017 年 9 月 1 日第十二届全国人民代表大会常务委员会第二十九次会议《关于修改〈中华人民共和国法官法〉等八部法律的决定》第二次修正。2021 年 1 月 22 日第十三届全国人民代表大会常务委员会第二十五次会议修订。

③ 该法于 2003 年 8 月 27 日第十届全国人民代表大会常务委员会第四次会议通过，2003 年 8 月 27 日中华人民共和国主席令第七号公布，自 2004 年 7 月 1 日起施行。最新行政许可法全文包括总则、行政许可的设定、实施机关、实施程序、费用、监督检查、法律责任、附则共八章八十三条。根据 2019 年 4 月 23 日第十三届全国人民代表大会常务委员会第十次会议《关于修改〈中华人民共和国建筑法〉等八部法律的决定》修正。

④ 该决定系国发〔1996〕31 号文件，1996 年 8 月 3 日颁布。

⑤ 该办法经 2015 年 7 月 2 日环境保护部部务会议通过，2015 年 7 月 13 日环境保护部令第 35 号公布，共 20 条，自 2015 年 9 月 1 日起施行。

法》的出台使得越来越多的司法保障条例相继出台。①《环境保护法》明确规定公民有参与环境保护的权利和义务，包括参与环境决策、环境监督和环境教育等。例如，第五条规定："环境保护坚持保护优先、预防为主、综合治理、公众参与、损害担责的原则。"第六条规定："一切单位和个人都有保护环境的义务。"这些条款明确了公众参与环境保护的权利。在城乡规划领域，《城乡规划法》②规定公众有权参与城乡规划的编制和实施过程中的讨论和建议，确保规划的合理性和可持续性。此外，在立法过程中，也实行了公众意见征集制度，通过公开征求意见、召开听证会等方式，让公众参与到立法过程中，反映自己的利益诉求。同时，在地方立法中，也有许多关于公众参与权的规定。例如，《广州市重大行政决策程序规定》③第十五条规定："行政机关应当将决策草案及说明向社会公众公示，公开征求意见，但是依法应当保密的除外。征求意见的期限一般不少于三十日。"这一条款规定了公众参与重大行政决策的权利。

---

① 2015年《环境保护法》对环境起诉主体资格进行最终确认、《最高人民法院关于审理环境民事公益诉讼案件适用法律若干问题的解释》（2014年12月8日最高人民法院审判委员会第1631次会议通过，自2015年1月7日起施行）、《最高人民法院关于审理环境侵权责任纠纷案件适用法律若干问题的解释》（2015年2月9日最高人民法院审判委员会第1644次会议通过，2015年6月1日最高人民法院公布，自2015年6月3日起施行）、2015年《最高人民法院、民政部、环境保护部关于贯彻实施环境民事公益诉讼制度的通知》、2016年《人民法院审理人民检察院提起公益诉讼案件试点工作实施办法》（法发〔2016〕6号）等都对检察院提起公益诉讼案件工作机制进行规范。

② 2006年原建设部颁布的《城市规划编制办法》（建设部令第146号）的第16条对公众参与规划进行了首次阐述，指出："在城市总体规划报送审批前，城市人民政府应当依法采取有效措施，充分征求社会公众的意见。在城市详细规划的编制中，应当采取公示、征询等方式，充分听取规划涉及的单位、公众的意见。对有关意见采纳结果应当公布。"2008年颁布的《城乡规划法》（第十届全国人民代表大会常务委员会第三十次会议于2007年10月28日通过，现予公布，自2008年1月1日起施行）进一步确认了公众参与的法律地位。该法第26条规定"城乡规划报送审批前，组织编制机关应当依法将城乡规划草案予以公告，并采取论证会、听证会或者其他方式征求专家和公众的意见。公告的时间不得少于三十日。组织编制机关应当充分考虑专家和公众的意见，并在报送审批的材料中附具意见采纳情况及理由"。

③ 2022年5月16日广州市人民政府十六届九次常务会议通过，自2022年10月1日起施行。

这些法律法规及地方立法的有关规定为公众参与社会治理提供了制度性保障，使得公众能够通过各种途径和形式参与到社会治理中来，发挥自己的作用。

（二）现有法律规定中存在的不足

尽管现行法律对公众参与社会治理的权利提供了一定程度的保障，但仍存在一些不足之处。

首先，公众参与的法律制度仍不够完善。许多法律文本对于公众参与仅作了抽象的表述，缺乏具体的操作指南。例如，某些法规可能仅仅规定“应当听取公众意见”，却没有明确听取意见的方式、程序及如何反馈结果。这种含糊其词的语言给予执行者过大的自由裁量权，而对公众来说则意味着参与途径的不确定性和权利实现的不可预期性。由于缺少明确的法律规定，公众参与过程中可能出现诸多问题。比如，信息公开程度不足，导致公众无法获取全面、准确的政策信息；参与机制设计不够合理或不够充分，使得公众难以有效地表达意见或者参与到决策中；以及公众意见被忽视或者未能得到适当的考量，使公众感到自己的参与没有实际影响力。这些问题都直接削弱了公众参与的实际意义。此外，监督机制的缺失也是一个严重问题。任何法律如果没有相应的监督和执行机制作为保障，其效力必然大打折扣。在公众参与方面，若没有第三方或特定机构的监督，政府或其他决策主体很可能因自身的利益考虑而忽略法律规定，导致公众参与可能成为一种形式上的走过场，而非实质性的权利行使。

其次，法律宣传和普及不足。对于大多数普通公众而言，法律语言的专业性、复杂性使得法律知识的理解和获取成为一大障碍。这种法律素养的整体缺失，导致公众难以有效地参与到法律执行过程中，无法对法律实施提出建设性的意见和建议。法律制度的知晓率直接影响着公众能否有效行使自己的权利。当前，虽然有关公众参与的法律规定并不缺乏，但对这些规定的广泛宣传和深入解读却远远不够。许多公民对于如何参与、参与的途径和程序等知之甚少，这在一定程度上削弱了法律制度的实施效力。因此，加强法律宣传，提高公众的法律意识和参与能力，成为提升公众参与社会治理效能的首要任务。

最后，有时存在执行困难的现象。虽然理论上公众可以通过各种渠道表达对法律执行的看法，但在实践中，这些渠道要么不够畅通，如政府信息不够透明、反馈机制不够健全；要么就是公众的声音在一定程度上被忽视或未能引起足够的重视。这导致公众感到无力，对法律执行的参与热情降低。社会治理涉及多方利益的博弈，公众的意见和立场往往存在分歧。在没有明确的协调机制下，不同利益群体之间的对立可能会妨碍法律的有效执行，甚至引发社会矛盾。

三、公众参与权的保障与实现

（一）公众参与权的概念

公众参与权是一个复杂而多维的概念，它指的是公众在公共事务管理和决策过程中的参与权利和机会。公众参与权作为现代社会治理体系中的一项核心权利，其理论解读涉及多个学科领域，如政治学、社会学、法学等。在政治学视角中，公众参与权被视为民主政治的基石，它体现了人民主权原则，即人民有权参与国家和社会事务的管理。这一原则要求政府必须为公众提供参与治理的渠道和平台，保障其能够行使这一基本权利。法学界对于公众参与权的解读则更多地侧重于法律保障和权利救济。不能救济的权利是无法进入公民心灵的。① "任何权利都非凭空产生，而是人类社会既有规则、习惯、历史文化传统及群体正义观念等因素综合作用的结果。"②法学界对公众参与问题的探寻主要包括公众参与的宪法制度和公众参与权的界定和发展，以及公众参

① 参见陈焱光：《公民权利救济论》，中国社会科学出版社2008年版，第4页。

② 蔡立东、姜楠：《承包权与经营权分置的法构造》，《法学研究》2015年第3期。

与对法治建设的意义。[①] 参与权是社会公众的一项基本人权，是与自由权、平等权、社会权并列的宪法权利。宪法作为国家的根本大法，为公众参与权提供了最基本的保障。我国《宪法》第二条第三款规定："人民依照法律规定，通过各种途径和形式，管理国家事务，管理经济和文化事业，管理社会事务。"除此之外，第二十七条[②]密切联系群众的原则性条文以及第四十一条[③]关于人民群众的监督权条文亦可共同组成参与权的宪法依据。[④] 各国宪法通常会在相关条款中明确规定公民的参与权，包括表达权、知情权、监督权等。行政法则进一步细化了公众参与权的具体实现方式，如行政听证、公众参与决策程序等。这些法律规定不仅为公众参与提供了法律支撑，也为权利受到侵害的公众提供了救济途径。社会学视角下的公众参与权则更加注重社会公平与正义。社会学理论认为，公众参与权的实现程度是衡量一个社会公平与正义的重要标准。当公众参与权得到充分保障时，社会各方面的利益能够得到更加均衡的分配，社会矛盾和冲突也能够得到更加有效的缓解。

本书将公众参与权界定为公众在社会治理中，通过合法途径和程序，参与到政策制定、执行、评估等各个环节，表达利益诉求、提出政策建议、监督政府行为的一种权利。这种权利的实现，不仅有助于提升政策的有效性和可接受性，还能够增强公众的社会责任感和归属感。

公众参与权不仅是民主政治的基本要求，也是实现法治社会以及社会公平正义的重要标志。公众参与权的实现依赖于一系列法律制度的保障，如知情权、表达权、监督权等。这些权利共同构成了公众参与权的基础，为公众提

① 参见许玉镇：《公众参与政府治理的法治保障》，社会科学文献出版社 2015 年版，第 20 页。

② 《宪法》第二十七条第二款："一切国家机关和国家工作人员必须依靠人民的支持，经常保持同人民的密切联系，倾听人民的意见和建议，接受人民的监督，努力为人民服务。"

③ 《宪法》第四十一条第一款："中华人民共和国公民对于任何国家机关和国家工作人员，有提出批评和建议的权利；对于任何国家机关和国家工作人员的违法失职行为，有向有关国家机关提出申诉、控告或者检举的权利，但是不得捏造或者歪曲事实进行诬告陷害。"

④ 参见杨新元：《论社会治理的公众参与权》，社会科学文献出版社 2021 年版，第 51 页。

供了参与社会治理的合法途径。同时,公众参与权的实现也离不开公众自身的素质和参与意愿,只有具备了一定的政治素养、法律意识和公民意识,公众才能够有效地参与到社会治理中来。

(二)公众参与权在社会治理中的重要性

首先,公众参与权的实现可以促进政府决策的民主化和科学化。公众通过参与政策制定和执行过程,可以及时向政府反馈社会需求和问题,为政府决策提供重要的参考依据。同时,公众的广泛参与也能够防止某些政府决策的盲目性和专断性,提高决策的科学性和有效性。

其次,公众参与权的实现可以强化政府的监督和约束机制。公众通过行使监督权,可以促使一些政府行为更加规范、公正和透明,防止个别政府权力的滥用和腐败现象的发生。同时,公众的广泛监督也能增强政府的责任感和使命感,推动政府不断改进工作作风和服务质量。

最后,公众参与权的实现可以培养公众的公民意识和社会责任感。通过参与社会治理过程,公众可以更加深入地了解社会事务和国家政策,增强自身的政治素养和法律意识。同时,公众的广泛参与也能够激发社会的活力和创造力,推动社会的和谐稳定和持续发展。

(三)当前公众参与权面临的障碍

1. 制度障碍

当前公众参与权的实现面临着多种制度限制,主要体现在以下几方面。

首先,法律制度的不够完善是阻碍公众参与权实现的重要因素。例如,关于公众参与权的具体法律规定尚不明确,导致公众在参与社会治理时缺乏明确的法律指导。同时,一些地方法规或政策可能存在与宪法、行政法等国家层面法律相冲突的情况,进一步限制了公众参与权的行使。

其次,行政管理制度在一定程度上的僵化也是制约公众参与权实现的障碍之一。在一些政府部门,决策过程往往缺乏透明度,公众难以了解并参与决策过程。此外,个别政府部门存在官僚主义作风,对公众参与持消极态度,导致公众参与权无法得到有效保障。

最后，社会管理制度某些方面的缺陷也限制了公众参与权的实现。在某些领域，如环境保护、城市规划等，公众参与权尚未得到充分重视，导致公众在这些领域的参与权受到限制。同时，一些社会组织在发展中受到多重限制，难以有效发挥其在公众参与权实现中的作用。

2. 资源分配不够均衡

资源分配不够均衡也是影响公众参与权实现的重要挑战。

首先，经济资源的分配不够均衡导致公众在参与社会治理时面临经济压力。在一些贫困地区，公众由于缺乏足够的经济支持，难以参与到社会治理中，限制了其参与权的实现。

其次，信息资源的分配不够均衡也是影响公众参与权实现的重要因素。在现代社会，信息资源的获取对于公众参与社会治理至关重要。然而，一些地区存在信息不对称的情况，公众难以获取到关于社会治理的充分信息，导致其参与权受到限制。

最后，教育资源的分配不够均衡也对公众参与权的实现产生影响。教育是提高公众参与能力的重要途径，但在一些地区，教育资源的分配存在严重不均的情况，导致公众在参与社会治理时缺乏必要的知识和技能，限制了其参与权的实现。

综上所述，制度限制和资源分配不够均衡是影响公众参与权实现的主要障碍和挑战。为了促进公众参与权的实现，需要不断完善法律制度、改革行政管理制度、完善社会管理制度，并努力实现经济、信息、教育等资源的公平分配。

（四）保障公众参与权的措施

首先，制定一部关于公众参与权的专门法规，明确公众参与权的范围、保障措施和救济途径。这部法规应该是一部具有全面性和可操作性的法规，能够真正保障公众参与权的实现。

其次，完善现有的政府决策程序，更好发挥公众参与在行政决策过程中的作用。2019年4月20日国务院令第713号公布《重大行政决策程序暂行条例》，自2019年9月1日起施行，其中第14至18条规定了公众参与。但该条例仍存在不完善的地方，例如没有规定公众参与决策的专门机构、公众参与决策的具体规则等。

再次，完善现有的信息公开制度。这包括扩大信息公开的范围、提高信息公开的及时性和准确性等。公开是专横独断的自然敌人，也是对抗不公的自然盟友。[①] 通过完善信息公开制度，可以增强政府的透明度，让公众更好地了解政府的工作和决策。

最后，加强公众参与教育和培训。这包括制定公众参与教育培训的长期规划、设立公众参与教育培训的专门机构等。通过这些措施，可以提高公众的权利意识和社会责任感，促进公众积极参与社会治理。

四、完善公众参与的法律法规体系

（一）部分国家相关法律制度

1. 美国的公众参与法律制度

在美国，宪法明确规定了公民的基本权利和自由，为公众参与提供了法律保障，构成了美国公众参与社会治理的基础。宪法第一修正案保障言论自由、新闻自由以及和平集会和请愿的权利，这些自由是实现有效社会参与的前提。当民众能够自由地表达观点和信息时，他们就能够更加积极地参与到政治过程中，为社会治理贡献智慧和力量。1967年通过的《阳光下的政府法案》（*Government in the Sunshine Act*）是美国加强政府透明度的重要法律文件之一。该法案要求联邦机构的大部分会议必须公开，并且提前公布会议时间、地点和议程。此外，公众有权获取会议记录、决策过程和其他重要文件。这种法律上

① 参见应松年主编：《行政程序法立法研究》，中国法制出版社2001年版，第111页。

的透明性不仅增强了政府的问责机制，而且使公众更易于监督政府行为，从而有效地参与到治理活动中去。除了上述法律保障外，美国的公众参与还体现在多样化的参与途径上。例如，公众听证会、开放的论坛、在线咨询和民意调查等多种形式均使得民众有机会直接向决策者提供意见和建议。这些机制不仅增加了政策的接受度，而且有助于揭示和解决政策实施过程中可能出现的问题。在美国，法治教育和公民意识的培养始终贯穿于学校教育和社会活动之中。从小学生开始，就有关于宪法和公民权利的课程，以培养他们作为未来公民参与社会治理的意识和能力。此外，非营利组织和社区团体也经常举办相关活动和研讨会，鼓励公民行使自己的权利并履行社会责任。

2. 欧盟的公众参与法律制度

2007 年 1 月 20 日欧盟通过制定《欧盟透明度指令》等法规，要求成员国政府提高决策透明度，加强公众参与。① 这是一个具有里程碑意义的法规，它标志着欧盟对公众参与社会治理的重视程度达到了一个新的高度。《欧盟透明度指令》的核心宗旨在于提高决策过程的透明度，确保政策制定不再是闭门造车，而是开放、透明、包容性强的过程。这一法规的实施，无疑为成员国政府在决策过程中引入公众参与提供了法律基础。《欧盟透明度指令》要求成员国政府在政策制定的早期阶段就开始与公众进行沟通，这不仅包括了传统的面对面会议、公开听证会等形式，更重要的是，它也鼓励采用现代信息技术手段，如在线民意调查、电子咨询等，以便于公众能够不受时间、地点的限制，随时随地参与到社会治理中来。这种电子参与的手段，极大地降低了公众参与的门槛，使得每一个普通公民都能够轻松地表达自己的意见和诉求。

3. 新加坡的公众参与法律制度

新加坡宪法不仅确立了国家权力机构的设置和运行机制，更强调了公民的基本权利和义务。在此基础上，新加坡制定了一系列旨在促进公众参与的

① 参见王平心、焦建玲：《公司信息透明度内涵剖析》，《河南社会科学》2010 年第 1 期。

政策和法规，确保公民能够通过合法途径参与决策过程，表达自己的意见和诉求。例如，新加坡的《政府信息公开法》（GIA）是亚洲地区较为先进的信息透明度法律之一。该法律规定政府必须对外公布大量信息，包括政策文件、公共支出和法律草案，以便公众能够充分了解政府的工作，并在此基础上进行监督和反馈。信息的透明度为公众参与提供了必要的前提条件，让公民能在平等的基础上对话政府，提出建设性的意见和建议。除了信息公开，新加坡还注重培育公民参与的机构和平台。非政府组织（NGOs）、社区发展理事会（CDCs）和居民委员会（RCs）等多层次的社会机构在国家法律的支持下蓬勃发展。这些组织不仅协助处理地方性事务，也代表基层民众的利益向政府提供反馈和提案，从而在草根层面上实现了有效的政治参与。值得一提的是，新加坡的"社区参与计划"（Community Involvement Plans）和"社区合作计划"（Community Partnership Programmes）等项目，都是鼓励居民直接参与社区发展和治理的创新举措。这些项目往往通过工作坊、会议和其他互动形式，使公民能够在具体事务中发声，共同讨论和解决社区问题。此外，互联网和社交媒体的发展为新加坡公众提供了更为便捷的参与渠道。政府机构积极运用网络平台发布信息、征求民意和回应关切，大大增强了政府与公民间互动的频率和深度。数字化手段的利用不仅降低了公众参与的成本和门槛，也让政府能更精准地把握民意动态，及时调整和完善相关政策。

（二）完善公众参与的法律法规体系措施

首先，制定专门的公众参与法律法规，明确公众参与社会治理的权利、义务和程序。例如，可以制定"公众参与法"，明确公众参与社会治理的基本原则、权利保障、参与方式、监督机制等内容，为公众参与社会治理提供更加全面、具体的法律依据。同时，还需要对现有的法律法规进行全面梳理和评估，及时修订和完善与公众参与社会治理不相适应的条款，加强法律法规之间的协调性和统一性，确保公众参与社会治理的各项规定能够得到有效执行。同时，针对新的社会治理需求和公众参与形式，制定新的法律法规，为公众参与提供更为全面和有力的法律保障。例如，在信息技术引领的众创式制度变革时代，作为社会治理体系的重要组成部分，公众参与也呈现出新的特点，亟须以创新性的、能与时代背景相匹配的法治构造予以回应。①

其次，建立健全公众参与制度体系，推进国家治理体系与治理能力现代化建设，必然意味着一轮又一轮密集的制度嵌入，②包括听证制度、公示制度、民意调查制度、人民调解制度等。这些制度能够保障公众的知情权、表达权和监督权，促进政府与公众之间的互动和合作。例如，听证制度可以应用于环境影响评价、城市规划等领域，通过听证会的形式听取公众意见，提高决策的科学性和民主性。公示制度可以要求政府将重要决策、规划、执行情况等信息进行公示，接受公众监督。发挥好人民调解组织的自治功能，在调解中注重以案释法、明法析理，推进调解与普法宣传的深度融合，促进群众自我教育、自我服务、自我管理和自我监督。引导人民调解组织运用法律、道德和“村规民约”等来化解矛盾纠纷，促使自治、德治、法治有机融合，助力打造共建、共治、共享的社会治理格局。③

再次，加强法律法规的宣传和普及工作，提高公众的法律意识和参与意识。通过开展普法宣传、法律援助等活动，帮助公众了解自己的权利和义务，掌握参与社会治理的方式和技巧。同时，政府和社会组织也应该积极引导和鼓励公众参与社会治理，培养公众的责任感和参与热情。中国共产党“坚持法治实施为了人民、依靠人民、造福人民、保护人民，以保障人民根本利益为出发点和落脚点”④，要把宪法和法律以及蕴含的法治精神作为现代化社会治理的根本要求，不断增强全体公民的宪法意识、法治意识。

最后，建立有效的监督机制，确保公众参与社会治理的法律法规得到有效

① 参见魏小雨：《信息时代公众参与社会治理的法治构造》，《领导科学》2021 年第 6 期。

② 参见陈成文：《制度环境对社会组织活力的影响——基于贵州、湖南、广东三省的实证研究》，《社会科学研究》2020 年第 2 期。

③ 参见李坤轩：《法治政府理论热点与实践进路研究》，人民出版社 2023 年版，第 110 页。

④ 周强：《形成高效的法治实施体系》，《求是》2014 年第 22 期。

执行。监督机制可以包括人大监督、司法监督、媒体监督等多种形式。通过加强对政府和社会组织的监督,及时发现和纠正违反法律法规的行为,保障公众参与社会治理的权利不受侵犯。

综上所述,建立和完善公众参与的法律法规体系是推动公众参与社会治理的重要保障。只有制定专门的法律法规、建立健全的制度体系、加强宣传普及和监督机制建设等多方面的努力,才能真正保障公众参与社会治理的权利,提高社会治理的民主化和科学化水平。

第四节　构建组织保障

一、公众参与社会治理组织保障的核心要素

组织保障在公众参与社会治理中的内涵,可以界定为一种系统化的支持框架,该框架为公众提供参与社会治理的机会、途径和平台,并确保其参与过程的有效性和可持续性。这种保障不仅涉及物质资源的提供,更重要的是构建一套合理的组织结构、运行流程和管理机制,使得公众的参与行为可以有序、规范地进行,从而实现社会治理的民主化、科学化和高效化。

在公众参与社会治理的组织保障中,组织结构、流程和机制是三个关键要素。

首先,组织结构是组织保障的基础。这包括建立专门的机构或平台,为公众提供参与社会治理的渠道和途径。同时,还需要制定相应的制度和规则,确保公众的参与行为在法律和政策的框架内进行,避免无序和混乱的情况发生。一个合理的组织结构能够为公众参与社会治理提供明确的职责分工和协作机制,确保各项任务能够得到有效执行。同时,组织结构还需要具备灵活性和适应性,能够根据不同的社会治理需求和公众参与特点进行调整和优化。

其次,流程是组织保障的关键环节。组织保障强调公众参与社会治理的

有效性和可持续性。这意味着组织保障不仅要关注公众参与的数量，更要关注公众参与的质量和效果。通过优化组织运行流程，提高公众参与社会治理的效率和效果，确保公众的参与行为能够真正影响到社会治理的决策和实施。一个高效的流程能够确保公众参与社会治理的各项活动可以有序、规范地进行。流程设计需要考虑到公众参与的各个环节和步骤，确保流程的顺畅和高效。同时，流程还需要具备透明度和公开性，让公众能够清楚地了解参与社会治理的程序和要求。

最后，机制是组织保障的重要保障。一个有效的机制能够确保组织结构和流程得到顺利实施和持续运行，确保公众在参与社会治理过程中的权益得到保障和维护。机制建设需要关注激励和约束机制的建设，通过设立奖励机制、提供培训和支持等方式，激发公众参与社会治理的积极性和创造性。同时约束和规范公众的参与行为。此外，机制还需要关注监督和评估机制的建设，确保公众参与社会治理的效果和质量得到有效评估和反馈。

二、组织保障在公众参与社会治理中的角色和影响

组织保障是公众参与社会治理的重要基础和支撑。组织保障在公众参与社会治理中扮演着至关重要的角色。

首先，组织保障为公众提供了参与的渠道和平台。通过建立各种公众参与组织和机构，如社区组织、志愿者团体、非营利组织等，组织保障为公众提供了多种参与社会治理的途径。这些组织和机构不仅为公众提供了信息、教育和培训，还帮助公众有效地参与到政策制定、执行和监督的过程中。在国内，随着公众参与社会治理意识的提升，一些地区也在组织保障方面进行了积极的探索。例如，北京市通过社区服务站、社区议事会等机制，为居民提供了参与社区治理的平台。这些平台不仅推动了社区居民的积极参与，还通过规范化、制度化的管理，确保了社区治理的有效性。这些机制的建立为居民提供了参与社区治理的平台，使得社区管理不再是一种单向的行政命令，而是一个多

方参与、共同协商的过程。社区服务站，作为一个信息交流和服务提供的窗口，它不仅是居民解决日常问题的服务中心，更是他们发声、提出建议的桥梁。在这里，居民可以直接反映自己的需求和意见，社区工作者则负责收集整理、协调资源、制定计划，确保每一条建议都得到妥善的处理和回应。上海市则通过“居民议事厅”“居民自治委员会”等形式，实现了居民对社区事务的直接参与和决策。这些平台直接将居民的声音引入到社区治理的核心地带，实现了居民对社区事务的直接参与和决策。议事厅不仅仅是一个简单的会议室，它是居民表达意见、交流想法的自由舞台。在这里，每个议题都是开放的，每个声音都被尊重。居民可以就社区的环境改造、公共安全、文化活动等问题进行深入讨论，最终形成共识并付诸行动。这些实践不仅增强了居民的归属感和满意度，还提高了社区治理的民主化水平。

其次，组织保障能够促进公众参与的规范化和制度化。通过建立明确的参与规则、程序和机制，组织保障确保了公众参与的合法性和公正性。这有助于防止公众参与过程中的无序和混乱，确保公众的意见和声音能够有效地传达给决策者。

再次，组织保障能够整合资源和力量，提高公众参与的效率和影响力。一方面，组织保障通过组织化的方式，可以将分散的公众力量集中起来，形成合力，共同推动社会治理的改进，从而提升公众参与的效果和影响力。通过有组织的参与，公众能够更加集中、有效地表达自身利益和诉求，从而对政策制定和执行产生实质性影响。另一方面，组织保障也能够促进政府与公众的良性互动和合作。通过组织和引导公众参与社会治理，政府能够更加深入地了解公众的需求和期望，从而制定更加符合民意和实际情况的政策和措施。

最后，组织保障还能够增强公众的参与能力和意识。通过组织和引导公众参与社会治理，组织保障帮助公众提升参与技能、增强政治素养和公民意识。这不仅有助于公众更好地理解和参与社会治理过程，还能够培养公众的社会责任感和公共精神。

综上所述，组织保障在公众参与社会治理中扮演着不可或缺的角色。它不仅为公众提供了参与的渠道和平台，促进了公众参与的规范化和制度化，还增强了公众的参与能力和意识，对公众参与社会治理产生了深远的影响。

三、公众参与社会治理组织保障的不足及原因

（一）公众参与社会治理组织保障的不足

首先，有些组织存在官僚化、形式化的问题，导致公众参与的积极性和热情受到影响。有些组织在运作过程中过于强调程序和形式，忽略了公众的实际需求和参与体验，使公众参与变得低效和无效。

其次，政府在政策制定方面还存在一定的不足。尽管政府已经出台了一系列政策，鼓励和支持公众参与社会治理，但在实际操作中，政策的执行力度和效果仍有待提高。

再次，政府在资源配置方面也面临一定的挑战，如何合理分配资源，确保公众参与组织保障体系的可持续发展，是政府需要重点关注的问题。一些组织在资金、人才等方面存在不足，难以支撑公众参与社会治理的持续发展。资金短缺和人才匮乏等问题限制了组织的发展和创新，使公众参与社会治理的效果受到制约。

最后，社会组织自身能力建设亟待加强。作为连接政府与公民的重要纽带，社会组织在公众参与社会治理中发挥着关键作用。然而，目前我国社会组织在自身能力建设方面还存在一定的问题，如专业人才缺乏、服务质量不高、组织化程度不高等。这些问题限制了社会组织的发展，也影响了公众参与社会治理的广度和深度。

（二）公众参与组织保障不足的原因分析

1. 政策因素

政策因素是影响公众参与组织保障不足的重要原因之一。在现代社会治理中，政策是推动公众参与、保障其权益的重要手段。然而，在实际操作中，由

于政策制定过程中的信息不对称、决策不够透明等问题，往往导致政策未能充分反映公众的需求和期望。此外，政策执行过程中的官僚主义、形式主义等现象也使得政策效果大打折扣，难以真正落地生效。例如，在某些地区，尽管政府出台了鼓励公众参与社会治理的政策，但由于执行不力、监管缺失等原因，这些政策往往流于形式，未能真正发挥作用。

2. 法律因素

法律因素是公众参与组织保障不足的另一个重要原因。在现代社会，法律是保障公众参与权利、维护社会秩序的重要手段。然而，在现实中，由于法律制度的不完善、法律执行的不到位等问题，往往导致公众参与的权益受到侵害。例如，在一些地区，尽管法律规定了公众参与社会治理的权利和途径，但由于法律执行不到位、司法不公等现象的存在，这些权利往往无法得到有效保障。

3. 资源因素

资源因素也是导致公众参与组织保障不足的重要原因之一。公众参与社会治理需要一定的资源支持，包括人力、物力、财力等方面。然而，在实际操作中，由于资源分配得不够均衡、投入不够充足等问题，往往导致公众参与社会治理的能力受限。例如，在一些经济欠发达的地区，由于财政投入不够充足、人才短缺等原因，公众参与社会治理的组织保障体系往往难以建立健全。

4. 文化因素

文化因素是影响公众参与组织保障不足的深层次原因。不同的文化背景下，公众对于参与社会治理的认知和态度也会有所不同。在一些传统文化观念较为浓厚的地区，往往存在着官本位思想、权力崇拜等现象，这些观念在一定程度上阻碍了公众参与社会治理的积极性。同时，现代社会的快速发展也带来了文化多元化、价值观多样化的趋势，这也给公众参与社会治理带来了新的挑战和机遇。

（三）提升公众参与社会治理组织保障的措施

1. 政策层面

政策环境是公众参与的重要影响因素之一。政府政策的导向和支持力度直接关系到公众参与组织化的程度。如果政府制定了一系列鼓励公众参与的政策，提供资金支持、简化参与流程等，那么公众参与的组织化程度就可能得到提高。相反，如果政府政策对公众参与设置过多的限制和障碍，那么公众参与的组织化程度就可能受到抑制。此外，政策环境的稳定性和连续性也会对公众参与组织化程度产生影响。政策环境的频繁变动可能导致公众参与的不确定性和不稳定性增加，从而降低公众参与的组织化程度。首先，政府应制定明确的公众参与社会治理的政策导向，明确公众参与的权利和义务，以及组织保障的具体要求和措施。其次，政府应鼓励和支持各类社会组织的发展，提供必要的资金和政策支持，促进社会组织在公众参与社会治理中发挥更大的作用。此外，政府还应建立公众参与社会治理的评估和反馈机制，及时收集和分析公众的意见和建议，为政策调整和完善提供依据。

2. 法律层面

法律是保障公众参与组织保障的重要手段。因此，建议完善相关法律法规，明确公众参与社会治理的法律地位和保护措施。同时，应加强对相关法律法规的宣传和普及，提高公众的法律意识和维权能力。此外，国家司法机关的司法活动是法律实施的最后一道防线。司法不仅担负着解决社会纠纷、保障法律权威的使命，还负有守护社会良知、维护社会公正的职责。[①] 因此，应建立健全公众参与社会治理的法律援助和司法救济机制，为公众提供及时、有效的法律支持。

3. 资源层面

资源保障是提升公众参与组织保障的重要条件。建议政府加大对社会组

---

① 参见黄文艺：《法治中国的内涵分析》，《社会科学战线》2015 年第 1 期。

织的资金投入，支持社会组织开展公众参与社会治理的活动。同时，应鼓励企业和社会各界积极参与社会治理，提供必要的资金和资源支持。此外，还应加强社会组织之间的合作与交流，共享资源和经验，提高资源利用效率。

4. 文化层面

文化是影响公众参与组织保障的重要因素。不同的个体有不同的文化认知。文化认知是指个体或群体对特定文化现象的理解、认同和接受程度。在公众参与社会治理的过程中，文化认知起着至关重要的作用。例如，在一些强调集体主义和社区凝聚力的文化中，公众参与的组织化程度可能更高。因为这些文化鼓励个体积极参与集体事务，注重集体利益的维护。而在一些强调个人主义和自由度的文化中，公众参与的组织化程度可能相对较低。此外，文化认知还可以影响公众对参与方式的选择和参与程度的高低。例如，在一些重视传统和习俗的地方，公众可能更倾向于选择传统的参与方式；而在一些注重创新和开放的地方，公众则可能更愿意尝试新的参与方式。因此，应加强公民意识教育，提高公众对社会治理的认识和参与意识。同时，应加强对社会组织的文化培育和支持，提升社会组织的文化内涵和社会影响力。此外，还应通过媒体宣传、文化活动、培训讲座、社会实践等方式，营造积极参与社会治理的文化氛围，激发公众的参与热情和创新精神。积极倡导公开、透明、包容的社会治理理念，营造良好的公众参与氛围。

5. 技术层面

随着信息技术的发展，技术支持在提升公众参与组织化程度方面发挥着越来越重要的作用。政府和社会组织应充分利用现代科技手段，如社交媒体、大数据、人工智能等，为公众参与提供便捷、高效的平台。例如，可以开发公众参与社会治理的 APP 或网站，使公众能够随时随地参与到社会治理中来。同时，通过大数据分析公众的参与行为和需求，为制定更加精准的公众参与策略提供数据支持。

第五节　推动数字技术创新

"近年来,互联网、大数据、云计算、人工智能、区块链等技术加速创新,日益融入经济社会发展各领域全过程"①。数字技术支撑现代社会治理体系建设在满足现代社会治理体系的核心需求、提供科技支撑、推进多元共治等方面具有独特优势。② 随着现代信息技术的发展及政府执政理念的转变,运用数字信息技术对政府机构和行政方式进行重塑,成为服务型政府建设的重点。③

一、数字技术在提升公众参与社会治理中的角色

(一)数字技术在公众参与社会治理中的功能

习近平总书记指出:"世界各国虽然国情不同、互联网发展阶段不同、面临的现实挑战不同,但推动数字经济发展的愿望相同、应对网络安全挑战的利益相同、加强网络空间治理的需求相同。"④党的十八大以来,党和国家愈发重视现代科学技术在社会治理中的能动性。如党的十九大报告指出:"完善党委领导、政府负责、社会协同、公众参与、法治保障的社会治理体制,提高社会治理社会化、法治化、智能化、专业化水平。"⑤其中的"智能化"水平体现了社会治理的数字发展和智能化特征。《"十四五"国家信息化规划》⑥要求构筑

① 《习近平著作选读》第二卷,人民出版社2023年版,第534页。

② 参见邹静、沈费伟等:《城市未来社区的场景建设、居民融入与数字治理》,《电子政务》2023年第7期。

③ 参见陈世香、周维、吕志杰:《社会流动感知和预期如何影响居民幸福感?——公共服务满意度的中介作用和社会公平感的调节作用》,《公共行政评论》2022年第1期。

④ 中共中央党史和文献研究院编:《习近平关于网络强国论述摘编》,中央文献出版社2021年版,第165页。

⑤ 《习近平著作选读》第二卷,人民出版社2023年版,第40页。

⑥ 2021年12月,中央网络安全和信息化委员会印发《"十四五"国家信息化规划》。这是对我国"十四五"时期信息化发展作出部署安排,是"十四五"国家规划体系的重要组成部分,是指导各地区、各部门信息化工作的行动指南。

共建共治共享的数字社会治理体系。《国务院关于加强数字政府建设的指导意见》(国发〔2022〕14 号)强调积极推动数字化治理模式创新,提升社会管理能力。不仅如此,党的二十大基于中国式现代化以及高质量发展的需要,在强调健全共建共治共享的社会治理制度,提升社会治理效能的同时,也明确提出要建设“数字中国”“构建新一代信息技术、人工智能……等一批新的增长引擎”。[①] 2023 年,中共中央、国务院印发了《数字中国建设整体布局规划》,其中指出:“到 2025 年,基本形成横向打通、纵向贯通、协调有力的一体化推进格局,数字中国建设取得重要进展”“数字治理体系更加完善”。数字技术包括信息技术、大数据分析、云计算、人工智能等现代科技手段,用于支持社会治理的信息收集、处理、分析和决策过程。随着科技的不断发展,现代社会治理正经历着从传统模式向现代治理的转变。在这一转变过程中,数字技术作为重要的推动力,对于提升公众参与社会治理的效果起到了关键作用。在全球化、信息化的今天,社会治理面临着复杂多变的挑战。社会问题呈现出多元化、跨地域化的特点,公众对于参与社会治理的期待也日益增强。同时,随着大数据、人工智能等技术的快速发展,为提升社会参与效率提供了新的可能性。

首先,数字技术手段能够打破信息壁垒,实现信息的快速传播和共享。通过大数据、云计算等技术手段,政府可以实时收集和分析社会数据,了解公众需求和问题,为决策提供科学依据。同时,公众也可以通过社交媒体等平台获取更多信息,提高参与社会治理的能力。互联网的普及使得公众可以更加方便地获取信息,参与讨论和表达意见。根据中国互联网络信息中心(CNNIC)2023 年 8 月 28 日在北京发布的第 52 次《中国互联网络发展状况统计报告》显示,截至 2023 年 6 月底,中国网民规模达 10. 79 亿人,较 2022 年 12 月增长 1109 万人,互联网普及率达 76. 4%。即时通信、网络视频、短视频用户规模分别达 10. 47 亿人、10. 44 亿人和 10. 26 亿人,用户使用率分别为 97. 1%、96. 8%

① 习近平:《高举中国特色社会主义伟大旗帜　为全面建设社会主义现代化国家而团结奋斗——在中国共产党第二十次全国代表大会上的报告》,人民出版社 2022 年版,第 30 页。

和95.2%。[①] 这为公众参与社会治理提供了庞大的用户基础。社交媒体的兴起为公众参与社会治理提供了更加便捷的渠道。通过微博、微信、抖音等社交媒体平台，公众可以随时随地发表观点、分享经验和参与讨论。例如，微博上的"政务微博"账号已经成为政府与公众互动的重要平台。同时，信息透明是现代治理的重要原则之一，而现代技术手段的运用是实现信息透明的关键。通过互联网和移动终端的普及，公众可以更加便捷地获取政府决策、政策执行以及公共服务等方面的信息，从而保障了公众的知情权。同时，技术手段还能够对信息进行实时更新和动态监测，确保信息的时效性和准确性。

其次，数字技术手段能够创新社会治理模式，提高治理效率。传统的社会治理方式往往依赖于人力和物力资源的投入，而技术手段的应用可以自动化处理大量数据和信息，减少人工干预和误差，提高治理效率。大数据和人工智能技术的应用为公众参与社会治理提供了有力支持。通过对海量数据的收集、处理和分析，政府和社会组织能够更加准确地把握社会问题的发展趋势和公众需求变化，可以更好地了解公众的需求和意愿，为政策制定提供科学依据，从而制定更加科学、有效的治理策略；通过人工智能技术，可以自动化处理大量数据和信息，提高公众参与的效率和效果。同时，政府可以根据公众关注的热点问题开展民意调查、政策解读等活动，提高公众参与社会治理的积极性和满意度。政府可以通过分析公众行为数据、社会舆情数据等，及时发现潜在的社会问题并制定相应的政策措施。同时，大数据分析以及人工智能还可以帮助政府预测未来一段时间内的社会形势发展趋势，为政策制定提供科学依据。

再次，数字技术手段能够促使形成多元参与的社会治理网络。在现代治理的框架下，政府、企业、社会组织以及公民个体都是参与社会治理的重要主体。

① 参见《中国网民规模达10.79亿人　互联网普及率76.4%》，中国网，http://guoqing.china.com.cn/2023-08/29/content_109297669.shtml。

这些主体通过现代技术手段如社交媒体、大数据分析、云计算等进行信息交互和协作，形成了多元参与的社会治理网络。技术手段不仅能够提升信息的传递速度，还能扩大参与者的范围，使更多的社会力量和资源得以汇聚和利用。

最后，数字技术手段还能够推动政府决策的民主化和科学化。传统的社会参与方式往往受到时间、空间和资源的限制，而现代技术手段的引入则极大地拓展了公众参与的渠道和方式。例如，通过在线调查、民意征集、电子投票等方式，公众可以更加便捷地参与到政策制定和决策过程中来。通过互联网、移动应用等技术手段，公众可以更加便捷地参与社会治理活动，表达自己的意见和建议。此外，技术手段还能够为公众提供个性化的参与体验，满足不同群体的需求。这种参与方式不仅提高了公众的参与感和归属感，还能够推动政府决策的民主化和科学化。

（二）数字技术手段面临的挑战及应对

1. 技术手段面临的挑战

在智慧治理的背景下，虽然技术手段能够显著提升社会参与效率，但仍需正视其中存在的潜在问题。

首先，技术的不平等性可能导致社会参与的不平等。尽管互联网和移动设备的普及率逐年上升，但仍有部分群体，如老年人、经济困难者、教育程度较低者等，可能无法充分享受这些技术带来的便利。这可能导致他们在社会治理中的声音被忽视，进而加剧社会不平等。同时，技术手段有时会造成相对人程序性权利的缺失。例如，在“杜宝良事件”中，杜宝良因 105 次交通违法行为被处以 10500 元的巨额罚款，而这 105 次违法行为均属同一违法情节、发生在同一地点且持续时间较长，交通管理部门利用“电子眼”对违法行为拍摄后就自动生成了处罚结果，却没有及时提醒或警告违法司机，使同一违法行为长期、持续且反复发生。① 这一事件折射出几个关键性

① 参见陈光：《对“杜宝良事件”的法律评析》，《中国科技信息》2005 年第 24 期。

的问题。一是关于“电子眼”监控机制的合理性。在技术日益成熟的今天，利用高科技手段进行交通监控无疑是提高执法效率的重要措施。然而，技术的冷漠也可能导致执法过程中缺乏人文关怀，造成相对人程序性权利的缺失。在杜宝良的案例中，机械式的处罚没有给予违法者改正机会，反而可能助长了漠视法律的心态。二是事件凸显出了交通管理部门在服务意识上的缺失。有效的交通管理不仅在于惩罚违规行为，更在于预防违法的发生。如果能够在首次违法行为后提供警告或教育，可能就不会造成后续的重复违规。因此，加强司机教育，提前设置警示标志，以及在发现初次违法时主动联系司机进行告知和教育，这些举措显得尤为重要。三是该事件也反映了部分司机法律意识和责任感的缺失。作为一名驾驶员，应当时刻遵守交通规则，维护道路安全。在此次事件中，杜宝良长期、反复的违法行为显示出对法规的无视。这不仅给自己造成了经济上的损失，更是对他人和公共安全的不负责任。

其次，隐私和安全问题也不容忽视。在大数据和人工智能技术的支持下，社会治理者可以获取大量的个人信息，用于分析公众行为和预测未来趋势。然而，如果这些信息被滥用或泄露，将对公众的个人隐私和人身安全造成严重威胁。

再次，技术手段的应用也可能引发伦理问题。例如，通过社交媒体等渠道收集公众意见时，如何确保信息的真实性、避免误导性信息的传播，是一个亟待解决的问题。此外，如何平衡公众隐私保护和社会公共利益的需要，也是我们在使用技术手段时必须考虑的问题。

最后，技术的发展和变革可能会对现有的社会结构产生冲击。随着技术手段的普及和应用，传统的社会治理模式可能会受到挑战，需要我们重新思考和构建新的社会治理体系。

2. 应对措施

在数字化时代背景下，公众参与社会治理的途径逐渐增多，同时也对社会治理的精细化水平与自身诉求的满足程度提出了更高要求。①

首先，为了缩小数字鸿沟，应加大技术普及和培训力度，特别是针对那些对新技术接触较少的群体。同时，政策制定者也应关注这些群体的需求，确保他们在社会治理中的参与权。

其次，为了保障公众的隐私和安全，应建立完善的法律法规体系，规范技术手段在社会治理中的应用。同时，社会治理者也应加强自律，避免滥用个人信息。

再次，在解决伦理问题时，需要建立相应的伦理准则和监管机制。例如，对于社交媒体上的信息，可以建立信息审核制度，确保信息的真实性和公正性。同时，也可以通过教育引导公众正确使用社交媒体，避免传播误导性信息。

最后，为了应对技术变革对社会结构的影响，应保持开放和包容的态度，积极拥抱新技术。同时也需要对传统社会治理模式进行反思和改革，以适应新的技术环境和社会需求。

二、大数据分析在公众参与社会治理中的应用

大数据已经成为现代社会的关键组成部分，它不仅是一种技术工具，更是一种改变我们生活、工作和治理方式的全新思维。在信息化、网络化、智能化的浪潮中，大数据以其独特的优势，发挥着不可替代的作用。建立大数据处理平台，可以动态链接各种平台、数据与资源，同时进行双向与多向交互。②

（一）大数据的定义与功能

“大数据”通常指的是规模庞大、类型复杂、处理难度高的数据集合。

① 参见雷晓康、张田：《数字化治理：公众参与社会治理精细化的政策路径研究》，《理论学刊》2021 年第 3 期。

② 参见陈静、陈成文、王勇：《论市域社会治理现代化的“智慧治理”》，《城市发展研究》2021 年第 4 期。

大数据的特点通常包括“4V”：体积（Volume）、速度（Velocity）、多样性（Variety）和价值（Value）。体积指的是数据量巨大，可能包括结构化数据、半结构化数据和非结构化数据；速度指的是数据产生和处理的速度快，需要实时或近实时分析；多样性指的是数据类型繁多，包括文本、图像、音频、视频等多种形式；价值则指的是大数据中蕴含的潜在价值，需要通过高级分析技术来提取。

大数据对于公众参与社会治理具有重要的意义和巨大的潜力。大数据的可得性使得更多的决策要素能够被纳入到决策方案的制订过程中，使得智能化决策变为可能，可以极大地提高决策效率并产生更高的一致性与透明度。①

首先，大数据能够提升公众参与的广度和深度。通过互联网、社交媒体等渠道，公众可以更加方便地参与到社会治理中来，表达自己的意见和建议。同时，大数据的分析结果也可以为公众提供更加准确、全面的信息，帮助他们更好地理解和参与社会治理。

其次，大数据能够增强公众参与的针对性和实效性。通过对大数据的分析和挖掘，可以发现社会治理中存在的问题和短板，为政策制定提供更加科学的依据。同时，大数据还可以帮助我们预测社会发展趋势，提前制定相应的政策和措施，提高社会治理的效率和效果。

最后，大数据能够促进公众参与方式的创新。在大数据的驱动下，我们可以探索出更加多样化、个性化的公众参与方式，如在线调查、民意征集等。这些新的参与方式不仅能够激发公众的热情和积极性，还能够提高社会治理的民主化、科学化和精细化水平。

综上所述，大数据在现代社会中的角色越来越重要，它不仅是信息化的重要体现，更是连接现实世界与数字世界的桥梁，是推动社会创新和发展的强大动力。同时，大数据在提升公众参与社会治理中也具有重要的意义和巨大的

① 参见陈国青等：《大数据环境下的决策范式转变与使能创新》，《管理世界》2020 年第 2 期。

潜力。因此,我们应该充分利用大数据的优势,推动公众参与社会治理的深入发展,共同构建一个更加公正、透明、高效的治理体系。

(二)大数据技术在公众参与中的应用方式

1. 数据采集

大数据技术的核心在于对海量数据的收集与整合。在公众参与社会治理的情境中,数据采集主要包括两个方面:一是公众行为的直接数据,如社交媒体上的发言、在线调查问卷的填写、公众对政府政策的反馈等;二是间接数据,如政府公开数据、公共机构的数据记录等。通过构建多渠道、多样化的数据采集网络,可以全面、实时地收集到公众参与社会治理的各类数据。

数据采集的质量直接影响到后续的数据处理、分析和可视化,因此,数据采集过程中需要确保数据的准确性、完整性和时效性。对于公众的直接数据,需要通过合理设计的数据采集工具和方法,引导公众真实、客观地表达自己的想法和观点;对于间接数据,则需要对数据来源进行严格的筛选和审查,确保数据的真实性和准确性。

2. 数据处理

在收集到大量数据后,下一步就是数据处理。数据处理的主要目标是清洗数据、整合数据、转化数据,使其适用于后续的数据分析和可视化。数据清洗主要是去除重复数据、错误数据,对缺失数据进行合理填充;数据整合则是将来自不同渠道、不同格式的数据进行整合,形成统一的数据格式;数据转化则是将数据转化为适合分析的格式和类型。在数据处理过程中,需要运用到一系列的数据处理技术和工具,如数据挖掘、数据融合、数据转换等。同时,还需要考虑到数据的安全性和隐私性,确保在处理过程中不泄露公众的个人信息。

3. 数据分析

数据分析是大数据技术中最核心的部分,也是公众参与社会治理中最重要的环节。通过数据分析,可以发现公众参与社会治理的热点、难点和趋势,为政府决策提供科学依据。数据分析的方法有很多,如描述性分析、预测性分析、关联性分析等。

描述性分析主要是对公众参与的数据进行统计和描述,揭示公众参与的现状和特征;预测性分析则是基于历史数据,通过构建预测模型,对公众参与的未来趋势进行预测;关联性分析则是发现不同数据之间的关联关系,揭示公众参与社会治理的内在规律和影响因素。

4. 数据可视化

数据可视化是将数据分析的结果以图形、图表等形式展现出来,使得分析结果更加直观、易于理解。在公众参与社会治理的情境中,数据可视化可以将大量的、复杂的数据转化为直观、简洁的图形,帮助公众更好地理解和参与社会治理。

数据可视化的方式有很多,如柱状图、折线图、饼图、散点图等。不同的可视化方式适用于不同的数据类型和分析结果。通过合理选择可视化方式,可以将数据分析的结果更加生动、形象地呈现出来,提高公众对数据的理解和认知。

(三)案例分析

案例一:智慧城市建设中的大数据分析

在智慧城市建设的过程中,大数据分析技术发挥着至关重要的作用。目前很多城市借助大数据技术,对城市交通、环境、公共安全等多个领域进行了深入的数据分析。通过构建城市运行监测平台,实时收集和处理城市运行数据,有效提升了城市管理的效率和公众的参与度。

在交通领域,通过实时监测道路拥堵情况、车流量等数据,为公众提供准确的交通信息,引导公众选择最优出行路线,有效缓解了交通拥堵问题。例如虚拟人工智能警务网络只需通电即可对社会隐患、违法犯罪行为等24小时进行运算和预警,全程不需要人工干预。[①] 浙江省台州市智慧警务系统帮助实

① 参见胡勇强:《基于人工智能的新型警务模式探索》,《湖北警官学院学报》2020年第2期。

现了交通安全的全天候巡逻、立体化监管和流动式宣传，在道路交通管控、优化行车秩序、查处违法行为等方面都起到了举足轻重的作用，真正实现了“科技让交警就在身边，智慧让平安就在身边”。同时，公众也可以通过手机 APP 等渠道，实时反馈交通状况，为政府决策提供了有力支持。

在环境领域，大数据分析技术被用于监测空气质量、噪音污染等指标，为公众提供实时环境信息。政府根据数据分析结果，及时采取相应的治理措施，有效改善了城市环境质量。

在公共安全领域，通过构建城市安全监控网络，实现对城市重点区域的实时监控。一旦发生安全事故，政府能够迅速响应，及时采取有效措施，最大程度地保障公众的生命财产安全。

案例二：“一网通办”平台

在行政许可领域，北京市海淀区依托“一网通办”平台，通过技术创新和流程再造，实现“实时比对核验、自动开展审批、即时出具结果”的“秒批”服务，推动审批模式由人办到系统办的转变。①

通过对调查结果的统计分析，政府发现公众最关心的问题包括教育、医疗、住房等民生领域。针对这些问题，政府制定了相应的政策和措施，加强了相关领域的投入和管理。

同时，大数据分析还帮助政府发现了公众参与社会治理的新趋势和特点。例如，公众越来越倾向于通过网络平台表达诉求和参与决策。针对这一趋势，政府积极推动了政务微博、政务微信等平台建设，为公众提供了更加便捷的参与渠道。

（四）优化公众使用大数据参与社会治理的政策建议

1. 加强大数据教育和培训

政府应加大对大数据教育和培训的投入，提高公众对大数据的认知和应

① 参见姜懿容、苏宇：《论自动化行政过程的公众参与》，《湖北警官学院学报》2023 年第 6 期。

用能力。这包括在大学、研究机构、中学和社区中心等地开展相关的课程和讲座，普及大数据基础知识，培养数据分析人才。政府应积极推动社会参与和多方合作，鼓励企业、非政府组织、社区等参与到大数据社会治理中来。通过建立合作伙伴关系、共同开展项目等方式，为公众提供实习和实践机会，帮助他们积累大数据应用经验，促进各方之间的资源共享和优势互补。同时，政府应建立跨部门协作机制，确保各部门在推动公众使用大数据参与社会治理过程中能够形成合力。通过定期召开协调会议、共同制定政策文件等方式，加强部门间的沟通与合作。

2. 完善数据开放和共享政策

政府应制定更为完善的数据开放和共享政策，确保公众能够获取到高质量、可靠的数据资源。在保护个人隐私和商业秘密的前提下，推动政府部门、企业和社会组织之间的数据共享和互通。同时，政府还可以通过建立统一的数据共享平台，为公众提供便捷的数据查询和下载服务。此外，政府应定期对公众使用大数据参与社会治理的效果进行评估和反馈。通过收集用户反馈、分析应用效果等方式，了解政策实施中存在的问题和不足，并及时进行调整和改进。

3. 鼓励大数据创新应用

政府应设立专项资金，支持大数据在社会治理领域的创新应用。鼓励企业、研究机构和社会组织等开展大数据技术研发和应用推广，探索新的社会治理模式和解决方案。同时，政府应努力营造良好的创新氛围，为公众提供宽松、包容的创新环境。通过举办创新大赛、设立创新基金等方式，激发公众的创新热情和创造力，推动大数据在社会治理领域的广泛应用和深入发展。

4. 强化数据安全和隐私保护

在推动公众使用大数据参与社会治理的过程中，政府应高度重视数据安全和隐私保护问题。制定严格的数据安全法规和标准，加强对数据泄露、滥用等行为的监管和惩罚力度。同时,政府还应加强与公众的沟通和宣传,提高他们的数据安全意识和隐私保护意识。

三、人工智能技术在公众参与社会治理中的辅助与支持

(一)人工智能技术在公众参与社会治理中的角色

数字化作为实现社会治理精细化的工具,"技术赋能"已经成为推动社会治理重构的"绣花针"。① 随着科技的飞速发展,人工智能(AI)技术已经渗透进我们生活的方方面面。人工智能的快速发展得益于大数据、云计算、机器学习等技术的突破。这些技术使得人工智能具备了强大的数据处理能力、自我学习能力以及决策优化能力。当这些技术应用到社会治理领域时,为社会发展带来了前所未有的变革。未来,人工智能将不再仅仅是一种技术手段,而是成为社会治理不可或缺的重要组成部分,与社会治理深度融合,共同推动社会治理体系的现代化。

1. 提升公众参与社会治理的效率

人工智能在社会治理中的应用正日益广泛,其在提升治理效率方面的作用不可忽视。传统的社会治理方式往往依赖于大量的人力资源进行数据采集、处理和分析,而在信息爆炸的时代,这种方式显然已经难以满足高效治理的需求。人工智能技术的引入,为这一问题提供了新的解决方案。

首先,人工智能技术可以通过自动化的数据收集和分析,大大减轻人力负担。例如,通过利用自然语言处理(NLP)技术,人工智能可以自动从社交媒体、新闻报道等渠道中抓取相关信息,进行实时监测和分析,从而为决策者提供及时、准确的数据支持。此外,人工智能还可以通过机器学习算法,对海量数据进行深度挖掘,发现隐藏在其中的规律和趋势,为政策制定提供更加科学的依据。

---

① 参见李雪松:《新时代城市精细化治理的逻辑重构:一个"技术赋能"的视角》,《城市发展研究》2020 年第 5 期。

其次,人工智能技术还可以通过智能化决策支持,提高治理决策的效率和准确性。传统的决策过程往往依赖于决策者的经验和直觉,难以保证决策的科学性和公正性。而人工智能技术可以通过构建决策模型,综合考虑各种因素,为决策者提供最优的决策方案。同时,人工智能还可以通过模拟仿真等手段,对决策方案进行预评估,从而帮助决策者更好地应对复杂多变的社会问题。

2. 辅助处理社会问题

人工智能技术可以通过大数据分析和机器学习算法,提供更为精准的决策支持。例如,在公共资源配置、城市规划等领域,人工智能可以根据实时数据和历史数据,预测未来的需求变化,为决策者提供科学依据。

人工智能技术可以对社会问题进行风险评估和预测,帮助政府和相关部门提前识别潜在风险,制定应对策略。例如,在公共卫生领域,人工智能可以通过分析疫情数据,预测疫情的发展趋势,为疫情防控提供有力支持。智能问答系统可以帮助公众快速了解社会问题,智能推荐系统可以为公众推荐相关的社会议题,智能监控系统可以实时监测社会问题的解决情况等。

人工智能可以优化公共服务流程,提高服务效率和质量。例如,在政务服务领域,人工智能可以通过智能问答系统、智能审批等方式,简化办事流程,提升公众满意度。

3. 创新公众参与的方式

人工智能创新了公众参与社会治理的方式。通过智能平台和服务,公众能够更加便捷地参与社会治理活动,表达自己的意见和建议。同时,人工智能还能够对公众的参与行为进行智能分析和管理,为政府提供更加准确和全面的社会信息。

(二)人工智能应用案例

案例一:智能警务系统

目前,多地政府引入了智能警务系统,通过人工智能技术进行实时监控、人脸识别、数据分析等,旨在提高警务工作的效率和准确性。该系统能够迅速识别出异常行为，并及时通知警方进行处理，从而大大减少了犯罪行为的发生。同时，该系统还能够分析犯罪数据的趋势和模式，为警方提供有针对性的预防策略。

这充分展示了人工智能在公共安全领域的应用潜力，为公众参与社会治理提供了新的手段。通过智能分析和预测，政府能够更加精准地识别和处理社会问题，减少人力物力的浪费。同时，人工智能还能够实现24小时不间断的监控和管理，提高了社会治理的及时性和有效性。

案例二："海燕系统"精准识别交通违法行为

在行政处罚领域，"海燕系统"可通过大数据实现对车内驾驶人员以及乘客行为的自动分析，从而精准识别交通违法行为。自2017年上线以来，记录了很多违章，实战意义强大，该系统不仅能监控车辆，还能打击一些违法犯罪行为，只要在路上有车辆或者行人犯法，就可以通过这个系统进行排查，一路追到凶手。"海燕系统"比较智能，可以对路上的电子眼进行分工，每一个电子眼都可以专门负责一项任务，这样更好管理一些，比如有专门测速的，有专门拍违章的，分工之下，很多不法分子就难以逃脱监控。

案例三：智能公共服务系统

很多地方政府推出了智能公共服务系统，包括智能问政平台、智能政务服务等。该系统能够实时接收和处理公众的咨询、建议、投诉等，提供高效、便捷的公共服务。同时，该系统还能够对公众的满意度进行调查和分析，为政府改进服务质量提供依据。这一案例展示了人工智能在提升政府公共服务水平方面的重要作用，增强了公众对政府的信任和支持。

（三）人工智能应用面临的挑战

尽管人工智能技术在社会治理中展现出了巨大的潜力和价值，但其实际应用仍面临着多方面的技术挑战。

首先，数据质量问题面临的挑战。人工智能的决策和预测依赖于大量的高质量数据。然而，现实中的数据有时存在不完整、不准确、有偏差等问题，这可能导致人工智能模型的结果失真。算法的可解释性和透明度也是一大挑战。许多人工智能算法，尤其是深度学习算法，其决策过程往往是不透明的，这使得公众对其结果缺乏信任。此外，技术的可扩展性和普适性也是一个技术挑战。社会治理涉及的领域广泛，如何设计出既能满足治理需求又具有强大扩展性的人工智能系统是一个难题。

其次，技术安全问题面临的挑战。随着人工智能技术的广泛应用，如何保障系统的稳定性、可靠性和安全性，防止黑客攻击和数据泄露，成为了亟待解决的问题。此外，人工智能的快速发展也带来了技术更新换代的挑战。如何保持技术的先进性和前瞻性，避免技术落后，是另一个技术挑战。

最后，伦理及隐私方面的挑战。数据隐私权是一个核心问题。在收集和使用大量个人数据时，如何确保公众的隐私权不被侵犯，是一个亟待解决的问题。算法歧视和偏见也是一个重要的伦理问题。如果人工智能算法的训练数据存在偏见或歧视，那么其决策结果也可能带有偏见，这可能导致社会治理的不公平。此外，人工智能技术的广泛应用还可能引发社会伦理道德的争议。例如，在决策过程中，人工智能系统是否应该拥有与人类同等的道德地位？当人工智能系统的决策结果与人类的道德观念发生冲突时，应该如何取舍？这些问题都需要在技术和伦理两个层面上进行深入讨论。

（四）人工智能应用于社会治理领域的优化措施

1. 制定和完善相关的法律法规和政策措施

2017 年，国务院发布的《新一代人工智能发展规划》（国发〔2017〕35 号），将“推进社会治理智能化”作为重点任务，提出要开发适于政府服务与决策的人工智能平台。国务院办公厅于 2018 年印发了《关于全面推行行政执法公示制度执法全过程记录制度重大执法决定法制审核制度的指导意见》（国办发〔2018〕118 号），强调全面推进行政执法信息化建设，积极推进人工智能技术在行政执法实践中的运用。党的十九届四中全会明确指出要加强和深化人工智能技术在行政法律制度中的运用。2023 年，中共中央、国务院印发《数字中国建设整体布局规划》，提出“发展高效协同的数字政务”的要求。由此可见，人工智能已成为我国发展的战略支撑，如何将人工智能融入法治政府建设以及社会治理当中是党和国家决策者面临的重大课题。

随着实践的发展，我们应制定和完善相关的法律法规和政策措施。例如，可以制定数据保护法律，规定个人数据的收集、使用和传播必须遵循严格的法律程序和标准，保障公众的知情权、参与权、表达权和监督权；同时，也可以建立人工智能伦理委员会或独立的监管机构，负责对人工智能系统的决策过程和结果进行监督和评估，确保其符合社会伦理道德标准。

2. 建立公开透明的信息交流平台

政府应建立公开透明的信息交流平台，确保公众能够及时获取有关社会治理的各类信息，从而增强公众参与的意愿和能力。此外，通过人工智能技术，可以建立智能化的民意调查系统，更加精准地收集和分析公众意见，为政策制定提供更加科学的依据。

3. 积极推动人工智能技术在公众参与领域的应用创新

如智能投票系统、在线听证会等，以降低公众参与的成本和门槛，提高公众的参与度和满意度。同时，加强公众的人工智能教育，提升公众的数字素养，使公众能够更好地适应和参与到人工智能助力社会治理的新模式中。

4. 政府应加强与企业、科研机构等社会力量的合作

政府应加强与企业、科研机构等社会力量的合作，共同推动人工智能技术在社会治理领域的研究和应用。通过产学研用深度融合，形成政府引导、企业主体、社会参与的人工智能社会治理新格局，为公众提供更加优质、高效的社会治理服务。

四、智能化社会治理平台的建设与发展

（一）智能化社会治理平台的功能

近年来，多地打造社会治理智能化综合平台，标志着现代社会治理模式进

入了一个新的阶段。例如,2021 年江苏省新沂市在打造基层治理模式上,创建智能化社会治理体系,推出“网格+网络”管理模式,营造了全新的基层社会治理智能化。“网格+网络”就是把现实生活中的社会网格化管理和电脑、手机接入的互联网进行有机结合,立足基层社会治理中最基层的“网格”,依托现代科技,实施精细化、社会化、信息化的服务管理。同时,政府各职能部门进格入网,将镇(街道)干部下沉到网格中,建立“专群结合、快速反应、信息共享、联动处置”的社会治理智能化工作平台。① 2022 年云南保山市市域社会治理智慧平台全面上线运行,整合升级的保山市域社会治理智慧平台由民众端“共治保山”微信小程序、网格员端“平安保山”APP 和管理员端“市域社会治理智慧平台”三个部分组成,涵盖家庭安全风险评估、网格化服务管理、矛盾纠纷“一站式”调处化解、特殊人群服务管理、社会治理数智辅助决策、市域社会治理任务管理等功能模块,通过建设社会治理“数智大脑”,全面提升市域社会治理系统化、社会化、精细化、法治化、智能化水平。②

提高治理效率是智能化社会治理平台最为显著的效能之一。具体表现在以下几个方面:

1. 信息处理速度的提升

以往依赖人力进行数据整理、分析和决策的方式,不仅耗费时间较长,而且难以应对现代社会信息的爆炸式增长。例如,城市交通管理依赖于监控人员实时监控路况,但面对复杂多变的交通状况,人力资源往往不足以作出迅速反应。同样,在公共卫生事件中,对大量病例数据的手动分析,不仅耗时费力,还可能因延误而错失最佳应对时机。智能化平台的核心技术之一便是大数据分析,通过算法对海量数据进行筛选、分类和解读,以发现潜在的模式和趋势。

① 参见《新沂:创建智能化社会治理体系　打造新时代基层治理联动新模式》,法润江苏网,http://frjs.jschina.com.cn/31022/31027/202104/t20210407_7038688.shtml。

② 参见《保山市域社会治理智慧平台全面上线运行》,人民网,http://yn.people.com.cn/GB/news/yunnan/n2/2022/0622/c385762-40005824.html。

这种处理方式比传统手段更快、更准确，能够在短时间内为决策者提供有力支持。政府可以通过在线平台公布政策、收集民意，而公众也可以通过这些平台表达诉求、监督政府工作。这样的互动不仅增强了政府的公信力，也让治理过程更加民主化、公开化。

2. 决策效率的提高

传统的决策过程中存在着信息孤岛和决策滞后两大难题。信息孤岛意味着不同部门之间信息的共享和流通存在障碍，导致决策者难以获得完整的情报支持；而决策滞后则是指基于手工处理的信息分析无法及时响应快速变化的社会需求。针对这些问题，一个集成了先进算法的智能化社会治理平台，能够实现跨系统、跨领域的数据汇聚与融合，通过机器学习模型，实时地对各种情况进行分析和预警，从而为决策者提供准确全面的信息支撑。智能化社会治理平台通过智能算法，能够对各种信息进行智能分析和预测，为决策者提供更加准确、全面的信息支持。这不仅减少了决策者的信息收集和分析时间，还能够提高决策的准确性和效率。除了提高准确性和效率外，智能化社会治理平台还有助于增强决策的公正性和透明度。由于所有的决策都是基于数据和算法的分析结果，因此可以最大限度地排除人为因素造成的偏见和不公。同时，智能算法的可追溯性和可解释性也保证了决策过程的透明，有利于赢得公众的信任和支持。

3. 政策执行效率的提高

智能化社会治理平台通过智能化手段，能够实现对政策执行情况的实时监控和评估，利用机器学习和预测分析算法，平台可以对收集到的数据进行深度处理，分析政策效果和可能存在的问题。比如在环境保护领域，通过对比环境质量指数的变化趋势和相关政策的实施情况，可以直观地评价某项环保措施的成效。当发现政策执行偏离预定目标时，系统会自动生成修正建议并及时通报相关部门，以便采取措施纠正偏差。除了监控与评估外，智能化社会治理平台还有助于增强公众参与度。通过社交媒体、移动应用等渠道，民众可以直接对政策效果进行反馈,参与到社会治理中来。这种自下而上的反馈机制,为政策制定者提供了宝贵的民意参考,也让民众感受到自己是公共管理的一部分,增强了政策的公众基础和接受度。此外,智能化手段还能够辅助政府在资源配置上的优化决策。例如,在公共卫生事件中,通过对疫情传播模式的模拟和预测,智能化社会治理平台能够指导医疗资源的合理调配和紧急物资的精准投放。这不仅提升了应急反应的速度和准确性,也最大限度地发挥了有限资源的作用。

(二)智能化社会治理平台面临的挑战

1.技术层面

首先,数据安全问题。随着智能化社会治理平台的广泛应用,数据安全成为了一个不可忽视的技术挑战。在大数据、云计算等技术的推动下,大量的社会数据被收集、存储和处理,这些数据涵盖了个人隐私、企业机密甚至国家安全等多方面的敏感信息。一旦这些数据遭到非法访问、篡改或泄露,后果不堪设想。因此,构建安全可靠的数据存储和传输机制,采用先进的加密技术和访问控制策略,成为了智能化社会治理平台必须面对和解决的技术难题。

其次,隐私保护问题。隐私是个人权利的重要组成部分,是现代社会法治精神的体现。个人数据一旦被非法采集、滥用或泄露,可能会导致个人权益的严重损害,甚至威胁到社会安全和稳定。因此,保护个人隐私不仅是对个体尊严的尊重,也是维护社会秩序的必要条件。隐私保护是智能化社会治理中另一个重要的技术挑战。在数据采集、分析和应用的过程中,如何确保个人隐私不被侵犯,如何在保护个人隐私的同时实现有效的社会治理,是一个亟待解决的问题。这需要在智能化社会治理平台的设计和实施过程中,充分考虑个人隐私的保护需求,采用先进的加密技术、匿名化处理和数据脱敏技术,确保在数据分析和应用过程中最小化对个人身份信息的依赖。在采集和使用个人数据之前,必须获得用户明确的同意。用户应该有权了解自己的数据被收集的目的、范围和后果,并能够随时撤销授权。

最后,算法公正问题。算法公正是智能化社会治理平台中不可忽视的技术挑战之一。算法公正要求算法在处理数据和作出决策时能够保持中立性和客观性,不受任何非相关因素的影响,如种族、性别、年龄或其他社会经济属性等。算法应当为所有用户提供平等的服务和机会,而不是加剧现有的社会不平等。在智能化社会治理过程中,各种算法被广泛应用于决策、预测和推荐等环节,这些算法的正确性和公正性直接影响到社会治理的公平性和公正性。然而,由于算法本身的局限性和数据偏见等问题,可能导致算法结果的不公正和歧视。因此,构建公正、透明的算法机制,确保算法结果的公正性和可信度,成为了智能化社会治理平台必须面对和解决的重要技术挑战。这需要在算法设计和实施过程中,充分考虑算法的公正性和透明度,采用合适的算法评估和监管机制,确保算法结果能够真实反映社会实际情况,避免歧视和不公正现象的发生。

2. *制度层面*

智能化社会治理平台面临的制度层面的挑战主要表现为法规与智能社会治理平台的适配问题。智能化社会治理平台的兴起对现行的法律法规体系提出了严峻的挑战。传统的法规体系往往基于静态的社会结构和可预测的行为模式制定,而智能化社会治理平台则涉及高度动态、复杂多变的数据处理和决策机制。这种不匹配可能导致一系列问题,如数据所有权、使用权、隐私权保护等方面的法律空白,以及平台决策过程的透明度和可追责性等问题。

首先,在数据权益保护方面,现行法规有时缺乏对智能化社会治理平台中大量个人和企业数据的明确保护规定。数据泄露、滥用和非法交易等风险也随之增加,给个人隐私和企业商业机密带来严重威胁。因此,需要制定更加明确的数据权益保护法规,明确数据的所有权、使用权和流转规则,以及数据主体对自身数据的控制和支配权。

其次,在决策过程透明度和可追责性方面,智能化社会治理平台的决策往往基于大量数据和复杂算法,其决策逻辑和过程往往难以被普通人理解。这可能导致公众对平台决策的质疑和不信任，进而引发社会矛盾和不稳定。因此，需要建立更加透明的决策机制和可追责的制度安排，确保平台决策的公正性和合理性，同时增强公众对平台决策的信任度。

最后，智能化社会治理平台还涉及跨地域、跨行业的协作和整合问题。不同地区和行业之间的法规体系可能存在差异和冲突，给平台的整合和运营带来困难。因此，需要加强不同地区和行业之间的法规协调和整合工作，建立统一的法规体系和技术标准，促进智能化社会治理平台的健康发展。

3. 社会文化层面

智能社会治理平台的构建和实施，不仅是一个技术问题，更是一个涉及社会文化多个层面的复杂问题。在不同的社会文化背景下，智能社会治理平台的适应性表现出显著差异。这种适应性受到各种因素的影响，包括历史文化传统、宗教信仰、价值观念、教育水平、社会结构等。

在历史文化传统深厚的地区，智能社会治理平台的推广和应用可能会面临较大的文化障碍。例如，在某些重视传统和权威的社会中，民众可能更倾向于相信和依赖传统的治理方式和手段，对于新兴的智能化治理平台持怀疑态度。在这种情况下，平台的建设者需要充分考虑当地的文化特点，通过加强宣传和教育，提高公众对于智能化治理平台的认识和接受度。

宗教信仰对于智能社会治理平台的适应性也有重要影响。在某些宗教信仰强烈的地区，智能化治理平台的推广可能需要符合当地的宗教规范和价值观。这要求平台的建设者在进行技术设计和应用时，要尊重当地的宗教信仰和道德标准，避免引起不必要的文化冲突和抵触。

价值观念和社会结构对于智能社会治理平台的适应性同样重要。在不同的社会文化中，人们对于隐私、公正、权力等价值的认知和理解存在差异。因此，智能社会治理平台的建设者需要根据当地的价值观念和社会结构，调整平台的设计和功能，以满足当地民众的需求和期望。

总的来说，智能化社会治理平台在不同社会文化背景下的适应性是一个复杂而重要的问题。为了提高平台的适应性和可接受度，建设者需要充分考虑当地的文化特点和社会结构，通过合理的设计和调整，使平台更好地融入当地的社会文化环境。

（三）完善智能化社会治理平台的措施

1. 加强技术研发与创新

党的十九届四中全会强调了“科技支撑”是社会治理体系的重要内容。习近平总书记强调要探索“区块链”在民生领域的运用。2019 年《政府工作报告》首次提出“智能+”概念。从“互联网+”到“智能+”，既是科技发展的必然结果，也是人们生产和生活方式的又一次更迭。大数据等现代科学技术的发展，促进了政府治理创新，从根本上变革了政府组织和管理模式，促使社会治理从善政走向善治。[①] 2024 年《政府工作报告》指出，制定支持数字经济高质量发展政策，积极推进数字产业化、产业数字化，促进数字技术和实体经济深度融合。深化大数据、人工智能等研发应用，开展“人工智能+”行动。[②] 未来，智能化社会治理平台将实现更多先进技术的集成和创新应用，如大数据、云计算、人工智能、区块链等。这些技术将进一步优化平台的功能和性能，提高治理效率和决策水平。政府和企业应加大对智能化社会治理平台技术研发的投入，推动技术创新和应用，提高平台的智能化程度和功能性能。同时，还应注重培养专业人才，加强技术创新团队建设，为平台的持续发展提供有力支持。

2. 完善法律法规体系

针对智能化社会治理平台的发展，政府应完善相关法律法规体系，明确平台运营的法律责任和义务，保护公民隐私和数据安全。同时，还应加强对平台

---

① 参见陈晓春、张雯慧：《价值共创视角下“三共”社会治理格局的大数据应用研究》，《湖南大学学报》（社会科学版）2019 年第 3 期。

② 参见李强：《政府工作报告——2024 年 3 月 5 日在第十四届全国人民代表大会第二次会议上》，人民网，http://lianghui.people.com.cn/2024/BIG5/n1/2024/0312/c458561-40194559.html。

运营者的监管和执法力度，确保平台合规运营。具体来说需要做到以下几方面。

一是制定更加明确的数据权益保护法规。这包括明确数据的所有权、使用权和流转规则，以及数据主体对自身数据的控制和支配权。同时，还需要加强对数据泄露、滥用和非法交易等行为的打击力度，确保个人隐私和企业商业机密得到充分保护。

二是建立更加透明的决策机制和可追责的制度安排。这要求平台在决策过程中提供足够的透明度，让公众能够理解和信任平台的决策逻辑和过程。同时，还需要建立有效的追责机制，确保平台在决策失误或发生违法行为时能够承担相应的法律责任。

三是加强不同地区和行业之间的法规协调和整合工作。这包括建立统一的法规体系和技术标准，促进智能化社会治理平台的健康发展。同时，还需要加强对新兴技术和产业的监管和规范，确保其在合法合规的前提下为社会治理提供有力支持。

四是加强对智能化社会治理平台的监管和评估工作。这包括对平台的运营行为、数据处理和决策过程进行全面监督和评估，确保其符合法律法规和伦理规范的要求。同时，还需要建立有效的反馈机制和投诉渠道，让公众能够积极参与平台的监管和评估工作。

3. 推动跨部门协同合作

政府各部门应加强信息共享和协同合作，打破信息孤岛，信息共享有助于形成协同效应。政府部门之间的工作往往相互关联，例如环境保护、城市建设、交通管理等领域的工作就需要多部门的密切配合。通过建立跨部门协调机制，可以实现资源共享、优势互补，促进不同职能部门之间的有效对接。这种协同作战模式，不仅提高了政府工作的透明度，也让民众感受到更加高效、便捷的公共服务。因此，构建跨部门信息共享平台具有重要作用。这一平台应具备高度集成性、操作简便性和安全性，保障各类政务信息的及时更新和准确传递。同时，该平台应支持数据分析功能，帮助决策者发现潜在的问题和机会，从而制定更具前瞻性的政策。通过建立跨部门协调机制和信息共享平台，实现资源的优化配置和高效利用，提高治理的整体效果。

4. 鼓励社会参与和公民参与

政府应通过智能化社会治理平台鼓励社会参与和公民参与，提高治理的民主性和透明度。通过开设公民参与渠道、开展公众意见征集等方式，让公民更多地参与到治理过程中来，提高公民对治理的认同感和归属感。

5. 加强国际合作与交流

面对全球化的趋势和挑战，各国应加强在智能化社会治理领域的国际合作与交流，共同应对全球性社会问题。通过分享经验、交流技术、开展合作研究等方式，推动全球智能化社会治理水平的提升。

五、政府众包：创新社会治理的公众参与模式

“政府众包”正是依托数字技术平台凝聚公众智慧和力量以解决社会治理问题的创新模式，该模式通过构建良性政民互动关系，吸纳最广泛的公众参与社会治理，推动“建设人人有责、人人尽责、人人享有的社会治理共同体”，是顺应时代的必然选择。①

（一）政府众包的概念及应用

政府众包，作为一种新兴的公众参与模式，近年来在全球范围内逐渐受到关注。它源于众包理念，众包，即 Crowdsourcing，是指通过互联网平台，将原本由特定机构或个体执行的任务外包给非特定的、通常是大型的公众群体来完成。在政府治理领域，政府众包意味着政府将部分公共事务的决策、执行和评估等环节通过在线平台开放给公众，充分激发社会创新活力，形成政府与社会公众之间的协同治理模式。

① 参见刘红波、赖舒婷：《政府众包：公众参与社会治理的新趋势》，《中国社会科学报》2022 年 3 月 30 日，第 7 版。

随着信息技术的迅猛发展和公众参与意识的提高，政府众包在我国也逐渐受到重视并得以实践。我国政府众包的实践尝试主要体现在政策制定、公共服务、城市管理等领域。

在政策制定方面，政府通过众包平台征集公众意见和建议，使得政策更加贴近民生、反映民意。例如，一些地方政府在推出重大政策前，会在官方网站上发布征求意见稿，并通过社交媒体等渠道广泛征求公众意见。这种公众参与的方式不仅提高了政策的透明度，也增强了政策的合理性和可执行性。

在公共服务方面，政府众包实践则体现在通过引入社会力量和市场机制，提高公共服务的效率和质量。例如，一些地方政府通过众包平台招募志愿者参与社区治理、环境保护等公益活动，有效弥补了政府人力资源的不足。同时，政府还通过与社会企业合作，利用众包模式为公众提供更加便捷、高效的公共服务。

在城市管理方面，政府众包也发挥了重要作用。一些城市通过众包平台收集市民对城市管理问题的反馈和建议，及时发现和解决城市管理中的痛点难点问题。此外，政府还通过众包模式引入社会资源和技术力量，推动城市管理的智能化和精细化。

（二）政府众包存在的不足及完善

政府众包在实践过程中也存在一些问题。首先，政府众包的发展尚处于初级阶段，相关法律法规和政策体系尚不完善，需要进一步完善和规范。其次，公众参与众包的程度和质量参差不齐，需要加强对公众参与的引导和培训。最后，政府众包在实践中还面临着信息安全、隐私保护等方面的挑战，需要加强技术研发和安全管理措施。

未来，政府需要继续加强众包模式的推广和应用，完善相关法律法规和政策体系，提高公众参与的广度和深度，加强技术研发和安全管理措施，推动政府众包模式在我国社会治理中发挥更大的作用。

首先,完善相关法律法规。应当明确政府众包在法律上的地位,确保其在合法合规的框架内运行。制定专门针对政府众包的法律法规,明确各方参与者的权利和义务,为公众参与政府众包活动提供法律保障。众包模式中,知识的产生和传播是关键。因此,必须加强对知识产权的保护,确保创意和知识的原创性得到应有的尊重。这包括明确知识产权的归属、使用、转让和侵权责任等。随着大数据时代的到来,政府众包活动涉及大量数据的收集和使用。为了保护个人隐私和数据安全,应制定严格的数据保护政策,规范数据的收集、存储、处理和共享流程。

其次,完善平台建设。建立一个统一、开放、透明的政府众包平台,整合各类资源和服务,提高公众参与的便利性和积极性。该平台应提供便捷的项目发布、参与、评价和反馈机制,确保公众能够方便快捷地参与政府众包活动。为确保平台的健康运行,政府应加强对平台的监管和评估。这包括对平台运营者的资质审查、对平台运行情况的定期检查和评估,以及对平台上的项目进行质量把关等。鼓励不同政府众包平台之间进行互联互通,实现资源共享和优势互补。这有助于扩大公众参与的广度和深度,提高政府众包的整体效率和质量。

最后,提升公众参与度。通过举办各类讲座、培训班和研讨会等活动,提高公众对政府众包的认识和参与度。这些活动可以帮助公众了解政府众包的基本概念、运行机制和参与方式等,激发公众的参与热情和创新精神。为鼓励更多公众积极参与政府众包活动,应建立相应的激励机制。这包括设立奖励基金、提供荣誉证书和表彰等,以表彰那些在政府众包活动中表现突出的个人或团队。除了传统的线下参与方式外,还应积极拓宽线上参与渠道,如社交媒体、移动应用等。这些线上渠道可以更方便快捷地吸引和聚集公众参与到政府众包活动中来。

第六节　完善跨文化交流与国际合作

在全球化时代背景下，文化交流互鉴对增强全球认识与协作、构建人类命运共同体有着重大作用。塞缪尔·亨廷顿指出："二十一世纪的竞争不再是意识形态的竞争、经济的竞争、军事的竞争，而是文化的竞争。"①在全球化的今天，各国之间的文化交流与融合日益频繁，社会治理也面临着前所未有的跨文化挑战。习近平总书记指出："经过长期努力，我们比以往任何一个时期都更有条件破解'古今中西之争'，也比以往任何一个时期都更迫切需要一个熔铸古今、汇通中西的文化成果。"②因此，从跨文化视角关注公众社会治理参与，具有重要的理论意义和实践价值。

一、跨文化交流与国际合作在全球治理中的重要性

（一）文化差异对治理模式的影响

文化差异对治理模式的选择和实践有着深远的影响。不同文化背景下的治理模式呈现出多样性和差异性。

在西方文化中，强调个人主义、自由和平等，这导致了其治理模式更加注重民主和法治。政策制定通常遵循科学的决策程序和透明的行政过程，公众的参与和监督被视为治理的重要组成部分。同时，民间组织和私营部门在治理中发挥着重要作用，形成了政府、市场和社会多元共治的局面。

相比之下，在东方文化中，强调集体主义、权威和等级，这导致了其治理模式更加注重集中和权威。政府通常扮演着主导和决策的角色，而公众参与社会治理的程度相对较低。然而，随着现代化和民主化进程的推进，东方国家也

① ［美］塞缪尔·亨廷顿：《文明的冲突与世界秩序的重建》，周琪等译，新华出版社2010年版，第32页。

② 习近平：《在文化传承发展座谈会上的讲话》，《求是》2023年第17期。

在逐渐加强公众参与和协商民主的实践。

(二)跨文化交流在公共治理中的作用

1. 优化政策制定

在公共治理的实践中,跨文化交流对政策制定的影响深远。它促进了多元文化的对话与协商,为政策制定者提供了更为宽广的视野和深入的理解。在全球化背景下,各国、各地区之间的文化交流日益频繁,这种交流不仅体现在文化产品的传播上,更体现在思想、观念、价值观等多个层面。政策制定者需要具备跨文化意识,以更全面地考虑政策对社会各群体的影响。

首先,跨文化交流能够帮助政策制定者更好地了解不同文化背景下公众的需求和期待。在多元文化的社会环境中,公众对政策的反应和接受度因文化背景而异。通过跨文化交流,政策制定者可以更加深入地了解不同文化群体的价值观、信仰、习俗等,从而制定出更符合公众期望的政策。

其次,跨文化交流能够促进政策制定过程中的参与和协商。在公共治理中,参与和协商是保障政策合法性和有效性的重要手段。通过跨文化交流,不同文化背景下的利益相关者可以更加平等地参与到政策制定过程中,表达各自的诉求和关切,从而增强政策的包容性和可持续性。

最后,跨文化交流还有助于提升政策制定的科学性和前瞻性。在全球化的今天,各种文化之间的交流和融合已经成为不可逆转的趋势。政策制定者需要具备跨文化视野,关注全球范围内的发展趋势和前沿理论,从而制定出更具前瞻性和创新性的政策。

2. 增进各方理解与合作

跨文化交流在公共治理中能够增进各方理解和合作。在全球化和多元化的背景下,不同文化背景下的利益相关者对于公共治理的理解和期望往往存在差异。跨文化交流提供了一个平台,让各方能够充分表达自己的观点和需求,增进彼此之间的理解和信任。

通过跨文化交流,不同文化背景的公众可以更加深入地了解其他文化的价值观、行为准则和社会规范，从而减少误解和冲突。这种理解不仅可以减少文化摩擦，还可以为各方合作创造更好的环境。当各方能够相互理解、尊重和信任时，他们更愿意在公共治理中携手合作，共同应对各种挑战。

此外，跨文化交流还有助于建立跨文化合作伙伴关系。在公共治理中，合作伙伴的选择和建立对于政策的有效实施至关重要。通过跨文化交流，不同文化背景的利益相关者可以建立起稳定的合作关系，共同推动政策的落实和治理目标的实现。这种合作不仅可以提高治理效率，还可以促进资源的共享和优势互补。

3. 提升治理质量

跨文化交流对于提升公共治理质量具有显著作用。在全球化和多元文化的背景下，公共治理面临着越来越多的挑战和复杂性问题。跨文化交流能够促进各方之间的信息共享和资源整合，提升治理的效率和效果。

首先，跨文化交流有助于拓宽治理思路和方法。不同文化背景下的人们往往具有不同的思维方式和解决方案。通过跨文化交流，治理主体可以借鉴和吸取其他文化的智慧和经验，从而拓宽治理思路和方法。这种跨文化的融合和创新有助于提升治理的针对性和实效性。

其次，跨文化交流有助于提升治理的民主性和参与度。在公共治理中，公众的参与和民主决策是提升治理质量的重要途径。跨文化交流可以促进不同文化背景的公众更加积极地参与到治理过程中来，表达自己的诉求和关切。这种广泛的参与和民主决策不仅可以增强治理的合法性和认可度，还可以提升治理的针对性和实效性。

最后，跨文化交流有助于构建良好的治理生态。在全球化时代，公共治理已经不再是单一国家或地区的孤立行为，而是需要各国、各地区共同参与和协作的全球性行动。跨文化交流可以促进不同文化背景下的治理主体之间的合作与交流，共同构建良好的治理生态。这种全球性的治理合作有助于提升全球治理的整体水平和质量。

二、全球化背景下公众参与社会治理的跨文化交流与国际合作

全球化是一个多维度、复杂的过程，涉及经济、政治、文化和社会等多个领域的深度融合与交流。随着全球化的深入发展，国与国之间的界限逐渐模糊，不同文化之间的交流与碰撞日益频繁。全球化背景下公众参与社会治理的跨文化交流与国际合作强调公众的多元性、文化的差异性和治理的互动性，旨在打破文化壁垒，促进全球范围内的公共治理创新。

（一）全球化背景下公众参与社会治理的变化

随着全球化的不断深入，社会治理结构正在经历前所未有的变革。传统的以政府为中心的社会治理模式已经不能完全适应全球化带来的挑战，更多的非政府组织和私营部门开始参与到社会治理中来。这种多元化的社会治理模式不仅提高了治理效率，也增强了社会的适应性和灵活性。全球化的推动使得跨国界的交流和合作成为常态，社会问题的产生和解决方案往往不再局限于单一国家或地区，而是需要全球范围内的协作和共同应对。因此，社会治理结构必须能够适应这种跨国界的交流和合作，实现全球范围内的资源整合和协调。

首先，公众参与的方式和渠道变得更加多样化。传统上，公众主要通过选举和投票等方式参与政治决策和社会治理。然而，随着互联网和社交媒体的普及，公众可以通过网络论坛、社交媒体、在线调查等方式参与到社会治理中来。这种新型的参与方式不仅提高了公众的参与度和话语权，也使得政府决策更加透明和民主。

其次，公众参与的范围和影响力不断扩大。传统的公众参与往往局限于本地或本国范围内，而全球化的推进使得公众可以参与到全球范围内的社会治理中来。例如，公众可以通过国际组织、跨国公司、非政府组织等渠道参与到全球环境治理、人权保护等议题中来。这种参与不仅有助于推动全球治理的进程，也使得公众的影响力得到了显著提升。

最后，公众的参与意识和能力不断增强。在全球化的时代，公众的参与对于公共治理来说至关重要。通过跨文化交流，公众可以更加深入地了解公共治理的理念和实践，增强自身的参与意识和责任感。同时，文化交流还能够提高公众的沟通能力和协作精神，使得公众在参与公共治理时能够更加有效地表达自己的意见和需求，与其他利益相关者形成有效的合作。

然而，全球化进程也给公众参与带来了新的挑战。一方面，全球化加剧了社会问题的复杂性和多样性，使得公众参与需要更加专业化和精准化。公众需要具备更加全面的知识和技能，才能更好地参与到社会治理中来。另一方面，全球化在一定程度上也加剧了信息不对称和权力失衡的问题，使得公众参与面临着更大的难度和风险。公众需要更加注重提高自身的媒介素养和信息鉴别能力，以应对全球化带来的挑战。

（二）案例分析：亚马逊雨林的保护

在全球化的今天，国与国之间的界限虽然依旧分明，但在面对共同挑战时，合作的必要性和迫切性愈发凸显。其中，亚马逊雨林的保护就是一个典型例子，它不仅关系到所在国家的环境与发展，更关乎全球气候变化和生物多样性的未来。亚马逊雨林，这片被誉为地球之肺的绿色王国，横跨南美洲多个国家，其面积广阔，生态系统错综复杂。它的健康状态是全球气候调节的关键因素之一。然而，随着人类活动的不断扩张，亚马逊雨林面临着前所未有的威胁。森林砍伐、农业用地的扩张、采矿业的发展以及非法伐木等行为，正逐步侵蚀着这片珍贵的绿色肺叶。这不仅对当地原住民的生活方式构成了威胁，也对全球的气候平衡造成了长远的影响。

国际社会意识到，亚马逊雨林的保护不仅是某个国家的内政问题，更是全人类共同的责任。因此，多国政府、国际组织、非政府组织以及私营部门开始联合起来，采取一系列措施来保护这一宝贵的自然资源。为了保护亚马逊雨林，巴西、秘鲁、哥伦比亚等周边国家加强了跨国合作，共同制定了保护计划。这一计划不仅涉及减少非法砍伐、遏制野生动植物走私，还包括提高当地居民的环境保护意识和可持续发展能力。通过定期的联合巡逻、情报交流和法律执行，这些国家成功地减少了非法活动，保护了雨林的完整性。部分发达国家通过提供资金和技术支持，帮助亚马逊雨林所在国家加强森林管理，实施可持续的土地使用计划，以及推广环保农业技术。这些措施有助于减少对森林的破坏，同时促进当地的经济发展和社会进步。通过签署国际条约和协议，各国承诺采取行动减少温室气体排放，保护生物多样性。《巴黎协定》就是一个典型的例子，它要求各国采取措施保护森林资源，作为应对气候变化的一部分。此外，跨国公司和消费者也在发挥作用。许多公司开始采用可持续原材料，减少对亚马逊雨林的负面影响。同时，全球消费者的环保意识提高，对于可持续产品的需求增加，这也促使企业更加注重其供应链的环保标准。

（三）跨文化交流与国际合作面临的挑战

1. 语言壁垒

语言作为跨文化交流的核心工具，在公众参与社会治理中发挥着至关重要的作用。然而，当不同文化背景的人们试图进行交流时，语言差异往往成为一道难以逾越的鸿沟。这种语言壁垒不仅阻碍了信息的有效传递，还可能导致误解、沟通障碍甚至冲突。

首先，语言差异可能导致信息传递的失真。每种语言都有其独特的词汇、语法和表达方式，这使得同一信息在不同语言中可能被解读为不同的意义。当这种差异出现在政策宣传、民意调查或公共决策等关键环节时，就可能引发一系列问题。例如，某个政策可能在一个文化中被认为是公正和合理的，但在另一个文化中却可能因为语言表达的不同而被误解为不公平或不合理。

其次，语言壁垒还可能加剧社会隔阂和分化。当不同语言群体之间缺乏有效的沟通渠道时，他们可能会变得更加孤立和封闭，难以形成共同的社会认同和治理共识。这种分化不仅不利于公共政策的制定和执行，还可能加剧社会的不稳定和不和谐。

2. 价值观冲突

除了语言壁垒外，价值观冲突也是跨文化视角下公众社会治理参与面临的重要难题之一。价值观是人们对生活、社会、道德等方面的基本看法和评价标准，它直接影响着人们的行为选择、决策方式以及对待不同文化和群体的态度。在全球化和移民潮的背景下，不同文化背景的人们汇聚在一起，形成了多元价值观的交汇和碰撞。

价值观冲突可能导致公众对政策制定和执行产生质疑和抵制。当一项政策与某些群体的价值观相悖时，他们可能会选择反对或抵制这项政策，甚至采取抗议或极端行为来表达不满。这种冲突不仅会影响政策的顺利实施，还可能加剧社会的不稳定和不和谐。

此外，价值观冲突还可能导致公众社会治理参与的不平等和不平衡。在某些文化中，个体主义和自我表达被视为重要价值观，这鼓励人们积极参与公共事务和治理过程。然而，在其他文化中，集体主义与社会和谐可能更为重要，这可能导致公众对参与社会治理的热情和积极性不高。这种不平等和不平衡不仅限制了公众社会治理参与的广度和深度，还可能加剧社会的不公和分化。

（四）促进公众参与社会治理的跨文化交流策略

在全球化背景下，促进公众有效参与社会治理的跨文化交流策略显得尤为重要。这不仅关系国家内部社会的和谐稳定，也是国际合作与发展的重要基石。

1. 建立多元文化沟通平台

不同文化的碰撞与融合，既带来了丰富多彩的生活体验，也带来了理解与沟通的挑战。在这样的背景下，各级政府和社会组织积极搭建多元文化沟通平台，不仅是一种时代的需要，更是一种智慧的选择。文化交流节、国际论坛等形式的平台，让人们有机会走到一起，分享各自的文化特色和生活智慧。这些平台不仅是文化展示的舞台，更是促进相互理解、减少误解和偏见的重要途径。在国际论坛上，来自不同国家的专家学者可以就共同关心的问题进行深入探讨。这种对话不仅是知识的交流，更是观念和思维方式的碰撞。通过坦诚的对话，人们可以发现自己观点的局限性，认识到其他文化的合理性和价值。

2. 推广跨文化教育

跨文化教育对于培养学生的国际视野至关重要。在传统的教育体系中，学生往往被灌输以本国为中心的知识体系，而对外部世界的认识相对有限。这种教育方式在全球化的今天显得狭隘且不适应时代的发展。跨文化教育的引入，能够让学生从小就接触到不同的文化背景，了解世界的多样性，从而拓宽他们的视野，增强他们对全球事务的理解和参与。跨文化教育应当纳入国民教育体系，从小培养公民的跨文化意识和能力。学校可以通过开设国际课程、组织海外研学等方式，让学生了解不同文化，增强他们在国际交流中的自信和适应力。

3. 加强语言学习和使用

语言是跨文化交流的基础。因此，鼓励公众学习外语，特别是国际通用语言，是非常必要的。同时，在公共治理场合中，政府应提供多语种服务，确保不同国籍和语种的公众能够有效参与。政府部门的网站、公告、指南等，应有相应的多语种版本，以确保不同语言背景的居民能够获取必要的信息和服务。政府应投资多语种人才的培养，无论是通过学校的教育体系，还是通过成人教育等方式，都应该鼓励和支持语言学习。

4. 建立跨文化治理团队

政府和社会组织在招聘人才时，应注重跨文化背景和能力，建立一支具备跨文化沟通能力的治理团队。这样的团队能够更好地理解不同文化背景下的公众需求，制定更加合理和有效的治理策略。

5. 利用数字技术促进跨文化交流

随着数字技术的快速发展，互联网和社交媒体成为跨文化交流的重要渠道。政府和社会组织应充分利用这些平台，发布多元文化信息，开展在线交流活动，扩大公众参与社会治理的渠道和方式。

6. 完善国际合作协同机制

一是重视建立国际治理合作机制。各国政府应共同建立国际治理合作机制，共同应对全球性社会治理挑战。通过定期举行国际会议、分享治理经验、共同制定国际治理标准等方式，促进各国在跨文化交流方面的合作。二是加强国际组织的作用。国际组织在推动全球治理合作中发挥着重要作用。应加强对国际组织的支持和投入，鼓励其在跨文化交流方面发挥更大作用。同时，各国应积极参与国际组织的相关活动，共同推动全球治理的进步。三是推动全球治理知识共享。全球治理是一个不断学习和进步的过程。各国政府和社会组织应积极推动全球治理知识的共享和传播。通过建立全球治理知识库、开展在线课程等方式，帮助各国提升跨文化交流能力和治理水平。四是尊重文化多样性。在国际合作中，尊重文化多样性是至关重要的。各国政府和社会组织应尊重不同文化背景下的公众需求和意愿，避免将自己的文化和价值观强加于人。只有在平等、尊重和包容的基础上，才能实现真正的跨文化交流和全球治理合作。

三、构建人类命运共同体视角下的公众参与机制

（一）人类命运共同体的理念

“共同体”是指人们在共同条件下结成的集体，具有同心力，“正是在环环相扣、不断演化的共同体纽带中人类不断超越事实层面，追求生活和意义、幸福和价值”①。2012 年，中共第十八次全国代表大会报告向世界郑重宣告：合作共赢，就是要倡导人类命运共同体意识，在追求本国利益时兼顾他国合理关切，在谋求本国发展中促进各国共同发展，建立更加平等均衡的新型全球发展

① 秦龙、赵永帅：《马克思共同体思想的三重逻辑及其思维变革》，《江西师范大学学报》（哲学社会科学版）2020 年第 5 期。

伙伴关系，同舟共济，权责共担，增进人类共同利益。这是中国政府正式提出“人类命运共同体”的意识。[①] “人类命运共同体”是一个涵盖了全球范围内各国、各民族、各文化的新型国际关系理念。“共同建设持久和平、普遍安全、共同繁荣、开放包容、清洁美丽的世界。人类是一个整体，地球是一个家园。任何人、任何国家都无法独善其身。”[②]马克思将人类真实的共同体描述为：“代替那存在着阶级和阶级对立的资产阶级旧社会的，将是这样一个联合体，在那里，每个人的自由发展是一切人的自由发展的条件。”[③]它强调在全球化的背景下，各国应超越传统的零和博弈思维，构建一种以合作共赢为核心的新型国际关系。这一概念的提出，旨在应对全球性挑战，如气候变化、恐怖主义、经济波动等，这些挑战超越了单一国家或地区的能力范围，需要全球性的合作与协调。

人类命运共同体的理念强调，全球各国应摒弃冷战思维和零和博弈，推动国际关系民主化，尊重各国主权和领土完整，维护国际公平正义。同时，它倡导各国在平等、开放、包容的基础上开展合作，共同应对全球性挑战，实现共同发展繁荣。这种新型的国际关系理念，对于推动全球治理体系的改革和完善具有重要意义。

（二）构建人类命运共同体视角下的公众参与机制应遵循的原则

1. 包容性原则

在构建公众参与机制时，包容性原则是至关重要的。这意味着机制的设计必须确保所有相关利益方都有机会参与，无论其背景、身份、信仰或国籍如何。包容性不仅体现在参与机会的平等性上，还体现在参与过程的多样性和包容性上。为了实现这一目标，在机制设计时应充分考虑不同群体的需求和

---

① 参见《“人类命运共同体”大事记》，人民网，http://world.people.com.cn/n1/2017/0709/c1002-29392217.html。

② 《习近平著作选读》第二卷，人民出版社 2023 年版，第 543 页。

③ 《马克思恩格斯文集》第 2 卷，人民出版社 2012 年版，第 53 页。

利益，确保他们的声音能够被听到和考虑。此外，包容性原则还要求机制设计应鼓励不同观点、文化和思想的交流，以促进更加全面和深入的公众参与。

2. 代表性原则

代表性原则是指公众参与机制应能够真实反映各利益方的声音和诉求。这要求机制设计必须确保参与者具有广泛的代表性，能够涵盖各个社会阶层、群体和地区。例如，公众参与对社会治理的影响呈现出明显的区域异质性。公众参与对社会治理的积极作用在我国东部地区得到了充分发挥，在我国中、西部地区仍有待进一步提升，仍具有较大挖掘、拓展的空间。① 为了实现这一目标，可以通过选举、抽签、专家推荐等方式来选择参与者，确保他们具有广泛的代表性和专业性。同时，代表性原则还要求机制设计应确保参与者的意见和建议能够得到充分的重视和考虑，以促进更加公正和有效的决策。

3. 透明度原则

透明度原则是指公众参与机制应公开、透明，确保公众能够了解和参与决策过程。这要求机制设计时必须公开相关信息，包括决策的背景、目的、过程、结果等，以便公众了解并参与其中。同时，透明度原则还要求机制设计应鼓励公众参与决策的讨论和反馈，以促进更加民主和科学的决策。为了实现这一目标，可以通过公开会议、在线调查、民意征集等方式来增强机制的透明度。

4. 效率性原则

效率性原则是指公众参与机制应高效、便捷，能够快速响应公众的需求和诉求。这要求机制设计必须充分考虑时间和成本等因素，确保公众参与的过程简洁明了、高效有序。为了实现这一目标，可以通过优化流程、减少环节、简化手续等方式来提高机制的运行效率。同时，效率性原则还要求机制设计应充分利用现代信息技术手段，如互联网、大数据等，以提高公众参与的便捷性和效率性。

① 参见刘成昆、杨容滔：《公众参与推动了社会治理水平提升吗？——基于省域空间计量模型的实证分析》，《周口师范学院学报》2023 年第 1 期。

5. 文化和政治环境适应性原则

在设计公众参与机制时，必须充分考虑不同文化和政治环境的适应性。由于各国、各地区的文化和政治环境存在差异，因此公众参与机制的设计也应因地制宜、因时制宜。例如，在一些强调集体主义和权威主义的国家或地区，公众参与机制可能需要更加注重政府的引导和协调作用；而在一些强调个人主义和民主主义的国家或地区，公众参与机制则需要更加注重保障公众的自主权和参与权。因此，在讨论公众参与机制的设计原则时，必须充分考虑文化和政治环境的适应性，以确保机制的有效性和可行性。

第七节　优化社会情绪引导机制

社会情绪作为社会心态的动机力量，不仅是个人的主观体验，还是引导个体行动方向的力量。① 目前，社会情绪已经成为影响社会治理效果的关键因素之一。随着互联网和社交媒体的普及，情绪的快速传播和放大对社会稳定、公共秩序乃至政策制定产生了深远影响。因此，探讨优化公众参与社会治理的社会情绪引导机制，对于提升公众参与社会治理效能、促进社会和谐具有重要意义。从全球视野来看，许多国家都面临着由情绪驱动的社会事件增多的问题。这些事件往往源于公众对某个议题或事件的强烈情感反应，如果政府不能有效地进行情绪引导，就可能导致事态升级，甚至引发社会动荡。当前，我国正处于社会转型的关键时期，社会矛盾复杂多变，公众情绪易受多种因素影响。在此背景下，如何通过引导公众情绪来化解矛盾、维护社会稳定，成为社会治理面临的重要课题。此外，随着信息技术的快速发展，公众情绪的传播速度和影响力不断增强。政府如何借助新媒体平台，有效引导公众情绪，提升治理效能，也是当前亟待研究的问题。

---

① 参见[美]乔纳森·特纳、简·斯黛兹：《情感社会学》，孙俊才、文军译，上海人民出版社2007年版，第8页。

一、社会情绪的形成与传播机制

（一）社会情绪形成因素分析

公众参与社会治理中社会情绪的形成是一个复杂的过程，它受到多种因素的影响。

首先，社会环境是塑造社会情绪的关键因素。在稳定和谐的社会环境中，人们的情绪普遍积极向上；而在社会动荡或危机时期，消极情绪更容易滋生和传播。例如，经济衰退可能导致公众对未来感到悲观，从而引发焦虑、不满等负面情绪。

其次，个体心理也是社会情绪形成不可忽视的因素。个体的认知、情感、动机等心理过程都会影响其对社会事件和现象的情绪反应。例如，面对同样的社会事件，不同个体可能因为不同的心理预期和认知偏差而产生不同的情绪反应。

再次，媒体和舆论在社会情绪形成中扮演着重要角色。媒体作为信息传播的主要渠道，其报道内容、方式和态度都会对社会情绪产生显著影响。舆论则通过汇集和反映公众意见，形成一定的社会氛围，进一步影响个体和群体的情绪。

最后，政策制定和执行也是影响社会情绪的重要因素。政策的合理性和公正性直接影响公众对政府的信任和支持，进而影响社会情绪的整体走向。例如，一项符合民意的政策出台，可能会激发公众的积极情绪，提升社会整体情绪水平。

（二）公众参与社会治理中社会情绪的传播路径及其影响

社会情绪的传播路径多种多样，其中最主要的包括人际传播、媒体传播和网络传播。人际传播是最基本、最直接的情绪传播方式，通过面对面的交流、互动，情绪可以迅速在个体间传递和扩散。媒体传播则通过报纸、电视、广播等传统媒体以及社交媒体等新媒体，将情绪信息传播给更广泛的受众。网络传播则借助互联网和移动互联网的便利性，使得情绪信息的传播速度更快、范围更广。

社会情绪的传播对社会的影响不容忽视。首先，积极的社会情绪可以激发人们的正能量，增强社会凝聚力，促进社会稳定和进步。例如，在面对自然灾害等突发事件时，团结互助、共克时艰的积极情绪有助于凝聚人心，推动社会共同应对挑战。然而，消极的社会情绪也可能引发社会不满和冲突，破坏社会稳定与和谐。例如，社会不公、腐败等问题容易引发公众的不满和愤怒，如果不能及时有效地疏导和处理，这些负面情绪可能升级为社会矛盾和冲突。

因此，需要高度重视社会情绪的传播及其影响，通过有效的情绪导引策略来引导社会情绪的发展方向，维护社会稳定与和谐。这包括建立健全的信息发布和舆情监测机制，及时了解和掌握社会情绪的动态变化；加强媒体和舆论的引导力，传播正能量、弘扬社会主义核心价值观；同时，也需要提高公众的情绪素养和自我调节能力，以更加理性、平和的心态面对社会事件和现象。

二、社会情绪的引导策略

在当前公众参与社会治理中，情绪引导策略的应用已日益受到重视。这些策略旨在通过调控社会情绪，以实现社会和谐、稳定和有序发展。具体而言，当前实践中的情绪导引策略主要包括以下几个方面：

首先，通过媒体宣传与舆论引导调控社会情绪。政府和社会组织利用各类媒体平台，发布正面信息，传递正能量，以此引导公众形成积极向上的社会情绪。同时，通过舆情监测和分析，及时发现和化解可能引发社会不满的负面情绪。

其次，实施民生工程，改善民生状况。政府加大在教育、医疗、住房等领域的投入，提高公共服务水平，切实解决人民群众最关心、最直接、最现实的利益问题。这些措施有助于增强公众的获得感和幸福感，进而形成积极的社会情绪。

再次，加强法治建设，维护社会公平正义。政府通过完善法律法规，加大执法力度，严厉打击各类违法犯罪行为，维护社会公平正义。这有助于提升公众对法治的信心和认同，形成稳定的社会情绪。

最后，推动社会参与，激发社会活力。政府和社会组织通过开展各类社会活动，鼓励公众参与社会治理，激发社会活力。这有助于增强公众的归属感和责任感，形成健康的社会情绪。

三、情绪引导策略的不足

尽管当前社会治理中的情绪引导策略已经取得了一定成效，但仍存在一些问题。

首先，情绪引导策略的实施效果受到多种因素的影响。不同地区的经济社会发展水平、文化背景和公众心理素质等因素都会对情绪引导策略的实施效果产生影响。因此，需要针对不同地区和不同群体的特点，制定差异化的情绪引导策略。

其次，情绪引导策略的实施过程中存在信息不对称的问题。政府和社会组织在发布信息和引导舆论时，往往难以完全掌握公众的真实想法和需求。这可能导致信息误导和公众误解，进而影响情绪导引策略的有效性。

再次，情绪引导策略的实施还面临着资源和技术方面的挑战。情绪引导需要大量的人力、物力和财力支持，而当前相关资源和技术尚不能满足这一需求。这可能导致情绪引导策略的实施效果不佳，甚至引发新的社会问题。

最后，情绪引导策略的实施还需要考虑法律和伦理方面的因素。在调控社会情绪的过程中，必须遵守法律法规，尊重公众的隐私权和个人权利。同时，还需要考虑伦理道德问题，避免引发公众的不满和抗议。

综上所述，当前社会治理中的情绪引导策略虽然取得了一定成效，但仍存在一些问题和挑战。为了进一步提高情绪导引策略的有效性和适用性，需要加强研究和实践探索，不断完善和优化相关策略。

四、社会情绪引导机制的完善

(一)建立政府与公众之间的有效沟通

在快速变化的社会环境中,政府与公众之间的有效沟通是塑造积极社会情绪的关键。信息传递的透明化和及时性对于减少误解、平息不安以及建立公众对政策的信任具有重要作用。因此,政府部门应采取更为主动的姿态,利用多元化的沟通渠道,确保信息的流通和公众情绪的稳定。

首先,政府部门应当重视并定期举行新闻发布会,这是向公众传达官方信息的正式途径。在新闻发布会上,政府代表可以详细阐述政策制定的考量因素、预期目标以及可能带来的社会效益。这种形式不仅可以提供准确的信息来源,还为记者和媒体提供一个提问和解疑的平台,有助于消除公众心中的疑惑。

其次,仅凭新闻发布会可能无法覆盖到所有群体,尤其是在数字化时代,社交媒体已经成为信息传播的主要途径之一。因此,政府部门需要积极拓展社交媒体的使用,通过微博、微信等社交网络平台,发布实时更新和重要通知。这些平台的互动性使得公众可以直接参与到讨论和反馈中来,从而增加了政策的透明度和公众的参与感。

再次,公开论坛和听证会也是促进政府与公众间对话的重要手段。通过组织公开论坛,政府可以邀请专家学者、行业领袖以及普通公民共同参与讨论,共同探讨政策的影响和实施细节。这样的交流不仅有助于聚集各方智慧,还能让政府听到更多来自民众的声音,这对于调整和完善政策具有重要的指导作用。例如,在实施新的税收政策时,政府部门可以通过以上沟通渠道,向公众解释税收的必要性、使用方向及对社会福祉的贡献。政府可以通过发布详细的税收用途报告和案例分析,展示税收如何用于改善基础设施、提升教育质量和加强社会保障。同时,还可以举办专题研讨会和在线问答,邀请税务专家解答公众关于税收政策的疑问,以及分享税收优惠政策和合法避税的方法。

最后，在传递信息时，政府部门应当注重语言的通俗易懂，避免专业术语的过多使用，确保每一位公民都能理解政策的含义。同时，政府还需要关注反馈，对公众的意见和建议给予回应，展现出政府的开放态度和对民意的重视。

（二）注重倾听和回应公众的声音和诉求

任何一项政策都不是在真空中制定和实施的，它们是在具体社会环境中发挥作用的。公众有自己的需求、期望和恐惧，他们对政策的反应将直接影响到政策的成效。因此，政策制定者的首要任务之一就是确保民众的声音能够被听到，并且这些声音能够在实际的政策制定过程中得到反映，从而最大程度减少不良社会情绪的产生。

当民众感到自己被倾听时，他们对政策的接受度自然会提高。这是因为人们感觉自己是政策制定过程的一部分，而不是被动接受者。这种参与感和归属感是建立政策合法性的基础，而合法性又是确保政策顺利执行的关键。如果民众对政策持怀疑或抵触态度，那么无论政策本身多么完美，其实际效果都会大打折扣。例如，制定一项环保政策，关闭一些小工厂或作坊，这一政策旨在减少工业排放以改善空气质量。这一目标对于公众来说是有利的，但如果政策制定者没有考虑到可能受到影响的工厂工人的生计问题，那么这项政策就可能遭到抵制。工人们担心，减少工业生产可能会导致他们失去工作，影响他们的收入和家庭稳定。在这种情况下，政府的角色不仅仅是制定政策，还包括提供必要的补偿措施或者就业培训，以确保工人们能够在环保的同时，也得到生活的保障。

此外，通过倾听民众的意见和担忧，政策制定者还可以收集到宝贵的反馈信息，这些信息可以用来优化政策设计。民众的反馈可能会揭示政策的潜在缺陷，或者提供改进的方向。这样的互动不仅能够提高政策的质量和效率，还能够增强政府的透明度和责任感。

在实践中，耐心倾听民众意见的过程可以采取多种形式。政府可以举办公开听证会，邀请受政策影响的群体代表发表意见；可以通过问卷调查、社交媒体或在线论坛等方式收集公众的看法；甚至可以设立专门的热线或办公室，以便民众直接与决策者沟通。这些渠道的建立和完善，是政策制定过程中不可或缺的一环。

（三）强化公众情绪监测与分析

随着数字化的迅速发展，人们越来越多地通过社交媒体、论坛和在线平台分享自己的情绪和看法。这些海量的在线数据不仅记录了个人的生活点滴，也反映了社会情绪的微妙变化。为了防范网络社会情绪将个体事件推演成群体事件，需要对网络社会情绪进行监测。研究表明，新媒体信息评论首次出现在网络上的 24 小时是应对的黄金时间，72 小时是有效时间，错过这两个时间段，容易导致舆论危机。① 政府主流网络媒体的舆情观察监测室，要利用大数据平台对重大社会公共事件进行网络数据分析，对网络评论的各个群体观点进行梳理。②

随着技术的进步，特别是大数据分析和人工智能（AI）技术的崛起，我们可以去实时监控和分析公众情绪，以预测并应对可能出现的情绪波动。从技术角度来看，自然语言是极其复杂的，同一句话在不同的文化和语境下可能有完全不同的含义。这就要求 AI 系统必须足够灵活，能够适应各种语言环境和细微的情感差别。此外，数据质量也是影响分析准确性的重要因素。错误的数据输入会导致错误的结论输出，因此确保数据的准确性和代表性至关重要。

伦理方面的考量也同样重要。隐私权问题是大数据时代最受关注的问题之一。收集和使用个人数据进行分析必须严格遵守相关法律法规，并尊重个人的知情同意权。另外，如何正确地向用户传达分析结果，避免引起不必要的恐慌或误解也是一个值得深思的问题。

---

① 参见刘旸：《新媒体时代涉警舆情应对措施研究》，《净月学刊》2014 年第 6 期。

② 参见刘博：《网络公共事件中的群体情绪及其治理》，《上海行政学院学报》2017 年第 3 期。

（四）提升信息传播的效率和准确性

信息是决策的基础，只有获取到准确且及时的信息，决策者才能作出正确的选择。同时，信息是沟通的桥梁，无论是内部沟通还是外部交流，有效的信息传递可以消除误解，增强信任，促进合作。此外，信息还是扩大影响力的工具，通过精准的信息传播，可以在目标群体中扩大影响力。

社会的运行状态会受社会大众情绪的影响，社会情绪有的理性，有的则不理性，理性化的情绪能够保障社会的稳定有序，而偏颇、激愤的非理性情绪则会破坏社会的正常秩序，因此，需要媒体来进行理性化引导。① 随着社交媒体、移动互联网的兴起，信息传播渠道变得多样化。我们要根据目标受众的特点，选择最有效的传播渠道，如微博适合快速传播和互动，而微信更适合精准和个性化推送。同时，多渠道组合传播可以增加信息的覆盖面和渗透力。建立有效的反馈通道，让目标受众能够对接收的信息作出回应。这样不仅可以验证信息传播的效果，还可以收集受众的意见和建议，为后续的信息传播提供改进的方向。信息传播是一项专业性很强的工作，需要相关人员具备良好的文字表达能力、媒体运营知识和危机处理能力。因此，对信息传播人员进行专业培训是非常必要的。

（五）提高对公众社会情绪引导的宣传教育和知识普及

很多时候，民众对政策的抵触并非出于自身利益受损，而是由于缺乏相关知识，无法理解政策的必要性和紧迫性。在这种情况下，政府应该开展相关的教育活动，普及政策知识，帮助民众建立起正确的认识。例如，在推动新能源汽车政策时，可以通过举办展览、发放资料等方式，让民众了解新能源汽车的环保优势和技术发展，从而提高他们对政策的认同感。同时，提高公众的媒介素养。这意味着教育公众识别和质疑信息来源的能力，鼓励他们对所接收的信息进行批判性思考。媒介素养的提升不仅能够帮助个人甄别真伪，还能够

① 参见徐航：《媒体如何理性引导社会情绪》，《人民论坛》2017 年第 31 期。

减少错误信息的传播。社会情绪引导还需要借助于情感的共鸣。政策宣传不应仅仅停留在理性的层面，更应该触及人心，唤起民众的情感共鸣。这意味着政策的表达要贴近民众的生活实际，用生动的例子和感人的故事来展示政策带来的积极变化。当民众感受到政策是以人为本，是为了改善他们的生活品质时，自然会更愿意支持和配合。政府相关职能部门除了积极协调、妥善解决个体事件外，更需要增加投入，加强对网络管理人才的培养，提升对网络社会情绪监测的效能。从国家层面来讲，网络发展非常迅速，我国还应当进一步建立、健全网络管理方面的法律、法规，严格规范网络行为，对于在网络上发布不实言论及传播谣言的网民，通过法律手段予以严惩。①

综上所述，公众的社会情绪引导是一门艺术，它需要政策制定者和执行者具备高超的沟通能力和深刻的人文关怀。我们必须正确认识当前群众工作对象、类型多元化特点，有效把握群众利益诉求多样化、复杂化特性，深入探究各种社会情绪的具体成因和表现渠道，努力探索做好新形势下群众工作的有效路径，积极引导社会情绪朝着良性化方向发展。② 通过有效的社会情绪引导，我们可以减少误解，增加理解和信任，从而为政策的顺利实施创造良好的社会环境，提高公众参与社会治理的整体效能。在这个过程中，政府和民众之间的互动不是单向的命令和服从，而是双向的对话和合作，共同构建一个更加和谐、进步的社会。

---

① 参见马李芬、姜春悦、黄跃明：《网络空间社会情绪监测与引导方略探析——以防范个体事件演变成群体性事件为视角》，《福建警察学院学报》2021 年第 2 期。

② 参见戴建明：《积极引导社会情绪　认真做好群众工作》，《党建》2011 年第 4 期。

主要参考文献

一、著作类

（一）中文译著

1.［美］道格拉斯·C.诺斯：《制度、制度变迁与经济绩效》，刘守英译，上海三联出版社 1994 年版。

2.［美］梅里利·S.格林德尔、约翰·W.托马斯：《公共选择与政策变迁》，黄新华、陈天慈译，商务印书馆 2016 年版。

3.［美］珍妮特·V.登哈特、罗伯特·B.登哈特：《新公共服务：服务，而不是掌舵》，方兴、丁煌译，中国人民大学出版社 2010 年版。

4.［美］詹姆斯·N.罗西瑙主编：《没有政府的治理》，张胜军、刘小林等译，江西人民出版社 2001 年版。

5.［美］唐纳德·凯特尔：《权力共享：公共治理与私人市场》，北京大学出版社 2009 年版。

6.［美］迈克尔·麦金尼斯主编：《多中心治道与发展》，王文章、毛寿龙译，上海三联书店 2000 年版。

7.［美］理查德·C.博克斯：《公民治理：引领 21 世纪的美国社区》，孙柏英译，中国人民大学出版社 2005 年版。

8.［美］奥利弗·E.威廉姆森：《治理机制》，石烁译，机械工业出版社 2016 年版。

9.［美］弗兰克·J.古德诺：《政治与行政：一个对政府的研究》，王元译，复旦大学出版社 2011 年版。

10. [美]塞缪尔·亨廷顿、琼·纳尔逊:《难以抉择——发展中国家的政治参与》,汪晓寿等译,华夏出版社 1989 年版。

11. [美]B.盖伊·彼得斯:《政府未来的治理模式》,吴爱明等译,中国人民大学出版社 2001 年版。

12. [美]埃莉诺·奥斯特罗姆:《公共事务的治理之道——集体行动制度的演进》,余迅达、陈旭东译,上海三联书店 2000 年版。

13. [英]托尼·本尼特:《文化、治理与社会》,王杰、强东红等译,东方出版中心 2016 年版。

14. [法]柯蕾主编:《公众参与和社会治理》,李华、林琳等译,中国大百科全书出版社 2018 年版。

15. [德]乌尔里希·贝克:《风险社会——新的现代性之路》,张文杰、何博闻译,译林出版社 2018 年版。

(二)中文原著

1.《习近平著作选读》第一卷、第二卷,人民出版社 2023 年版。

2. 习近平:《高举中国特色社会主义伟大旗帜　为全面建设社会主义现代化国家而团结奋斗——在中国共产党第二十次全国代表大会上的报告》,人民出版社 2022 年版。

3. 习近平:《在全国组织工作会议上的讲话》,人民出版社 2018 年版。

4. 中共中央党校(国家行政学院)编:《习近平新时代中国特色社会主义思想基本问题》,人民出版社、中央党校出版社 2020 年版。

5. 中共中央宣传部编:《习近平新时代中国特色社会主义思想三十讲》,学习出版社 2018 年版。

6. 中共中央党史和文献研究院编:《习近平关于网络强国论述摘编》,中央文献出版社 2021 年版。

7. 何艳玲:《人民城市之路》,人民出版社 2022 年版。

8. 杨新元:《论社会治理的公众参与权》,社会科学文献出版社 2021 年版。

9. 龚维斌主编:《中国社会治理研究》,社会科学文献出版社 2014 年版。

10. 俞可平:《治理与善治》,社会科学文献出版社 2000 年版。

11. 贾西津主编:《中国公民参与——案例与模式》,社会科学文献出版社 2008 年版。

12. 王周户主编:《公众参与的理论与实践》,法律出版社 2011 年版。

13. 李坤轩:《法治政府理论热点与实践进路研究》,人民出版社 2023 年版。

14. 曹帅:《新时代的公共治理与公众参与》,同济大学出版社 2019 年版。

15. 郑旭文、徐振东:《转型社会中公共决策的公众参与》,法律出版社 2017 年版。

16. 许玉镇:《公众参与政府治理的法治保障》,社会科学文献出版社 2015 年版。

17. 杨新元:《论社会治理的公众参与权》,社会科学文献出版社 2021 年版。

18. 陶希东等:《共建共享:论社会治理》,上海人民出版社 2017 年版。

19. 贾霄锋:《社会转型加速时期社会组织介入社会问题治理》,西南交通大学出版社 2016 年版。

20. 童星:《中国社会治理》,中国人民大学出版社 2018 年版。

21. 唐兴霖:《国家与社会之间》,社会科学文献出版社 2013 年版。

22. 梁树发:《社会与社会建设》,人民出版社 2007 年版。

23. 蔡定剑:《公众参与风险社会的制度建设》,法律出版社 2009 年版。

24. 廖鸿、石国亮、朱晓红:《国外非营利组织管理创新与启示》,中国言实出版社 2011 年版。

25. 沈杰主编:《志愿行动——中国社会的探索与践行》,人民出版社 2009

年版。

26. 孙柏瑛、杜英歌:《地方治理中的有序公民参与》,中国人民大学出版社 2013 年版。

27. 王锡锌:《公众参与和行政过程——一个理念和制度分析的框架》,中国民主法制出版社 2007 年版。

28. 陈焱光:《公民权利救济论》,中国社会科学出版社 2008 年版。

29. 应松年主编:《行政程序法立法研究》,中国法制出版社 2001 年版。

30. 王浦劬、臧雷振:《治理理论与实践:经典议题研究新解》,中央编译出版社 2017 年版。

31. 王振海等:《社会组织发展与国家治理现代化》,人民出版社 2015 年版。

32. 国务院发展研究中心公管所:《社会治理的理论与实践探索》,中国发展出版社 2018 年版。

33. 庞中英:《全球治理与世界秩序》,北京大学出版社 2012 年版。

34. 朱富强:《现代西方政治经济学:以公共选择学派为主的经济和政治理论》,清华大学出版社 2016 年版。

35. 俞可平等:《中国公民社会的兴起与治理的变迁》,社会科学文献出版社 2002 年版。

36. 中国社会科学院国家法治指数研究中心、中国社会科学院法学研究所法治指数创新工程项目组:《社会治理:新时代"枫桥经验"的线上实践》,中国社会科学出版社 2019 年版。

37. 殷昭举主编:《社会治理学》,广东高等教育出版社 2016 年版。

38. 向春玲主编:《推进国家治理体系现代化》,中共中央党校出版社 2015 年版。

39. 王浦劬:《国家治理现代化理论与策论》,人民出版社 2016 年版。

40. 王文建、夏金华:《治理理论研究新探》,科学出版社 2018 年版。

41. 张静:《社会治理:组织、观念与方法》,商务印书馆 2019 年版。

42. 杨冠琼:《国家治理体系与能力现代化研究》,经济管理出版社 2018 年版。

43. 王东京等编著:《国家治理——中国政府转型》,重庆大学出版社 2019 年版。

44. 张志铭、于浩:《转型中国的法治化治理》,法律出版社 2018 年版。

45. 周红云主编:《社会治理与社会创新》,中央编译出版社 2015 年版。

二、论文类

(一)博士、硕士论文

1. 刘震:《社会组织参与社会治理的路径研究》,南昌大学硕士学位论文 2014 年。

2. 王巍:《公众运用新闻 APP 参与社会治理研究——以甬派新闻客户端为例》,宁波大学硕士学位论文 2018 年。

3. 付健:《城市规划中的公众参与权研究》,吉林大学博士学位论文 2013 年。

4. 郭时旺:《公众参与社会治理路径研究——以福州市为例》,福建农林大学硕士学位论文 2015 年。

(二)报刊文章

1. 习近平:《坚定不移走中国特色社会主义法治道路　为全面建设社会主义现代化国家提供有力法治保障》,《求是》2021 年第 5 期。

2. 习近平:《推进全面依法治国,发挥法治在国家治理体系和治理能力现代化中的积极作用》,《求是》2020 年第 22 期。

3. 习近平:《加强党对全面依法治国的领导》,《求是》2019 年第 4 期。

4. 习近平:《在文化传承发展座谈会上的讲话》,《求是》2023 年第 17 期。

5. 习近平:《弘扬奉献友爱互助进步的志愿精神　以实际行动书写新时

代的雷锋故事》,《光明日报》2019 年 7 月 25 日,第 1 版。

6. 郑浩生:《公众参与与农村居民公共服务质量评价》,《华南农业大学学报》(社会科学版)2024 年第 1 期。

7. 沈永东、陈天慧:《多元主体参与基层社会治理的共治模式——以宁波市鄞州区为例》,《治理研究》2021 年第 4 期。

8. 黄晓春:《党建引领下的当代中国社会治理创新》,《中国社会科学》2021 年第 6 期。

9. 张康之:《论主体多元化条件下的社会治理》,《中国人民大学学报》2014 年第 2 期。

10. 曹都国、吴新叶:《党建引领社会治理:制度逻辑与效能改进》,《江淮论坛》2020 年第 6 期。

11. 马海韵:《市域社会治理中的公众参与:理论框架与实践路径》,《行政论坛》2021 年第 4 期。

12. 许先春:《深入理解和着力践行以人民为中心的发展思想》,《当代世界与社会主义》2020 年第 4 期。

13. 江必新:《推进国家治理体系和治理能力现代化》,《光明日报》2013 年 11 月 15 日,第 1 版。

14. 胡仙芝、曹胜:《公众参与社会治理制度化创新的思考》,《中国国情国力》2014 年第 9 期。

15. 田闻笛:《城市规划中的公众参与:逻辑、经验与路径优化——以社会治理为视角》,《社会主义研究》2019 年第 1 期。

16. 胡仙芝:《公众参与制度化是我国社会治理法治化的必由之路》,《理论研究》2015 年第 3 期。

17. 郝丽、王波:《我国公众参与基层社会治理的实现机制探究》,《理论学刊》2023 年第 1 期。

18. 涂正革、邓辉、甘天琦:《公众参与中国环境治理的逻辑:理论、实践和模式》,《华中师范大学学报》(人文社会科学版)2018 年第 3 期。

19. 涂正革:《公众参与环境治理的理论逻辑与实践模式》,《国家治理》2018 年第 48 期。

20. 柳拯、刘东升:《社会参与:中国社会建设的基础力量》,《广东工业大学学报》(社会科学版)2013 年第 2 期。

21. 吴理财:《全面小康社会的城乡基层社会治理共同体建设》,《经济社会体制比较》2020 年第 5 期。

22. 周文翠、于景志:《新时代公众参与社会治理的推进路径》,《学术交流》2023 年第 2 期。

23. 张成岗:《人工智能时代:技术发展、风险挑战与秩序重构》,《南京社会科学》2018 年第 5 期。

24. 陈蔚涛:《改进社会治理方式:充分发挥公众参与的基础性作用》,《中共济南市委党校学报》2014 年第 1 期。

25. 王浦劬:《国家治理、政府治理和社会治理的基本含义及其相互关系辨析》,《社会学评论》2014 年第 3 期。

26. 俞可平:《社会自治与社会治理现代化》,《社会政策研究》2016 年第 1 期。

27. 江必新:《以党的十九大精神为指导　加强和创新社会治理》,《国家行政学院学报》2018 年第 1 期。

28. 姜晓萍:《国家治理现代化进程中的社会治理体制创新》,《中国行政管理》2014 年第 2 期。

29. 陈家刚:《从社会管理走向社会治理》,《学习时报》2012 年 10 月 22 日,第 6 版。

30. 王名、董俊林:《关于新时代社会治理的系统观点及其理论思考》,《行政管理改革》2018 年第 3 期。

31. 马俊:《夯实国家治理现代化的法治根基》,《重庆理工大学学报》(社会科学)2020 年第 7 期。

32. 阚为、钱伟:《基层社会治理共同体构建中的公众参与:理论逻辑与嵌入路径》,《贵州社会科学》2021 年第 8 期。

33. 李平、刘寒潋:《公众参与政府决策的现实路径探究》,《行政与法》2018 年第 10 期。

34. 江必新、李春燕:《公众参与趋势对行政法和行政法学的挑战》,《中国法学》2005 年第 6 期。

35. 周平:《论我国改革过程中的政治参与》,《云南社会科学》1991 年第 4 期。

36. 朱德米:《回顾公民参与研究》,《同济大学学报》(社会科学版)2009 年第 6 期。

37. 王锡锌:《公众参与:参与式民主的理论想象及制度实践》,《政治与法律》2008 年第 6 期。

38. 邓少君:《公众参与社会治理:理论逻辑及现实路径》,《法治社会》2018 年第 1 期。

39. 张贤明:《低成本利益表达机制的构建之道》,《吉林大学社会科学学报》2014 年第 2 期。

40. 许玉镇、王颖:《民生政策形成中利益相关者有序参与问题研究——基于协商民主的视角》,《政治学研究》2015 年第 1 期。

41. 官永彬:《民主与民生:民主参与影响公共服务满意度的实证研究》,《中国经济问题》2015 年第 2 期。

42. 高秉雄、张江涛:《公共治理:理论缘起与模式变迁》,《社会主义研究》2010 年第 6 期。

43. 田凯、黄金:《国外治理理论研究:进程与争鸣》,《政治学研究》2015 年第 12 期。

44. 张成龙、王文洁:《浅析新媒体时代社会治理方式的变革——基于政府与社会关系重塑的视角》,《新闻研究导刊》2016 年第 1 期。

45. 王名、李健:《社会共治制度初探》,《行政论坛》2014 年第 5 期。

46. 何增科:《怎么理解国家治理及其现代化》,《时事报告》2014 年第 1 期。

47. 陈炳辉:《国家治理复杂性视野下的协商民主》,《中国社会科学》2016 年第 5 期。

48. 秦前红、李少文:《微博问政的规范化保护需求——基于社会管理体制创新的视角》,《东方法学》2011 年第 4 期。

49. 赖锴:《公众参与社会治理的现实困境及法治化路径》,《领导科学》2020 年第 14 期。

三、外文文献类

1. Brown T.L.Potoski M., Contract-management Capacity in Municipal and County Governments, *Public Administration Review*, Vol.63, No.2, March 2003.

2. Stoker, Gerry, Governance as Theory: Five Propositions, *International Social Science Journal*, Vol.68(2018).

3. Patulny R., Social Rights and Social Capital: Welfare and Cooperation in Complex Global Society, *Australian Review of Public Affairs*, 2005, 6(1).

4. Paul A.Samuelson, The Pure Theory of Public Expenditure, *The Review of Economic and Statistics*, Volume 36, Issue 4(Nov., 1954).

5. Embirbayer, M.and Sheller, M., Public is history, *Theory and Society*, 1998, 27(6).

后　记

社会治理最终所要实现的只是简单地回归人类的社会本性，作为工具意义上的社会治理主要是通过一系列的建设和治理活动来修复工业革命、城市化带来的一系列对人类本性的损害，实现人的全面发展。[①] 社会治理中的公民参与是实现共建共治共享的社会治理格局的重要环节。党的十九大报告提出“打造共建共治共享的社会治理格局”，公众参与作为其中一个重要环节，不仅是现代社会民主化的一种体现，也是我国和谐社会发展的必然要求。公众参与是社会治理共同体建设的必由之路。无论是“共建共治共享”，还是建设“人人有责、人人尽责、人人享有的社会治理共同体”，无不蕴含着公众参与要旨。这是“以人民为中心”发展思想在社会治理场域的进一步落实。

在当代社会，公众参与社会治理已经成为一个不可逆转的趋势。本书研究的目的在于探索和分析公众如何在多层面上与政府机构互动、合作以及参与决策过程，从而共同推动社会的和谐发展。通过本书的深入挖掘，我们得以洞悉公众参与不仅是一种权利的体现，更是现代社会治理创新的关键要素。从宏观角度出发，公众参与社会治理是民主政治的一种实践，它体现了人民的意志和社会多元化利益的博弈结果。在微观层面，每一位公民通过各种形式的参与，实际上在塑造着自己的生活环境和社会关系网络。这种自下而上的

① 参见李阳：《新媒体背景下公众参与社会治理体系的构建》，《福建论坛》（人文社会科学版）2019 年第 5 期。

力量,能够促进政策的透明度,提高公共服务的效率,并且增强公共项目的可持续性。

在本研究中,首先界定了公众参与的概念边界,并分析了其理论基础。本书认为,公众参与不仅仅是简单的民意调查或投票行为,它更涉及利益表达、决策参与、执行监督等多个维度。基于此,我们探讨了多种公众参与社会治理的实践模式,并从中提取出成功的经验与教训。接着,本书深入研究了公众参与的各种机制和渠道。这包括传统的公开听证会、意见征集,以及现代的网络平台、社交媒体等新兴方式。这些渠道为公众提供了表达意见和建议的机会,同时也给决策者带来了海量的信息和反馈。如何有效地筛选、整合这些信息,成为提升治理能力的重要挑战。本书选取一些典型的公众参与社会治理案例,展示了公众参与在不同文化、经济背景下的实际运作情况。研究发现,无论是在发达国家还是在发展中国家,公众参与的成功案例往往伴随着良好的政策设计、开放的交流氛围和有效的参与激励机制。

然而,公众参与社会治理并非没有挑战。实践中,公众参与社会治理仍然面临一定的挑战,例如公众参与意愿和能力不够高、参与渠道不够通畅、制度建设较为滞后、社会组织发展不够充分等问题。这些问题的存在,提示我们必须更加细致地设计参与流程,更加公正地处理各方利益关系。

在提出建议和展望时,本书强调了制度创新的重要性。未来的社会治理需要更加灵活、开放的制度框架,以适应快速变化的社会需求。同时,我们也提出了加强和完善党的领导、提高公众参与能力、创新公众参与的方式方法、构建法治保障和组织保障、推动数字技术手段的创新以及跨文化交流与国际合作等的重要性,并尝试探讨优化公众参与社会治理的情绪引导机制。只有当公众具备了足够的参与知识和技能,他们才能更好地参与到社会治理中来。

综上,本书不仅为我们提供了一份关于公众参与现状的翔实报告,更为推动社会治理现代化、实现社会共治提供了一定的路径指引。期望本书的研究和发现,能为政策制定者、学者以及所有关心社会治理发展的公众提供宝贵的参考和启示。公众参与社会治理是一项复杂的工程,可以论述的点和面非常广泛,需要关注的因素也很多,本书不能一言以蔽之。对于公众参与社会治理这一研究领域,本书的研究仍有很多的进步空间。未来,随着科技的进步和社会实践的深化,公众参与社会治理的方式将更加多样化,其影响力也将不断扩大。我们期待着每一位公民都能在社会治理的大舞台上发挥自己的作用,共同编织出一个更加和谐、美好的社会画卷。

学术探索是一场漫长而曲折的旅程,它不仅需要个人的毅力和努力,更离不开前人种下的丰饶知识之树。本书写作过程中参阅参考了国内外诸多专家学者的权威论著和观点,在此表示感谢。

本书是中共山东省委党校(山东行政学院)重大项目攻关创新科研支撑项目《公众参与社会治理法治化研究》(2023CX069)及山东省习近平新时代中国特色社会主义思想研究中心重点选题《社会情绪引导与社会治理研究》的成果,更是本人多年研究的阶段性总结。希望在今后的研究中,能够产生更有理论深度和历史厚度的成果。本书适合广大理论工作者与实务工作者阅读。由于本人的学术积累和写作水平有限,难免存在错讹疏漏之处,敬请读者朋友给予批评指正!

2024 年 4 月于济南

责任编辑：张　立
封面设计：周方亚

图书在版编目(CIP)数据

公众参与社会治理研究 / 马玉丽著. -- 北京 : 人民出版社，2024. 9. -- ISBN 978 - 7 - 01 - 026823 - 1

Ⅰ. D035. 1；D63

中国国家版本馆 CIP 数据核字第 20240H6G00 号

公众参与社会治理研究

GONGZHONG CANYU SHEHUI ZHILI YANJIU

马玉丽　著

人民出版社 出版发行
（100706　北京市东城区隆福寺街 99 号）

北京九州迅驰传媒文化有限公司印刷　新华书店经销

2024 年 9 月第 1 版　2024 年 9 月北京第 1 次印刷
开本:710 毫米×1000 毫米 1/16　印张:22
字数:300 千字

ISBN 978 - 7 - 01 - 026823 - 1　定价:108.00 元

邮购地址 100706　北京市东城区隆福寺街 99 号
人民东方图书销售中心　电话（010)65250042　65289539